국장과 왕릉

본 저서는 2013년 대한민국 교육부와 한국학중앙연구원(한국학진흥사업단)의 한국학 총서(왕실문화총서)
사업의 지원을 받아 수행된 연구임(AKS-2013-KSS-1230005)

국장과 왕릉

초판 1쇄 발행 2022년 5월 25일

지은이 | 장경희
펴낸이 | 조미현

펴낸곳 | (주)현암사
등록 | 1951년 12월 24일 제10-126호
주소 | 04029 서울시 마포구 동교로12안길 35
전화 | 02-365-5051 · 팩스 | 02-313-2729
전자우편 | editor@hyeonamsa.com
홈페이지 | www.hyeonamsa.com

ISBN 978-89-323-2097-7 04910
ISBN 978-89-323-1908-7 (세트)

왕실문화
총서
4

국장과 왕릉

조선 국왕의 사후 상징과 만나다

장경희 지음

ⓖ 현암사

서울에서 나고 자란 나는 홍익대학교 미술대학에서 공예를 배우고 같은 대학원에서 미술사를 공부하면서 조선 왕실의 공예품과 그것을 만드는 장인에 주목하였다. 이를 위해 서울대학교 규장각에 소장된 의궤를 읽으면서 조선 왕실에서 거행하는 각종 의례 때마다 사용할 물품을 도감에서 장인을 동원하여 특별하게 만든다는 사실을 알게 되었고 그것을 밝히는 데 관심을 가지게 되었다. 당시는 의궤에 대해 지금처럼 많이 연구되지 않은 때여서 왕실의 의례가 무엇인지 의례 때 필요한 공예품은 무엇인지 제대로 밝혀지지 않았고, 복식사나 회화사에서 일부 연구될 뿐이었다. 이에 조선 왕실의 국혼이나 진찬 등 가례에 대한 물품과 그것의 제작 과정을 연구하여 1999년 박사학위를 받았다.

　박사학위 논문을 쓰면서 함께 자료를 찾았지만 미처 담아내지 못한 분야가 있었다. 바로 국왕이 죽은 후 그의 시신이 영원히 묻힌 왕릉에 대해서였다. 특히 왕릉은 궁궐과 마찬가지로 나의 중·고등학교 시절 소풍 때마다 자주 갔던 추억의 장소여서 더욱 미련이 남아 있었다. 그래서 이후 가례보다 흉례에 천착하였는데, 그것은 박사 논문을 쓰는 내내 가졌던 유물에 대한 목마름에서 비롯된 것이기도 했다. 박사 논문의 대상으로 삼은 국왕의 혼례나 왕실 잔치의 경우 『가례도감의궤』 등의 기록은 풍부한 반면 제작 당시의 유물이 궁궐 등에 유존하는 사례가 적었다. 그러나 흉례 당시 조성된 왕릉에는 『산릉도감의궤』의 기록과 함께 문무석인(文武石人) 등이 원래의 그 자리에 대부분 현존하기 때문이다. 그래서 1999년 박사 논문을 쓰고 졸업하자마자 첫 번째로 쓴 논문이 「조선 후기 흉례 도감의 장인 연구」(『미술사논단』)였고, 그해 5월 전국역사학대회에서는 「대한제국기 명성황후의 국장의물 연구」를 발표하였다. 그 이후 조선 왕릉에 대한 논문을 계속 썼고 2007년 조선 왕릉의 정자각과 석의물의 제작 장인을 밝힌 「조선 후기 산릉도감의 장인 연구」(『역사민속학』)는 한국연구재단의 우수성과상을 받았다. 이후 조선 왕릉에 대한 연구 성과가 쌓여 조선 왕릉은 2007년 유네스코 세계문화유산에 등재되었다.

그동안 필자를 비롯한 조선 왕릉에 대한 미술사 분야의 연구는 현존하는 석조 유물에 국한되는 경향이 강하다. 그것은 비석이나 문무석인을 비롯한 석조각은 국왕이 승하한 제작 당시의 원형인 데 비해 정자각을 비롯한 목조 의물 등 그 밖의 나머지 유물은 세월이 흘러 보수되거나 개비된 때문이다. 무엇보다도 조선 왕릉의 경우 이전 시기의 왕릉과 달리 발굴 조사가 이뤄지지 않고 원래의 모습을 유지하고 있어, 세계문화유산이나 국가 사적으로서 그 원형성을 고스란히 담보하여 문화재적 가치가 매우 높다. 이에 2016년과 2017년에 기왕의 연구 성과를 토대로 『조선왕릉 석물조각사 I·II』(국립문화재연구소)에 담아낼 수 있었다. 하지만 왕릉의 내부를 확인할 수 없어 미술사적 연구를 확장하기에 한

계가 도사리고 있었다.

이러한 한계에 부딪혀 있던 2013년 마침 한국학중앙연구원의 '조선시대 왕실 문화의 상징 코드'라는 연구 과제에 참여하게 되었다. 과제는 조선 왕조의 왕실 문화 중 국왕, 왕비, 국새와 어보, 종묘와 신주, 국장과 왕릉, 의궤, 등록의 일곱 가지를 대상으로 삼아, 그것이 내포하고 있는 상징적 요소와 내용을 밝히려는 목적이 있었다. 그중 나는 '국장과 왕릉'을 맡았는데, 국왕의 사후 그의 시신이 무덤에 묻힐 때까지 그의 육신이 어떻게 다루어졌는지, 그것의 상징적 의미는 무엇인지에 대한 것이었다. 이를 해결하고자 나는 국장의 제반 절차와 국장 때 국왕의 몸에 더해지는 물품을 주목하였다. 이러한 시각적 요소가 드러내는 상징 내용이 무엇인지를 정리하였고, 이 책이 그 결과물이다.

연구가 진행되는 3년 동안 각자 다른 일곱 가지의 주제에 대해 공동연구자는 상징 코드가 무엇인지 각자의 의견을 나누면서 각자의 연구주제에 대한 논점과 시각을 확인하였다. 중간 연구 결과를 발표할 때까지 나는 여전히 국장보다 왕릉이나 석조각처럼 눈에 보이는 유물에 집중하는 경향이 있었다. 시각적이고 촉각적인 유물에 대한 조형적인 분석을 우선시하는 미술사적 방법론에서 볼 때 왕릉은 상징을 도출할 만한 개별 유물이 풍부하게 존재하여 그다지 큰 문제가 없었기 때문이다. 그런데 공동 연구자들은 국왕이 죽는 순간부터 국장을 치르는 동안 국왕의 육신에는 어떤 상징 코드가 있었는지, 국장을 거쳐 왕릉에 묻힌 국왕의 육신에 대한 상징이 무엇인지에 대해 거듭 질문하였다.

해를 거듭할수록 이에 대한 답을 찾고자 노력하여 전례서를 다시 읽고, 의궤도 다시 읽으며 생각을 정리하기로 했다. 그러면서 『국조오례의』를 비롯하여 『국조속오례의』, 『국조상례보편』, 『춘관통고』 등에 수록되어 있는 각종 기물의 '도설(圖說)'에 대한 내용을 2014년부터 2017년까지 특허청의 전통지식포탈에 올리게 되면서 관련 그림과 설명을 꼼꼼하게 분석하게 되었다. 이러한 작업을 거치면서 조선 왕실 의례의 기본 준칙을 규정한 전례서에 수록되어 있는 도설은 국왕 국장의 절차에 따라 그때마다 실제 국왕의 몸을 싸고 매고 담은 물품을 그려 담은 것이라 보았고, 이것을 본 연구 과제에서 탐구하고자 한 '왕실 문화의 상징 코드'로 확신하고 정리하기에 이르렀다. 결국 전례서의 그 도설에 담긴 것은 국왕의 죽음이라는 통과의례에서 필요한 물품으로서, 그것들 하나하나마다 깊은 의미가 있어서 그 제작 기술이나 조형적 특징을 확인할 수 있었다. 이렇게 조선 국왕의 사후 그 육신을 어떻게 다루어 국장을 치르고 왕릉을 조성했는지, 조선 왕실에서 국장이나 왕릉에서 내내 지키고자 했던 핵심적인 요소는 무엇인지, 이때 제작된 시각적인 기물이나 석물 등을 통해 국왕의 사후 상징에 대해 밝혀보고자 했다.

그러는 동안 여러 연구자들이 쓴 국왕의 국장이나 조선 왕릉에 대한 성과가 많아져 그나마 도움을 받았다. 그럼에도 불구하고 내 생각이 짧아 여전히 특정 부분에 치우쳐 전체를 보지 못한 것은 아닌지, 처음 과제를 시작할 때 가졌던 생각을 정리하지 못한 것은 아닌지 걱정이 앞선다. 지금도 여전히 부족하여 아쉬움이 남지만 앞으로도 계속 정진하면서 보완하고 보충할 것을 약속한다.

그러면서 스스로는 오래 묵은 숙제를 해결한다는 생각에 나름대로 들떠 있었다. 어려서 소풍지였던 조선 왕릉은 대학원 이후에는 주요 답사지여서, 30년 전부터 찍기 시작한 슬라이드 수십만 장이 쌓여 있었기 때문이다. 이 책을 쓰는 동안 젊은 날의 추억과 그 시절의 치기가 가득한 해묵은 사진과 만나면서 감회가 새로웠다. 케케묵은 세월이 묻어 있는 사진을 정리하고 그중 몇 장을 골라 책에 수록하였다. 30~40대에 찍었던 슬라이드 대신 그나마 디지털 사진을 골랐는데, 그중 어떤 것은 최근의 고해상도 사진보다 저해상이지만 그것을 찍을 당시를 기억하며 골라 넣기도 했다. 특히 조선에 영향을 준 고려 왕릉은 북한에 있는데, 2000년 초에 운 좋게 북한에 갔던 경험이 있어 그때 찍거나 사람들과 교섭하여 얻은 함흥 등지의 조선 태조의 4대 조부모를 모신 북도 8릉을 비롯하여 조선 왕릉에 영향을 끼친 고려 태조 왕건 현릉이나 공민왕의 현정릉 사진도 포함시켰다. 무엇보다도 조선 왕릉임에도 불구하고 개성에 위치하여 실물을 보지 못하여 잘 다뤄지지 않는 조선 태조 이성계의 첫 번째 부인인 신의왕후 한씨의 제릉이나 조선 제2대 정종과 정안왕후의 후릉 등 나만이 가지고 있다고 자부하는 사진 등 구하기 어려웠던 것을 몇 장이라도 넣어보려 노력했다. 요즘은 더 좋은 사진을 문화재청 등에서 찾을 수 있지만, 이 책에는 비록 상태나 구도가 좋지 않아도 되도록 오랜 세월 내가 찍은 내 사진으로 넣고 싶었다.

오래 고민한 만큼 좋은 글과 사진으로 멋진 책을 내고 싶었지만 모든 것이 마음처럼 되지 않아 시간이 많이 지났다. 어쨌든 이 책을 내면서 많은 이들의 도움을 받았다. 무엇보다 이 과제를 기획하고 공동 연구자로 참여케 해준 한국학중앙연구원의 임민혁 박사가 누구보다 먼저 생각난다. 3년의 연구 기간과 이후 출판 때까지 책임을 맡아 어려운 과정마다 이끌어주시고 방패막이가 되어주신 경상대 김해영 교수님, 그리고 연구 과정 동안 국내 연수뿐 아니라 중국과 베트남에 함께 가 많은 것을 공유해주신 공동 연구원 선생님들께도 감사의 마음을 전한다. 집필을 마치고도 부족하여 계속 미적거리는데 출판을 맡아준 현암사 조미현 대표님과 편집의 사소한 부분까지 챙겨준 편집진에게 감사드린다. 그사이 나는 암과 싸우는 시간을 보냈고 아버지마저 돌아가셨는데, 상심해 있는 가족들께 사랑의 마음을 담아 이 책을 보낸다.

2022년 3월
장경희

한 시대를 살며 생각하고 한 나라를 지배하며 누렸던 국왕도 죽음을 피하기 어렵다. 어느 날 갑자기 다가온 조선 국왕의 죽음, 전통적인 관념에 의하면 이때 그는 영혼과 육신, 즉 혼백(魂魄)으로 분리된다고 믿었다. 한 나라를 다스리며 한 시대를 풍미했던 국왕도 죽으면 그의 몸에서 기(氣)가 빠져 귀신이 되는 것이다.

『국장과 왕릉』, 이 책에서는 조선 국왕의 주검을 대상으로 한다. 죽음을 맞이하면 누구나 몸과 혼으로 나뉘어, 몸은 관곽에 담겨 무덤에 묻히고 혼은 신주에 담아 사당에 모신다. 죽음에서는 국왕이라고 다르지 않다. 하지만 그래도 한 나라를 다스리느라 애쓴 그에게 조선 왕조는 조금 특별한 대접을 해주었다. 그의 죽음을 '승하(昇遐)'라고 부르고, 죽은 국왕의 몸은 시신이라고 부르지 않고 '체백(體魄)'이라 부르며, 주검이 놓인 관곽은 '재궁(梓宮)'이라 부르며 차등을 두기도 했다. 국왕의 시신을 모신 무덤은 '왕릉(王陵)'이라 부르고, 혼령이 담긴 신주를 왕실의 사당인 '종묘(宗廟)'에 모시는 것 또한 그러했다.

왕의 사후 절차나 관련 물품 또한 일반 백성과 구별하는 독특한 한

자어 명칭이 사용되었다. 왕의 몸을 덮거나 싸거나 하는 모든 물품들의 이름은 오랜 옛날부터 사용해오던 어려운 한자어이다. 우리가 흔히 사용하는 알기 쉬운 일반 용어를 국왕에게 그대로 사용하는 것은 조선 시대라면 무엄하고 참람한 일이지만, 이 책에서는 가급적 쉽게 풀어 써보려 노력할 것이다.

주지하다시피 조선 시대 국왕의 죽음을 다루는 국장의 절차는 상장례(喪葬禮)라 하고, 그 주검을 왕릉에 모시는 제도(陵制)는 유교적 예법에 대한 고증을 거쳐 조선 초기에 정리되었다. 이것이 『세종실록 오례』를 거쳐 『국조오례의(國朝五禮儀)』라는 예서로 편찬되었고 왕실 의례의 전범이 되었다. 왕실의 의례는 백성들의 통과의례인 관혼상제와 비교하여 다섯 가지 의례, 곧 가례(嘉禮)·흉례(凶禮)·길례(吉禮)·군례(軍禮)·빈례(賓禮)의 오례로 구성된다. 가례는 국왕이 왕비를 맞이하는 국혼이나 잔치에 관한 의례이고, 흉례는 국왕의 죽음과 관련되며, 길례는 종묘에서의 국가적 제향이고, 군례는 군대의 훈련과 강무에 대한 의례이며, 빈례는 외국 사신을 맞이하는 의례이다. 따라서 조선 국왕의 죽음은 흉례에 해당되며, 국장 절차와 왕릉에 대한 조성 과정 등은 국가 전례서를 범본으로 삼아 조선 시대 내내 대체로 비슷한 경향을 엿볼 수 있다.

그러나 나는 이러한 국장과 왕릉에서의 의례 절차보다는 국왕의 몸, 그중에서도 국왕의 사후 그의 육신에 대해 주목하고자 한다. 곧 국왕의 주검을 확인하고 그것을 싸고 덮고 묻는 과정마다 국왕의 죽음에 걸맞은 흉례 절차에 따라, 국왕의 체백에 소용되는 각종 물품들의 종별과 세부 요소 및 그것들이 갖는 의미나 상징성을 밝히려는 공예미술사적

관점을 견지하려 한다. 이러한 시각으로 조선 왕실의 흉례와 관련된 기물을 살펴보면 조선 시대 500년간 시대적 변화의 진폭이 크지 않아 대단히 보수적이고 전형적인 것을 알 수 있다. 국장과 왕릉 관련 기물의 형식이나 조형이 거의 변화를 보이지 않는데, 이것이야말로 왕실의 연속성을 영원히 기억토록 하는 상징 코드가 작동한 것이라 생각하기 때문이다.

이에, 이 책에서는 국왕의 사후 왕실의 예법과 절차가 진행되는 단계 속에서, 특별히 국왕의 시신에 베풀어지기 위해 제작되는 핵심 물품을 상징 코드로 삼아보았다. 의례와 절차는 사람에 의해 물 흐르듯이 진행되는 것이고, 이 과정에서 국왕의 육신에 사용되는 물품 위주로 코드화한 것이다.

국왕의 사후에 예서에 정해진 대로 국왕의 시신을 닦거나 감싸거나 입히거나 담거나 덮거나 장식하였다. 이러한 물품들은 눈에 보이고 손으로 만질 수 있는 시각적 대상물이어서, 국가는 그 수준을 일정하게 유지하고 통제함으로써 국왕의 권위와 왕실의 위엄을 시각화하려 했다. 만드는 재료의 품질이나 상태를 일정하게 유지하기 위해 국가는 당시 구할 수 있는 최고 품질의 천이나 실, 나무나 못, 칠이나 안료 등까지 규정대로 확인하고 기록하였다. 이러한 재료가 준비되고 도구나 시설이 마련되면 그것을 능숙한 솜씨로 구현할 수 있는 장인이나 화가가 있어야 원하는 크기나 형태 및 문양으로 제작할 수 있었다.

이 책에서는 '국장과 왕릉'을 대주제로 삼고 6장의 소주제로 나누어 살피기로 한다.

먼저 1장은 국장과 왕릉의 역사적 변천을 다루었다. 우리나라에서 국가가 세워지고 국왕의 존재를 확인할 수 있는 시기는 삼국시대부터이다. 하지만 국왕의 사후 국장의 과정에 대한 기록은 조선 시대 이전에는 찾기 어려운 실정이라, 이에 왕릉의 역사적 변천을 위주로 다루었다. 삼국시대 국왕의 무덤은 일반 백성과 비교하여 산처럼 큰 기념비적인 형태로 조성되었는데, 이 중 조선 왕릉에 영향을 끼친 신라 왕릉부터 간략하게 살펴보았다. 고려는 황제국이라 자처하며 황제의 예에 의해 국왕의 국상을 기록하지 않았지만, 국왕에게 묘호와 능호를 붙였다. 특히 고려 왕릉의 형식이나 구조는 같은 시대 중국 황제릉과 비교할 때 우리만의 독자성이 엿보이며, 이후 조선 왕릉에 영향을 끼쳤다. 아울러 조선 초기 태조 이성계의 4대 조부모를 추존하여 왕릉과 왕후릉을 조성한 것도 정리하였다.

2장은 국왕의 사후 5일간 초상(初喪) 과정을 살폈다. 국왕의 몸에서 분리된 혼을 부르고, 국왕의 코에 솜을 대어 숨을 쉬지 않으면 죽음이 비로소 확인된다. 하지만 그로부터 5일간 국왕의 시신을 닦고, 소렴 때 9벌의 옷을 지어 입히고 대렴 때 19벌의 옷을 입히되 묶지 않는다. 국왕이 다시 살아나지 않으니 이제 국왕이 저승길을 잘 가도록 입을 벌려 음식을 먹이고, 90벌의 옷으로 시신을 꽁꽁 묶는다. 이후 더운 계절이면 관곽에 넣기 전에 국왕의 시신이 부패하지 않도록 얼음을 채우기도 한다. 이처럼 2장에서는 초상 과정에 국왕의 몸에 베풀어지는 여러 물품을 살펴보았다.

3장은 국왕의 시신을 5개월간 모신 빈전(殯殿)에 대해 다루었다. 국왕이 평시에 정사를 도모하던 궁궐 내 편전에 설치하고, 99벌의 옷으로 동여맨 국왕의 시신을 관에 넣는다. 원래 이것은 국왕이 즉위하자마자 만들어 해마다 칠을 하였던 것인데, 국왕의 사후 그의 몸을 안치하자마자 이틀에 한 번씩 30회, 두 달간 칠을 하게 된다. 이 자리에는 후대 왕이 동참하여 왕위 계승의 정통성을 확인받는다. 죽은 국왕의 빈전에는 평시와 마찬가지로 음식을 올리는데, 이에 필요한 물품을 살펴보았다.

4장은 국왕의 시신을 왕릉으로 모시는 국장을 다룬다. 궁궐에 머물던 국왕의 몸을 왕릉이 있는 산으로 모시는 것이어서 인산(因山)이라 부른다. 이때 국왕은 비록 시신이지만 백성들에게 마지막으로 인사를 고하고 먼 길을 떠나게 된다. 국왕의 몸을 실은 가마는 수백 명이 4교대로 메고 그 길을 가야 했다. 죽은 국왕이지만 그를 한 치의 오차 없이 제대로 호위하기 위해 누가 어디에 어떻게 무엇을 가지고 왜 서 있을지를 미리 그림으로 확인한다. 그런 다음 돌아가신 국왕의 행차라는 것을 알리기 위해 앞뒤 좌우에 여러 길의장(吉儀仗)과 함께 그가 받은 책보를 세우고 왕릉에서 불에 태울 흉의장(凶儀仗)을 배치한다. 이처럼 궁궐에서 왕릉까지 국장의 과정에 배치된 대여를 비롯한 각종 가마와 시책(諡冊)이나 시보(諡寶) 및 의장을 정리하였다.

5장은 국왕의 몸이 영원히 묻힌 왕릉의 지하 궁전[玄宮]에 대해서 논했다. 국왕이 죽으면 제일 먼저 무덤 자리를 찾는다. 풍수에 따라 명당이 정해지면 국왕이 영원히 누울 지하 궁전을 마련한다. 이승과 마찬가지로 저승에서도 왕으로서 품위를 지킬 수 있도록 의복이나 악기, 무기 등 명기(明器)를 갖춰놓는다. 이제 그곳에 국왕의 시신이 담긴 관을 넣고 석회를 넣어 굳혀 영원히 잠들게 한다. 이처럼 왕릉의 지하에 만든 궁전과 시신을 묻고 생시의 왕과 마찬가지로 죽어서도 영원히 왕답게 누리게 할 현궁과 명기에 대해 정리하였다.

6장은 왕릉 위에 설치한 각종 조형물을 다루었다. 왕릉은 국왕의 시신이 묻힌 곳으로서, 그곳에 국왕의 존재를 알릴 비석을 세운다. 또한 국왕의 혼령이 시신을 찾아올 수 있도록 장명등에 불을 밝히고, 찾아온 국왕의 혼이 뛰어놀 수 있도록 혼유석을 놓는다. 그와 함께 국왕의 시신을 지키기 위해 호랑이를 두고 희생으로서 양을 배치한다. 국왕에게 충성을 다할 문무신하를 앞에 세운다. 돌아가신 국왕을 찾아온 후대 국왕과 신하들은 능침 아래 정자각 북쪽 신문(神門)에 걸린 주렴을 통해 국왕의 영원한 안식을 확인한다. 이렇게 왕릉 위 조형물의 종류와 그것들의 형식과 상징적 의미들을 정리하였다.

이처럼 국왕의 사후에는 주검을 관에 넣고 대여에 실어 궁궐을 떠나 왕릉에 도착해서 지하 궁전에 묻고 명기를 배치한 후 그 주위에 비석을 비롯하여 혼유석과 석인, 석수 등을 세웠다. 이러한 국장의 절차와 왕릉의 조성에는 각 단계마다 국왕의 육신을 싸고 매고 담을 여러 물품들이 사용되었다. 이것들은 단순한 물품이 아니라 국왕과 백성을 차별화하고 국왕을 국왕답게 하려는 상징적 의미가 담겨 있는 것들이다. 곧 산처럼 크고 높은 왕릉의 규모는 백성이나 신하의 무덤과 차별화되었다. 또한 생전의 국왕이 누리던 것을 죽어서도 누리길 기원했기에 국왕의 육신과 함께 매장하거나 내외부에 배치한 각종 유물에도 그 시대의 문화 역량이 응집되어 있었다. 따라서 이 책에서는 국장과 왕릉에서 보이는 여러 물품을 상징 코드로 삼아 그것들에 내포된 상징적 의미를 찾아 드러내고자 한다.

국장과 왕릉의 전통

국장은 왕조 시대 국왕의 사후 치러지는 국가적인 장례이다. 우리나라에서 국왕이 등장하는 시기는 고대에 해당되는 삼국시대부터이다. 하지만 당시 국왕의 장례에 대해 알려진 바가 없다. 이것은 고려 시대까지도 마찬가지이다.

우리나라에서 고대 왕국의 출현을 상징하는 큰 무덤은 삼국시대부터 조성되기 시작하였다. 이전 시기인 고조선은 규모가 큰 고인돌을 축조하였지만, 이것은 단군왕검을 비롯한 지배계층의 무덤으로 본다. 삼국은 고구려와 백제 및 신라를 세우고, 강력한 왕의 통치와 그 권위를 과시하고자 거대한 왕릉을 축조하였다. 왕릉에는 많은 껴묻거리(죽은 사람을 매장할 때 함께 묻는 물품)를 통해 당시 지배자들의 권력과 부 및 문화 수준을 엿볼 수 있다.

이 중 고구려의 경우는 발굴을 통하여 동명왕릉과 고국원왕릉을 알아냈다. 백제의 무령왕릉은 지석에 의해 피장자가 밝혀졌다. 신라에서는 진덕여왕릉·무열왕릉·문무왕릉을, 통일신라의 성덕왕릉·경덕왕릉·헌덕왕릉·흥덕왕릉 등을 기록을 통해 찾아냈다. 그 밖에 규모가 큰 왕릉급 무덤 중에서 주인을 모르는 무덤은 총(塚)이라 부르며, 출토된 유물에 의해 무용총·금관총·천마총·식리총 등으로 부르기도 한다.

이 장에서는 조선 왕릉에 영향을 끼친 이전 시기 왕릉 중 통일신라 왕릉과 고려 왕릉, 그리고 조선 태조(太祖) 이성계의 4대 조부모의 추존 왕릉만을 다루기로 한다.

1. 조선까지 이어진 통일신라의 능묘 제도

신라 국왕의 장례는 어떻게 치러졌는지, 그리고 왕릉은 어떻게 조성되었는지 알기 어렵다. 신라의 국장이나 왕릉의 조성에 대한 기록은 소략하기 때문이다. 고작 보이는 것이 4대 탈해왕의 경우 왕이 승하한 뒤 동악에 매장하였다는 간단한 기사에 불과하다. 14대 내물왕이나 23대 법흥왕 및 25대 진지왕 등도 마찬가지이다. 30대 문무왕의 경우 감은사와 동해에, 32대 효소왕은 망덕사 동쪽에, 33대 성덕왕은 양장곡에 능을 조성했다고 한다.

현존하는 신라 왕릉은 기념비적으로 크기가 크다. 초기 4세기에서 6세기 중엽의 왕릉으로 추정되는 것이 천마총이나 황남대총이다. 이것들은 봉분의 높이가 20미터이고, 바닥 지름은 80미터 정도로 거대하게 만들었고, 봉토분의 전통을 가진 특유의 적석목곽분(積石木槨墳, 돌무지덧널무덤)의 대형 고분 형식이다. 이러한 신라 왕릉의 특징은 주로 평지에 축조하고 묘실에서 화려한 부장품이 많이 출토되는 경향을 보인다.

600년경을 전후하여 신라의 왕릉은 석실묘 형식으로 변하고 규모도 작아지며 낮은 구릉에 위치하였다. 현재 신라 왕릉으로 전해지는 것은 대략 높이 5~8미터에 봉토의 평면 지름이 15~20미터이며, 봉토의 아랫부분에 호석(護石)을 두른 경우에는 높이 6미터에 바닥 지름은 20미터 정도가 된다.[1] 통일신라에 들어서면 국왕들도 화장을 하는 불교식 장법이 수용되면서 삼국시대 초기에 조성되던 대형 분묘에서 점차 규모가 작아지게 되었다.

이러한 통일신라기의 왕릉은 『삼국사기』, 『삼국유사』 등을 바탕으로 사적지로 지정되어 있으나 학자별로 피장자를 다르게 보고 있어 능의 주인공이 확실하게 밝혀진 것은 그다지 많지 않다.[2] 그럼에도 불구하고 통일신라 시기의 왕릉 중에는 호석에 십이지신상을 부조로 조각하거나 독립된 조각으로 만들어 세워놓아 독특한 형식을 보인다. 이렇게 호석과 십이지신상 및 봉분 앞에 상석(床石, 石床)을 배치하는 것은 고려와 조선의 왕릉까지 계속 이어진 '한국식 왕릉 형식의 시작'이라고 볼 수 있다.

1) 8세기 왕릉

삼국을 통일한 후 신라는 당나라의 왕릉 제도와 선진 문물을 받아들여 중국화와 불교화의 경향이 두드러졌다. 통일신라기 왕릉은 적석목곽분 대신 횡혈식 석실분으로 이행되었으며, 신라사회의 골품제가 정착되

---

1   김환대, 『신라왕릉』, 한국학술정보, 2007, 139~169쪽.
2   강인구, 「신라왕릉의 재검토(3)」, 『고분연구』, 학연문화사, 2000, 465~468쪽; 김용성·강재현, 「신라 왕의 새로운 비정」, 『야외고고학』 15, 한국문화유산협회, 2013, 194쪽.

면서 고분의 축조에 일정한 규범이 적용된 시기였다. 이 시기 왕릉으로 전해지는 것은 모두 28기이나 어떤 것은 명확하지 않다. 35대 경덕왕의 경우는 법류사에서 화장을 하고 유골을 동해에 뿌려 왕릉이 존재하지 않는다. 이렇게 화장한 경우는 51대 진성여왕, 52대 효공왕, 53대 신덕왕, 54대 경명왕 등이 그러하다. 38대 원성왕, 41대 헌덕왕, 42대 홍덕왕 등은 위치를 밝히고 있으나 이 또한 정확하게 확인하기 어렵다.

게다가 신라 왕릉은 조성 이후 천 년이 넘는 세월 동안 왕릉을 수리하거나 보수하지 못하였고 능묘 주변에 거주해온 민간인에 의해 훼손되어 조성 당시의 모습인지 알기 어렵다. 이 때문에 봉분의 높이와 지름 등을 단순하게 비교하여 피장자를 비정하거나 조성 시기를 추정하기도 어렵다.[3] 최근 『삼국사기』와 『삼국유사』의 기록을 분석하여 33대 성덕왕, 35대 경덕왕, 38대 원성왕, 41대 헌덕왕, 42대 홍덕왕을 매장한 위치가 알려졌는데, 이들 왕릉은 구릉지에 선택한 것이 특징이다. 신라의 국왕이 평지에 왕릉을 조성했던 데 비해, 통일신라의 국왕은 점차 구릉지를 능지로 선택하는 기준으로 삼았음을 알 수 있다.

33대 성덕왕(재위 702~737년)은 당나라와 적극적으로 교류하였던 국왕이다. 그의 왕릉은 『삼국사기』와 『삼국유사』 및 조선 시대의 각종 지리서에도 올라 있다. 규모가 큰 봉토 밑에 면석(面石) 30개로 둘레돌을 쌓고 그 위에 덮개돌인 갑석을 올렸으며, 면석과 면석 사이에 탱석(撑石) 30개를 끼워 판석을 고정시켰다. 여기에 환조(丸彫)로 조성한 십이지신상을 삼각형 받침석 사이의 공간 30곳의 방향에 맞춰 배치하였다.

---

3 이근직, 「신라왕릉의 기원과 변천」, 영남대학교 박사학위 논문, 2006, 164~243쪽.

신라 33대 성덕왕릉 전경

성덕왕릉 원숭이상, 경주국립박물관 소장

이들 십이지신상 중 온전한 것은 양(未)상뿐이고, 나머지는 머리 부분이 훼손되었다. 능의 남서쪽에는 2매의 판석을 조립한 상석이 놓이고 사방의 면석에는 안상을 조각하였다. 왕릉의 네 모퉁이에는 석사자상(石獅子像)을 배치하였다. 능의 전면에는 무석인상(武石人像) 1쌍을 세웠는데, 서쪽 석인상(石人像)의 파손된 상반신에는 의장용 갑옷이 묘사되어 전하고 있다. 그 밖에 화표석(華表石), 능비 등이 있으나 비문을 새긴

1장 국장과 왕릉의 전통

신라 41대 헌덕왕릉 토끼상(왼쪽)과 용상

비석과 이부는 없어지고 웅장한 귀부가 방형의 대좌 위에 올려져 있다.

이와 같은 왕릉의 석조물 배치 양식은 당나라의 영향을 받은 것이다. 『삼국사기』에 따르면 737년 2월 국왕이 승하하자 이거사(移車寺) 남쪽에 장사 지냈다고 하여, 절터에 의해 왕릉의 위치가 확인된 사례이다. 이 능은 통일신라 최초로 완비된 왕릉 제도를 갖춘 것으로 평가된다. 특히 성덕왕릉에는 무덤 주위에 독립된 환조형의 십이지신상을 둘러 세웠는데, 이것은 신라 왕릉 특유의 방식이다.[4] 이들 십이지신상은 대부분 무장을 하고 있어 왕을 호위한다는 의미 이외에 한층 강화된 통

---

4   손경식, 「한국 십이지생초의 연구」, 『이화사원』 4, 이화여대사학회, 1962, 3~8쪽.

일신라 시기의 전제 왕권을 과시하려는 상징적 의미도 담고 있다.

성덕왕릉을 비롯한 몇몇 신라 왕릉에는 호석으로 십이지신상을 배치했는데, 십이지신상은 시간과 방위에 해당되는 12가지 동물을 상징한다. 12방위와 12시간에 대응하는 동물 조각상인 것이다. 우리나라의 경우 12간지에 해당되는 동물은 쥐, 소, 호랑이, 토끼, 용, 뱀, 말, 양, 원숭이, 닭, 개, 돼지의 순서이다. 이들이 해당되는 방위는 쥐(子)는 북쪽, 말(午)은 남쪽, 토끼(卯)는 동쪽, 닭(酉)은 서쪽이다. 중국에서 이러한 십이지가 동물의 이미지로 표현되기 시작한 것은 전한대 명기(明器)부터이다. 이후 당대에 불교와 습합되면서 신장상과 결합하여 십이지신상으로 발전하면서 능묘를 지키는 수호신으로 삼아 무덤의 벽화와 명기 및 지석 등에 빈번하게 사용되었다. 대중적인 십이지생초는 도상적으로는 동물의 머리에 사람의 몸을, 동물형 모자를 쓴 사람의 형상으로 표현된다. 이러한 십이지신상이 능묘 호석으로 등장한 것은 통일신라 성덕왕릉이나 원성왕릉(괘릉), 경덕왕릉 등이다. 하지만 십이지신상이 있는 왕릉에 대해서도 학자마다 능의 주인공에 대한 견해는 일치하지 않는다.[5]

35대 경덕왕(재위 745~765년)은 왕권을 강화하고 관제를 정비하는 등 과감한 제도 개혁을 실시하였다. 그러나 귀족들의 강력한 반대에 부딪혀 결국 뜻을 이루지 못하였다. 『삼국사기』에 의하면 왕이 죽자 모지사(毛祇寺)의 서쪽 언덕에 장사를 지냈다고 전해져 현재의 위치가 신라

---

5 강우방, 「신라 십이지신상의 분석과 해석」, 『원융과 조화』, 열화당, 1990, 319~321쪽; 임영애, 「신라왕릉의 조각」, 『신라왕릉 학술연구보고서 Ⅲ』, 경주시·한국전통문화대학교, 2013, 178~184쪽.

1장 국장과 왕릉의 전통

왕경(王京)으로부터 서남쪽에 위치하는 산 능선이어서 이곳을 비정하였다. 이처럼 왕릉의 입지를 종래의 평지에서 산지로 바꾸면서 '산릉(山陵)'이라는 개념을 처음으로 도입한 사례이다.

경덕왕릉의 봉분 직경은 21.08미터, 봉분의 높이는 6.15미터이며, 묘제는 횡혈식 석실분이다. 봉분의 호석은 36개의 면석과 탱석 및 갑석을 마련하였고, 각각의 방위에 맞게 갑주(甲冑)를 걸친 십이지신상을 부조하였다. 호석을 두른 회랑에는 박석을 깔고 난간석 40개를 세웠다. 왕릉 남동쪽에는 안상문을 새긴 상석이 놓여 있으나 성덕왕릉에서 볼 수 있는 석사자상이나 석인상은 설치되어 있지 않다. 현재의 능은 1730년(영조 6년) 김씨 일족에 의해 경덕왕릉으로 지정된 것이다. 경덕왕릉 호석 주위에 십이지신상을 부조 형식으로 둘러 세웠는데, 독립상인 성덕왕릉의 것에 비해 통일신라의 원숙한 조각 기법을 과시하고 있다.

38대 원성왕(재위 785~798년)의 능은 경주지 의동읍 괘릉에 위치한다. 왕릉은 원형 봉토분이고 봉분의 높이는 7.73미터, 직경은 22.31미터이다. 봉토 주위에는 면석과 탱석 및 갑석 36개를 연결하여 호석을 마련하였고, 탱석 12개마다 갑주를 착용한 십이지신상을 부조하였다. 왕릉의 호석 둘레에는 박석을 깔았으며, 가장자리는 석난간 42개를 세웠다. 봉분의 남동쪽으로 상석을 설치하였고, 주위에 석사자 2쌍이 있으며, 일렬로 관을 쓰고 검을 든 석인상 1쌍과 호복상 1쌍 및 화표석 1쌍이 마주 서 있다. 서역 무석인상과 화표석은 원성왕릉에 처음 세운 것이며, 이러한 모든 석물 조각의 종류나 그것들을 능 앞에 일렬로 배치한 것에서 당나라 능묘 제도의 영향을 직접 엿볼 수 있다. 최근까지 괘릉이라고 불리던 곳이다.

2) 9세기 왕릉

신라 41대 헌덕왕(재위 809~826년)의 능은 경주시 동천동, 왕경의 중심지인 분황사 동북쪽 들판에 위치하고 있다. 봉분의 높이는 26.06미터, 지름은 6미터이고, 묘제는 횡혈식 석실분이다. 면석과 탱석은 각각 48개를 마련하였으며, 탱석마다 십이지신상을 부조하였다. 봉분의 지름이 커진 만큼 헌덕왕릉의 십이지신상은 신라 왕릉 중 규모가 가장 크다. 왕릉에는 쥐·소·호랑이·토끼·돼지상만 남아 있고, 나머지는 1742년(영조 18년) 8월 22일 경주에 태풍과 비가 몰아쳤을 때 유실되었다.[6] 조선 시대의 문집에 의하면 헌덕왕릉에는 원성왕릉과 마찬가지로 무덤 전면에 상석, 석사자상, 석인상, 호인상, 화표석이 있었다고 여겨지나 현재의 것은 조성 당시의 것이 아니다.

42대 흥덕왕(재위 826~836년)의 아버지는 원성왕의 큰아들 김인겸이고, 어머니는 성목태후 김씨이며, 헌덕왕의 동복 아우이다. 흥덕왕은 즉위 후 당나라 문종으로부터 신라 왕에 봉해졌으며, 장보고를 청해진 대사로 삼았고, 834년 각종 사치스러운 의복이나 궁실 및 그릇의 사용을 금지하였다. 『삼국사기』와 『삼국유사』의 기록에 의하면 그의 사후에 왕비와 합장하여 능을 조성했다고 하므로 이곳은 흥덕왕이 먼저 죽은 왕비릉을 조성한 것으로 보기도 한다. 만약 그러하다면 신라 때에도 왕비릉을 왕릉처럼 조영한 것을 알 수 있다. 이로 미루어 흥덕왕릉의 조성연대는 기존에는 흥덕왕의 사후 836년에 조영한 것으로 보았으나,

---

6 『증보문헌비고』 권 70, 예고 17, 산릉조.

흥덕왕릉 전경(왼쪽)과 왕릉 앞 귀부

왕비가 죽은 827년에 조영하였고 왕이 생전에 만들었으므로 일종의 수릉(壽陵)에 해당된다고 할 수 있다.

흥덕왕릉은 주위에서 '흥덕(興德)'이라는 명문이 새겨진 비석 조각이 발견되어 능명을 확인한 사례이다. 흥덕왕릉은 능묘 제도가 잘 갖춰져 있다. 봉토는 지름 20.77미터, 높이 6미터이고, 횡혈식 봉토분이다. 봉분 주위를 빙 두른 병풍석에는 십이지신상이 부조로 새겨져 있다. 왕릉의 네 모서리에는 돌사자 한 마리씩, 능 앞으로는 서역인과 무석인 1쌍, 화표석 1쌍이 배치되어 있다. 전방 왼쪽에는 능비를 세운 거북형 비석 받침만이 현존하고 있다. 거북의 조각 수법은 성덕왕릉의 것을, 석조각의 배치와 양식은 성덕왕릉 및 괘릉과 유사하다.

십이지신상을 호석으로 두른 신라 왕릉의 경우 면석이나 탱석이 24개, 36개, 48개 등으로 60방위를 맞춘 것을 알 수 있다. 이것과 난간석은 반드시 일치하지 않아, 난간 지주의 수는 성덕왕릉 33개, 경덕왕릉

40개, 흥덕왕릉 41개, 원성왕릉 42개, 헌덕왕릉 54개였다. 이러한 난간 지주의 숫자 자체에는 의미가 없다는 견해가 있으나 60방위나 12지신 상의 숫자와 연관시켜 상징적 의미를 부여하기도 한다. 60방위를 고려 하여 호석의 지대석에 30개를 세웠다거나, 십이지신상을 고려하여 2배 수인 24개, 3배수인 36개, 4배수인 48개 등의 숫자가 선택했다고 분석 하기도 하였다.

이와 같이 통일신라 시대의 왕릉에는 봉분을 빙 두른 난간석 바로 앞쪽으로는 네모진 상석을 놓은 다음 그 앞쪽으로 넓은 공간을 확보하 여 제향을 드릴 수 있도록 한 것이 특징이다. 그와 함께 왕릉 주위에 십 이지신상을 배치하고, 석사자를 사방에 배치하였으며, 제향 공간 앞쪽 으로 서역인이나 무석인을 세우는 전통이 있었다. 이러한 능묘 제도는 대체로 중국 당나라 황제릉의 영향을 받은 것이나, 우리나라의 풍토에 맞게 규모를 줄이고 배치를 바꾸어 일부 요소만 선택적으로 수용하여 우리화한 것이다. 이렇게 우리나라 능묘 제도는 통일신라 시대 왕릉의 토대 위에 고려 왕릉에서 전형적인 형식을 거쳐 조선 왕릉으로까지 이 어지게 된다.

2. 조선 왕릉의 원형이 되는 고려 왕릉

고려는 916년부터 1392년까지 34대 국왕에 이르기까지 400여 년 존속한 국가였다. 고려 태조(太祖)는 스스로 천자(天子)를 자처했으며, 고려 광종(光宗) 이후에는 황제(皇帝)라는 칭호를 사용하였던 황제국이었다.

황제를 자처한 고려 국왕의 사후 국장은 모두 임시로 일을 처리하였고, 일을 마친 후 이를 적어놓지 않았다. 이것은 중국 당나라 제도를 참조한 때문이다. 중국 당나라 때 천자의 흉례에 대하여 신하 된 이가 감히 말할 바가 아니라면서 국휼의 항목을 없애버렸고, 이로 인해 황제의 오례 중 흉례가 사서(史書)에 기록되어 있지 않다. 이렇게 황제의 죽음을 기록하지 않는 전통은 황제국을 표방하였던 고려에도 받아들여져 황제를 자처한 고려 국왕의 사후 국휼(國恤)의 내용을 기록하지 않았다.[7] 이 때문에 『고려사』에는 국왕의 국장과 관련된 구체적인 내용이 없고, 예지(禮志)는 대부분 『상정고금예문』에 수록된 흉례에 대한 연대

---

7   김인호, 「고려시대 국왕의 장례절차와 특징」, 『한국중세사연구』 29, 한국중세사학회,
    2010. 10, 268~269쪽.

기적인 기록을 단편적으로 실었을 뿐이다.

고려 태조는 천자라 칭하고 광종 이후 황제를 자처했는데, 국왕의 사후 묘호(廟號)와 능호(陵號)를 갖추어 올렸던 것이 황제국임을 표방한 증거이다.[8] 우리가 흔히 왕건이라 부르지만 고려를 건국한 1대 국왕의 공식적인 명칭, 곧 묘호는 태조이며 그의 무덤은 현릉(顯陵)이라 부르는 것이다. 주지하다시피 고려 이전 시기인 신라와 비교하면 보다 명확하게 이해할 수 있다. 신라에서는 우리가 흔히 김춘추라 부르는 29대 국왕을 태종 무열왕(太宗武烈王)이라 불러 신라의 국왕 중 유일하게 종호(宗號)를 묘호로 올렸다. 그에게 종호를 올린 것은 삼국 통일의 공덕을 기리기 위해서였다. 그는 당나라 태종과 긴밀한 우호 관계를 유지하고 당의 문물과 제도를 적극 수용하였는데, 당시 태종이라는 종호를 올린 일은 참람하다 하여 당나라의 문책을 받기도 했다. 때문에 그의 사후 무덤은 무열왕릉이라 불릴 뿐이며, 나머지 신라 왕릉들과 마찬가지로 능호를 붙이지 않았다.

반면 조선은 고려에 이어 천명을 옮겨 받았다고 강조하였는데, 조선이 받은 천명은 멀리 고조선에서 유래해서 조선이라는 국호를 사용한 것으로도 알 수 있다. 사대주의를 표방한 조선은 명에 대해 제후국의 위치였기 때문에 명에는 비밀로 부치고 천자나 사용할 수 있는 조(祖)나 종(宗)의 칭호를 죽은 국왕에게 붙여 묘호로 삼았고, 왕의 무덤임에도 능호를 올린 것도 고려의 영향을 받은 것임을 알 수 있다.

---

8 임민혁, 『왕의 이름, 묘호』, 문학동네, 2010, 27~30쪽.

1장 국장과 왕릉의 전통

1) 묘호와 능호 추숭

고려에서는 국왕을 황제로 여겨 묘호와 능호를 올렸다. 이와 함께 국왕의 부인은 왕후로, 그들의 후궁은 비로 불렀고 어머니는 태후로 불렀는데 이를 『고려사』 「후비열전」에서 다루고 있다. 일례로 고려 태조는 지방의 호족들과 결혼하는 정책을 써서 신혜왕후 유씨, 장화왕후 오씨, 신명왕후 유씨, 신성왕후 김씨, 정덕왕후 유씨 등 여러 명의 왕후를 두었다. 8대 현종(顯宗)의 경우도 부인이면서 이후 왕의 어머니가 되는 이들은 원성태후 김씨, 원혜태후 김씨 등이다. 조선에서는 왕의 부인을 왕비, 후궁은 빈으로, 어머니는 대비로 불러 비빈으로 한 단계 낮춘 것은 황제국인 고려와 왕조인 조선의 차이이다.

그런데 고려의 왕비에게는 사후 왕후의 휘호와 함께 능호를 붙였던 점이 주목된다. 1대 태조의 비 중 신혜왕후 유씨처럼 국왕과 합장한 경우를 제외하고, 태조의 여러 왕비 중 신성왕후 김씨처럼 별도로 무덤을 조성한 경우 정릉(貞陵)이라는 능호를 별도로 붙인 것이다.[9]

이렇게 조성한 왕후릉이 23기이다. 5대 경종비 헌정왕후의 경우에도 능호는 원릉으로, 흔히 천추태후라 부르는 헌애왕후의 경우에는 유릉으로 부르고 별도로 능묘를 조성하였다. 8대 현종비 원정후 화릉, 원성후 명릉, 원혜후 회릉, 원평후 의릉, 9대 덕종비 경성후 질릉, 10대 정종비 용신후 현릉, 11대 문종비 인예순덕태후 대릉, 15대 숙종비 명의

---

9 권두규, 「高麗時代 陵號 記載 樣式과 授與 基準」, 『한국중세고고학』 1, 한국중세고고학회, 2017, 112~113쪽.

고려 국왕의 묘호와 능호

대	묘호	능호	조성 연도	대	묘호	능호	조성 연도
1	태조, 신혜후	현릉(顯陵)	943년	18	의종, 장경후	희릉(禧陵)	1175년
	신성후	정릉(貞陵)		19	명종, 의정후	지릉(智陵)	1197년
추존	추존 세조	창릉(昌陵)	897년	20	신종	양릉(陽陵)	1205년
2	혜종 의화후	순릉(順陵)	945년	21	희종	석릉(碩陵)	1237년
3	정종, 문공후	안릉(安陵)	949년	22	강종	후릉(厚陵)	1213년
4	광종, 대목후	헌릉(憲陵)	975년		원덕태후	곤릉(坤陵)	1239년
5	경종, 헌숙후	영릉(榮陵)	981년	23	고종	홍릉(洪陵)	1259년
	헌정후	원릉(元陵)	1009년	24	원종	소릉(昭陵)	1274년
6	성종, 문덕후	강릉(康陵)	997년		순경태후	가릉(嘉陵)	1236년
추존	추존 대종, 선의후	태릉(泰陵)	969년	25	충렬왕	경릉(慶陵)	1308년
7	목종, 선정후	의릉(義陵)	1012년		제국대장공주	고릉(高陵)	1297년
8	현종	선릉(宣陵)	1031년	26	충선왕	덕릉(德陵)	1313년
추존	추존 안종	건릉(乾陵)	1017년	27	충숙왕	의릉(懿陵)	1339년
9	덕종	숙릉(肅陵)	1034년	28	충혜왕	영릉(永陵)	1344년
10	정종	주릉(周陵)	1046년	29	충목왕	명릉(明陵)	1349년
11	문종	경릉(景陵)	1083년	30	충정왕	총릉(聰陵)	1352년
12	순종, 선희후	성릉(成陵)	1083년	31	공민왕	현릉(玄陵)	1374년
13	선종, 사숙후	인릉(仁陵)	1094년		노국대장공주	정릉(正陵)	1365년
14	헌종	은릉(隱陵)	1095년	32	우왕	우왕묘	1389년
15	숙종	영릉(英陵)	1105년	33	창왕	창왕묘	1389년
16	예종	유릉(裕陵)	1122년	34	공양왕	고릉(高陵)	1392년
17	인종	장릉(長陵)	1146년				

태후의 숭릉, 16대 예종비 경화후 자릉, 순덕후 수릉, 17대 인종비 공예
태후 순릉, 20대 신종비 선정태후 진릉, 21대 희종비 성평후 소릉, 22대

강종비 원덕태후 곤릉, 24대 원종비 순경태후 가릉, 25대 충렬왕비 제국대장공주 고릉, 27대 충숙왕비 명덕태후, 28대 충혜왕비 덕령공주, 31대 공민왕비 노국대장공주 정릉과 순정후 의릉 등이 그것이다.[10]

이와 달리 중국에서는 황제에게만 묘호와 능호를 붙이고, 황후는 황제릉에 함께 합장되거나 합장이 안 되더라도 별도의 능호가 없었다. 일례로 송대에 황제와 황후는 합장되지 않았지만 황후는 황제릉 구역 내 남쪽에 배장되었기 때문에 별도의 능호를 붙이지 않고 후릉(后陵)으로만 통칭되었다. 이렇게 왕후의 사후 무덤에 능호를 붙이고 별도로 조성하는 것은 중국과 다른 고려만의 독자적인 특징이고, 이것은 조선 왕릉에까지 영향을 끼쳤다.

한편, 고려의 태조 왕건은 고려를 건국하기 이전에 죽은 자신의 부모와 조부모를 황제나 황후로 추존하여 묘호와 능호를 올렸다. 이 또한 이전의 신라나 발해와 다른 것이며, 같은 시기 중국의 송이나 금에서는 발견된다. 하지만 고려는 중국과 다른 방식으로 묘호와 능호를 붙여 고려만의 독자성을 엿볼 수 있다.

고려 태조의 부친인 용건은 897년 5월 금성군(현재의 철원)에서 사망하여 영안성 강변에 있는 석굴에 장사를 지냈다. 916년 왕건이 고려를 건국하고 즉위하면서 아버지의 묘호는 세조 위무대왕으로 추존하고 어머니의 휘호는 위숙왕후로 추존하였다. 아버지의 무덤은 능호를 올려 창릉(昌陵)이라 추숭하였고 어머니를 합장하였다. 고려 때에 세조 창릉

---

10 장경희, 『고려왕릉』, 예맥출판사, 2008, 22~23쪽; 장경희, 『고려왕릉(증보판)』, 예맥출판사, 2012, 50~51쪽.

은 태조 현릉과 함께 가장 중요하게 관리되어 항몽 기간 중에 현릉의 재궁과 함께 강화도로 옮겨졌다. 한편 고려에서는 태조의 조부모에게도 묘호를 올렸다. 왕건의 할아버지는 작제건(作帝建)인데 그는 의조로 추존하였고, 왕건의 할머니는 원창왕후로 추존한 것이다.

이와 같이 국가를 개국한 태조의 조상을 추존하여 묘호와 능호를 올리는 것은 중국의 송이나 금에서도 찾을 수 있다. 5호 10국을 병합하여 966년 송을 건국한 조광윤(趙匡胤)은 자신의 5대 조상들을 황제로 추존하여 묘호를 올렸다. 부친 조홍은(趙弘殷)은 선조(宣祖)로, 조부 조경(趙敬)은 익조(翼祖)로, 증조부 조정(趙珽)은 순조(順祖)로, 고조부 조조(趙脁)는 희조(僖祖)로, 5대조 조현랑(趙玄朗)은 성조(聖祖)로 추존하였다. 그중 부친 선조에게만 영안릉(永安陵)이라는 능호를 올린 것은 부친과 조부에게 묘호를 올린 고려와 다른 점이다.

1115년 금을 건국한 태조 아골타 역시 부친부터 10대 조부까지 10명의 완안부 추장을 황제로 추증하여 묘호와 능호를 붙였다. 10대 조부는 시조(始祖) 광릉(光陵)이고, 9대조는 희릉(熙陵), 8대조는 건릉(建陵), 7대조 헌조(獻祖)는 휘릉(輝陵), 6대조 소조(昭祖)는 안릉(安陵), 5대조 경조(景祖)는 정릉(定陵), 4대조 세조(世祖)는 영릉(永陵), 증조부 숙종(肅宗)은 태릉(泰陵), 조부 목종(穆宗)은 헌릉(獻陵), 부친 강종(康宗)은 교릉(喬陵)이었다. 이렇게 금은 고려나 송보다 많은 태조의 10대조까지 묘호와 능호를 추봉하였다.

고려 태조가 자신의 선대에게 묘호와 능호를 추숭하는 방식은 조선에까지 영향을 끼쳤다. 다만 고려에서는 2대조까지만 추숭한 데 비해, 조선에서는 5대조를 추숭한 송제(宋制)의 영향도 함께 받아 태조의 4대

조부에게 묘호와 함께 능호를 올렸다. 게다가 고려는 송과 달리 태조의 조모에게 휘호와 함께 온혜릉(溫鞋陵)이라는 능호를 올렸는데, 그 영향을 받은 조선에서는 태조의 4대 조모를 왕비로 휘호를 올리고 그녀들의 무덤에도 능호를 올렸다. 이렇게 하여 조선은 고려나 송과 달리 4대 조부모를 모신 8개의 무덤은 모두 왕릉으로 봉릉하였고, 이것들은 '북도팔릉'으로 통칭되어 조선 시대 내내 조선 왕릉과 마찬가지로 관리되었다.

이와 더불어 고려 때에는 국왕의 생부를 추존하여 묘호와 능호를 올리기도 하였다. 고려 6대 성종(成宗)은 자신의 혈연상의 생부를 추증하여 대종(戴宗)이라는 묘호와 태릉(泰陵)이라는 능호를 올렸으며 무덤을 봉릉하였다. 이것은 8대 현종의 경우에도 이어져 그 또한 자신의 생부를 추증하여 묘호는 안종(安宗)으로 추존하였고 능호는 건릉(乾陵)으로 추봉하였다. 이렇게 생부를 추존하여 묘호와 능호를 추숭하는 방식 또한 조선에 영향을 끼쳤다. 조선 9대 성종의 생부인 도원군(桃源君)이 1457년(세조 3년)에 세자 신분으로 사망하였는데, 아들인 성종이 즉위한 뒤 의경왕으로 추존하였다가 1476년(성종 7년)에 묘호는 덕종(德宗)으로, 능호는 경릉(敬陵)으로 추봉하였다.

따라서 고려는 같은 시기 송이나 요, 금 등과 마찬가지로 태조 이후 왕위를 계승한 국왕들은 종호를 묘호로 사용하여 종법의 원리를 적용하였다. 24대 원종(元宗)까지는 묘호와 능호가 붙여져 태조 현릉, 원종 소릉 등으로 불렸다. 그러나 몽골 항쟁 이후 원의 간섭을 받으면서 묘호가 바뀌게 되었다. 충렬왕(忠烈王)부터 중국에서 시호(諡號)를 내리게 되어 왕호 앞의 시자(諡字)에 원나라에 충성을 맹세하는 '충(忠)'자를 넣었다. 원은 고종(高宗)과 원종에게도 시호를 추증하여 '충헌(忠憲)'과 '충경(忠敬)'이라 했으며, 이 때문에 조선 시대에 고려의 원종을 충경왕으로 부른 기록도 있다. 원나라는 고려의 국왕을 황제로 인정하지 않은 것이며, 원의 부마국이 되었던 25대 국왕부터는 묘호를 붙이지 못하고 충렬왕처럼 "충○왕"으로 불렸다. 그럼에도 불구하고 이들 국왕의 사후 무덤에는 관습적으로 능호를 붙여 충렬왕 경릉, 충선왕 덕릉, 공민왕 현릉 등으로 불렸다. 고려 말 32대 우왕, 33대 창왕, 34대 공양왕 등은 묘호뿐 아니라 능호마저 붙이지 못하였다.

이렇게 고려에서는 1대부터 24대 원종까지 국왕의 사후 묘호와 능호를 올렸다. 그뿐만 아니라 고려는 중국과 달리 왕비의 경우에도 휘호와 함께 능호를 올렸다는 점이 매우 독자적이다. 그리고 태조의 부모와 조부모 및 국왕의 생부를 추존하여 묘호와 능호를 올렸다. 이 때문에 고려는 국왕릉과 왕후릉 및 추존왕릉까지 포함하여 능호를 가진 왕릉이 총 87기가 있다. 이러한 점은 이전의 신라와 다르게 황제국을 지향한 고려 왕릉의 특성이면서, 이후 조선 왕릉에까지 큰 영향을 끼치게 되었다.

2) 고려 국왕 사후의 왕릉 조영

고려 국왕의 국상 때 국왕의 육신에 대한 기록은 남아 있지 않으며, 왕릉의 조영에 대한 산릉 제도 또한 상장례와 마찬가지로 의례서에 규정되어 있지 않았다. 이것은 중국과 마찬가지로 황제의 예라고 여긴 때문이다. 다만 고려 국왕은 죽기 전에 후계자의 문제라든가 상복을 입는

문제, 그리고 장례 절차를 간소화할 것 등은 언급하였다.[11]

943년 고려 태조 또한 죽음이 임박한 시기에 산릉을 조성할 때 한나라 문제(漢文帝)나 위나라 문제(魏文帝)의 산릉을 예로 들어 검소하게 조성하도록 하였다. 1046년 정종(定宗) 승하 시, 1083년 순종 승하 시, 1122년 예종 승하 시에 또한 산릉 제도를 검박하게 하라고 유언했다. 고려 후기인 13세기에 들어서도 마찬가지여서 고종이 1259년 류경의 관저에서 죽으면서 산릉 제도를 검박하게 하도록 유언을 내렸다.

고려에서 국왕의 시신을 모신 능을 부르는 명칭은 시기마다 기록마다 조금씩 달랐다. 태조(943년)와 경종(981년) 때에는 '원릉(園陵)'이라 불렀고, 정종(1046년)이나 순종(1083년) 때에는 '산릉(山陵)'이라고 불렀다. 하지만 이러한 산릉 제도는 상장례와 마찬가지로 의례서에 규정되어 있지 않았는데, 황제의 예는 기록하지 않는다는 원칙이 적용된 때문이다. 다만 고려의 국왕들은 죽음에 임박한 시기에 산릉을 조성할 때 검박하게 하도록 유언했다. 그중 고려 태조는 한문제와 위문제의 산릉을 예로 들었고, 경종은 한나라의 산릉 제도를 따르도록 하였다. 이처럼 고려에서는 태조의 현릉을 비롯하여 선왕의 산릉을 조성할 때 유훈을 따랐는데, 그때 전례로 들었던 중국 한(漢)·위(魏)의 황제릉 제도에 대해 살펴보자.

먼저 한나라의 황제릉은 모두 도성인 장안성 제도를 모방하여 영조하였다. 이 때문에 각 능의 능원들은 성벽을 쌓고 성벽 4면의 중앙에 성

---

11 김인호, 「고려시대 국왕의 장례절차와 특징」, 『한국중세사연구』 제29호, 한국중세사연구회, 2010, 270~275쪽.

문을 설치하였는데 동문과 북문이 서문과 남문보다 높고 컸다. 능원의 방향도 서쪽에 위치해서 동향으로 하였으며 정문은 동문이었다. 이중 고려 태조가 본받으려 한 황제릉은 한문제 패릉(霸陵)이었다. 한문제는 한고조(漢高祖) 장릉(長陵)을 전례로 삼았으며 이를 따라 자신의 수릉을 장안성 동쪽 산하(滻河)와 패하(灞河) 사이에 선택하여 정하였다. 당시 문제가 패릉을 건조하면서 금·은·동으로 장식하지 못하게 하여 재물을 절약하고 백성들에게 누를 끼치지 않게 하였다. 이로 인해 패릉은 본래의 산 모습을 그대로 따르고 다른 능처럼 복두형(覆斗形) 봉토를 세우지 않는 등 박장(薄葬)을 실시하였다고 알려져 있다. 그러나 다른 기록을 보면 패릉을 조성할 때 병졸 3만여 명을 동원하였고, 패릉 위에 연못이 있어 네 갈래 물길로 물이 흐르게 했다고 한다. 이로 미루어 박장을 강조한 기록과 달리 비교적 완벽한 배수 시설을 설치하는 등 능침 구조도 그다지 초라하지 않았을 것으로 여겨진다.

다음으로 고려 태조의 유훈에서 언급된 위문제 조비(曹조)의 경우를 살펴보자. 황초 3년(222년) 10월에 위문제는 수양산 동쪽을 수릉으로 정하고 자신의 능묘를 미리 조영하였다. 당시 그는 후장을 하면 도굴을 당하는 폐단을 우려하여 자신의 시체를 온전하게 보존하기 위해 박장을 실시하도록 유훈을 내렸다. 위문제의 사후 수양릉(首陽陵)은 음장을 실시하고 지표에 아무런 건축 유적도 남기지 않아 위나라의 능침 제도는 고증할 길이 없다. 이처럼 위나라가 박장을 실시하고 능역이나 산림을 봉하지 않았던 가장 직접적인 원인은 후한 시기 여러 황제릉들이 도굴당하고 유해가 훼손되는 참상을 목격하였기 때문에 황제 시신들의 사후 안녕을 도모하기 위한 조치였다. 하지만 『수경주(水經注)』에 의하면 위나라의 무덤은 비록 높지 않지만, 무덤 안은 극히 넓고 크다고 기재되어 있어 위나라의 박장설 또한 문헌상의 수사에 불과하다고 여겨진다.

이와 같이 한·위 황제릉의 박장 제도를 따르고자 했던 고려 태조를 비롯한 국왕들이 이를 유언으로 내렸다. 1046년 정종의 승하 시, 1083년 순종의 승하 시, 1122년 예종의 승하 시에 또한 검박하게 하라고 유언했다. 고려 후기인 13세기에 들어서도 마찬가지여서 고종이 1259년 류경(柳璥)의 관저에서 죽으면서 산릉 제도를 검박하게 하도록 유언을 내렸다.

고려의 장례 기간은 하루를 한 달로 계산하며 27일여의 기간 동안 능을 조성하였기 때문에 고려 왕릉은 규모가 작고 석물의 종류도 적고 조각은 소략하게 제작되었다. 이렇게 고려에서는 태조의 현릉(顯陵)을 비롯하여 선왕의 산릉을 조성할 때에는 유훈을 따랐다. 고려 국왕의 상장례 의식을 재구성해 사망 장소와 장례 기간, 빈전 및 왕릉의 장소를 정리해보았다.[12]

고려 국왕이 궁궐 내 정침에서 죽으면, 안장하기 전까지 특정한 전각(편전)에 빈전을 마련하였다. 아버지 현종의 죽음을 슬퍼한 9대 덕종이 중국 황제의 상장례를 참고하여 덕종 이후 15대 숙종까지 빈전은 선덕전에 마련되었다.[13] 빈전이 정해지면 시신을 담은 재궁(梓)을 모셨으

---

12 장경희, 「12세기 高麗·北宋·金 황제릉의 비교 연구」, 『東方學』 제30집, 한서대학교 동양고전연구소, 2014, 346쪽. 표 : 김인호, 「고려시대 국왕의 장례절차와 특징」, 271쪽 〈표 1〉.

13 박진훈, 「고려전기 국왕 殯殿의 설치와 의례」, 『한국중세사연구』 제43호, 한국중세사학회, 2015, 210~220쪽.

고려 전기 왕릉의 조성 기간 및 국왕 시신의 매장 장소

대	묘호	승하 일시	승하 장소	빈전	능호	기간	매장 장소
1	태조	943년 6월 무신	선덕전	상정전	현릉(顯陵)	26일	개성시
2	혜종	945년 9월 무신	중광전	-	순릉(順陵)	-	개성시 가하동
3	정종	949년 3월 병진	제석원	-	안릉(安陵)	-	개성시 개풍군 고남리
4	광종	975년 5월 갑오	정침	-	헌릉(獻陵)	-	개성시 삼거리
5	경종	981년 7월 병오	-	-	영릉(榮陵)	-	개성시 판문군 판문읍
6	성종	997년 10월 무오	내천왕사	-	강릉(康陵)	-	개성시 판문군 진봉리
7	목종	1009년 2월 기축	적성현	-	의릉(義陵)	30일	개성 동쪽
8	현종	1031년 5월 신미	중광전	중광전	선릉(宣陵)	22일	개성시 개풍군 해선리
9	덕종	1034년 9월 계묘	연영전	선덕전	숙릉(肅陵)	27일	개성 북쪽 교외
10	정종	1046년 5월 정유	산호전	선덕전	주릉(周陵)	-	개성 북쪽 교외
11	문종	1083년 7월 신유	중광전	선덕전	경릉(景陵)	23일	개성시 판문군 선적리
12	순종	1083년 10월 을미	선덕전	선덕전	성릉(成陵)	25일	개성시 판문군 진봉리
13	선종	1094년 5월 임진	연영전	선덕전	인릉(仁陵)	22일	개성 동쪽
14	헌종	1095년 윤2월 갑진	흥성궁	-	은릉(隱陵)	16일	개성 동쪽
15	숙종	1105년 10월 병인	장평문	선덕전	영릉(英陵)	18일	개성시 판문군 판문리
16	예종	1122년 4월 병신	-	선정전	유릉(裕陵)	18일	개성시 개풍군 오산리
17	인종	1146년 2월 정묘	보화전	건시전	장릉(長陵)	17일	개성 남쪽
18	의종	1170년 10월 경신	곤원사	-	희릉(禧陵)	7일	개성 동쪽
19	명종	1197년 11월 무오	창락궁	-	지릉(智陵)	44일	개성시 판문군 두매리
20	신종	1204년 1월 정축	덕양후 집	정안궁	양릉(陽陵)	43일	개성시 개풍군 고남리

며, 묘호와 능호를 올렸다. 고려는 하루를 달로 계산하는 '이일역월법(以日易月法)'을 사용하여 태조 왕건 때부터 13일에 주상, 즉 1년 만에 치르는 제사를 지내고 27일 전후의 짧은 기간에 대상을 지낸 후 수도인 개성에서 멀지 않은 산릉에 안장하였다.

이렇게 고려 국왕의 사후 한 달 안팎의 짧은 장례 기간 안에 왕릉을 조영해야 했기 때문에 재력과 물력 및 인력을 총동원할 도감을 임시로 설치하여 운영하였다.[14] 고려 시대에 빈전도감(殯殿都監)과 국장도감(國葬都監) 등이 나타나며 왕릉을 조성하는 도감에 대한 기록 대신 개장후릉도감(改葬厚陵都監)이나 영전도감(影殿都監), 혼전도감(魂殿都監) 등이 운영되었다.[15] 그러나 공민왕 대에 노국대장공주 국장 때는 왕릉을 조성하기 위해 조묘도감(造墓都監)을 두었으며, 시신을 수습할 빈전도감과 국상을 추진할 국장도감 및 제사를 주관할 재도감(齋都監)을 두었다. 이렇게 왕후의 왕릉을 조성할 때의 상황은 조선 초기 태조 계비 신덕왕후 강씨의 정릉을 조성하거나, 2대 정종비 정안왕후의 후릉을 조성할 때까지 이어졌다. 그러다가 3대 태종비 원경왕후의 헌릉을 조영할 때에는 불교적 색채가 강한 재도감을 제외하였다. 이후 세종 대 오례에도 반영되었다.

도감의 하부 제작처로는 13색을 두었다. 왕릉을 만들 산소색(山所色), 식사와 음식을 만드는 영반색(靈飯色), 국장용 의장을 제작하는 위의색(威儀色), 행사용 천막 등을 조성하는 상유색(喪帷色), 상여를 만드는 유거색(柳車色), 제기를 만드는 제기색(祭器色), 상복을 만드는 상복색(喪服色), 장사를 지낸 뒤에 신주(神主)를 종묘로 모셔 오는 반혼색(返魂色), 명기를 제작하는 복완소조색(服玩小造色), 관곽을 만드는 관곽색

---

14 문형만, 「고려 특수관부연구-제사도감각색의 분석」, 『역사와경계』 9, 부산경남사학회, 1985, 124쪽.

15 이정훈, 「고려시대 도감의 구조와 기능」, 『한국사의 구조와 전개』, 혜안, 2000, 242~243쪽.

(棺槨色), 무덤 내부를 조성하는 묘실색(墓室色), 바닥의 지의나 자리를 제작하는 포진색(鋪陳色), 진영을 그리는 진영색(眞影色)을 설치하여 운영하였다.[16] 이러한 13색은 조선 시대에 들어서면 국장도감과 빈전·혼전도감, 산릉도감의 하부에 각 방과 각 소로 편입되었다.[17] 왕릉의 조성과 관련되는 제작처는 산소색과 묘실색이었다.

한편 고려의 능묘제는 신분에 따라 왕릉, 귀족 및 기타 상류 계급의 분묘와 민묘, 승려의 분묘 등으로 나눌 수 있다. 고려 경종 원년(976년) 2월 문무양반의 품계에 따라 무덤의 면적과 봉분의 높이를 법제화하여 외형적 형태에 따라 계층 간에 차이를 두었고, 이것은 이후 조선 시대에도 마찬가지였다.

고려는 당나라의 품관과 마찬가지로 무덤의 사방 너비가 정해져 1품관은 90보, 2품관은 80보, 3품관은 70보 등 품계가 줄어들 때마다 10보씩 줄어들었다. 다만 스스로 황제를 자처했던 고려 국왕의 왕릉은 품관의 제한에 해당되지 않아 예외적이었을 것이나 고려 때의 기록은 소략하여 그 규정을 찾을 수 없다. 다만 조선 시대에 고려 태조 현릉은 200보, 문종과 현종 및 원종은 150보, 그 밖의 왕릉은 100보를 보호구역으로 정하여 그 안에 무덤을 쓰지(偸葬) 못하게 보호하였던 것으로 미루어 국왕과 백성 간 차등을 두었음이 확인된다.

---

16 「공민왕·노국대장공주 현·정릉」,『조선왕릉학술조사보고서』권1, 고려말·조선초 왕릉, 국립문화재연구소, 2008, 15~16쪽.

17 장경희, 「朝鮮後期 凶禮 '都監'의 匠人 研究」,『미술사논단』8, 한국미술연구소, 1999, 181~182쪽.

3) 산 위에 왕릉 조영

고려의 수도인 개경은 산악으로 둘러싸여 있는데, 고려 왕릉은 대부분 개경 근처에 분포하고 있다. 국왕과 왕후릉을 포함한 능호가 있는 고려 왕릉은 대부분 개성 시내 송악산 북쪽과 시내에서 4킬로미터 떨어진 만수산의 남쪽 일대에 분포되어 있다. 고려 이전 신라 왕릉이 대부분 평지에 조성되었으나 풍수도참설이 유행하면서 원성왕 대부터 능지를 산 위에 선정하는 데 영향을 끼쳐, 고려 대에는 태조의 유훈으로 능지를 산에 정하고 왕릉을 산 중턱에 조영하게 되었다.

개성시 개풍군 해선리에 위치한 태조 현릉은 개성시 서쪽에 위치한 만수산 줄기에서 남쪽으로 밋밋하게 뻗은 능선에 조성되어 있다. 이 능선의 동서북 쪽의 세 면은 만수산 꼭대기에서 뻗어내린 나지막한 언덕들에 의해 둘러막혀 있으며, 남쪽에는 넓지 않은 평지가 펼쳐져 있다. 능 앞쪽으로는 서쪽에서 시작된 개울이 평지를 가로질러 동쪽으로 흘러내리고 있다. 곧 태조 현릉을 비롯한 고려 왕릉은 용맥이라고 부르는 산줄기의 아래쪽에 남향하여 배치되어 있는 것이다. 이처럼 왕릉의 뒤쪽에 주산을 두었고, 왼쪽에는 청룡[左靑龍], 오른쪽에는 백호[右白虎]가 되는 산맥이 돌아가고, 앞에는 주작을 이루는 안산(案山)이 위치하며, 물이 능의 오른쪽 계류에서 나와 능 앞으로 흐르며 능 쪽을 흘러 생기를 가두는 지세에 있는 것이다. 이렇게 고려 왕릉은 통일신라 말부터 유행한 풍수설에 영향을 받아, 장풍득수(藏風得水)의 형세를 지녀 북쪽과 동서쪽이 모두 산으로 막혀 있고 남쪽이 트인 남향으로 놓였으며, 동에서 서로 산을 감싸며 물이 흐르는 곳을 명당으로 보고 왕릉을 조영

개성 만수산의 고려 태조 현릉

하였다.

고려 국왕의 시신을 매장한 왕릉의 석실 구조는 능주(陵主)가 확인된 왕릉 위주로 크게 네 시기로 구분된다. 1기에 해당되는 1대 태조 현릉의 석실 벽석은 큰 화강암을 세워 축조하였고, 천장은 1단의 평행 고임을 하고 그 위에 4장의 개석(蓋石)을 덮었다. 국왕의 시신을 올려놓는 관대는 통돌로 만들어놓았고 그 좌우에 유물을 놓는 부장대가 배치되어 있다. 고분에 그려진 벽화의 소재는 매화와 대나무, 소나무 및 사신(四神)이다. 3대 정종 안릉과 온혜릉의 석실 구조도 현릉과 마찬가지이고, 벽을 장대석으로 바르게 쌓은 것이 달라진 점이다. 11대 문종 경릉(1083년)은 일제 때 두 차례 도굴되었는데, 1982년 발굴에 의하면 석실 내부 중앙에 관대가 놓이고, 벽화가 희미하게 남아 있으며 천장에는 성좌도가 그려져 있다.

2기에 해당되는 16대 예종 유릉(1122년)은 벽석이 할석(割石)이고 내부에 시신을 올려놓는 관대는 화강암 판석을 조립하였으며, 천장은 2단 평천장인 것이 특이하다. 20대 신종 양릉은 6단의 장대석으로 벽을 바르게 쌓았고 관대는 화강암 판재로 조립하였으며, 나무 문틀을 고정하기 위한 방형 홈이나 철제 걸개 못이 존재하였다.

3기는 몽골의 침입으로 강화도에 조성한 왕릉들이 해당된다. 24대 원종비인 순경왕후 가릉(嘉陵)은 석실을 지상에 세웠고, 벽은 장대석을 쌓았다. 시신을 올려놓는 관대는 석재를 조립하였으며, 3매의 대형 개석을 덮은 평천장이며, 호석을 8각으로 마감하였다. 22대 강종비인 원덕태후 곤릉(坤陵)은 벽을 할석으로 쌓았고, 관대를 석재로 조립하였고 바닥에 전돌을 깔았으며, 호석을 12각으로 마감하였다.

4기는 원의 간섭기로, 24대 원종(元宗) 소릉은 벽을 장대석으로 바르게 쌓았고, 천장은 3장의 개석으로 편평하게 덮었으며, 관대를 쌓고 막돌을 바닥에 깔았으며, 회칠 벽에 십이지신상을 그리고 천장에는 성좌도를 그렸다. 30대 충정왕(忠定王) 총릉은 다른 왕릉에 비해 석실의 폭이 좁고, 벽은 크기가 다른 할석을 바르게 쌓았으며, 천장은 5매의 개석으로 편평하게 덮었으며, 바닥에는 관대가 설치되지 않았다.[18]

31대 공민왕(恭愍王)의 현릉과 왕비인 노국공주 정릉은 관련 기록과 현상이 잘 남아 있다. 공민왕이 정릉과 자신의 수릉인 현릉을 온갖 정성과 재력을 기울여 고릉보다 화려하게 산릉 역사를 하였다 하고 그 구

---

18 이성준, 「고려 왕릉의 구조 및 능주(陵主) 검토」, 『문화재』 Vol. 45, No. 2, 국립문화재연구소, 2012, 4~19쪽; 박형열, 「고려왕릉의 특징과 변천」, 『고고학』 Vol. 20, No. 1, 중부고고학회, 2021, 261~296쪽.

조를 횡혈식으로 조영하였다는 점에서 다른 왕릉과 비교할 수 없는 특수한 경우에 해당된다고 할 것이다.

네 시기로 구분하였음에도 불구하고 근래 석실 구조를 발굴한 내용을 보면 태조 현릉, 경종 영릉, 문종 경릉은 석물이나 출토 청자 등에 있어 그 시기와 일치하지 않는다. 예컨대 태조 현릉의 경우 세 차례의 이장과 복장 과정을 거치면서 석실 내부 구조는 원래의 모습을 유지하였으나 능역 내 석물이 일부 변형되었다. 이에 태조 현릉은 이장과 복장 과정에서 수개가 있었을 것이고 그러면서 청자 등 후대의 유물이 함께 매장되면서 이러한 변화 양상을 보였다고 판단할 수 있다.

이렇게 조성된 고려 왕릉은 고려 시대 내내 숙위군(宿衛軍)을 두어 상시 관리하는 제도를 마련하였다. 조선 시대에 들어서는 세종 대에 일부 퇴락한 고려 왕릉을 수리하였다. 그러나 200여 년간 돌보지 않았으며, 임진왜란과 병자호란 이후 더욱 황폐해졌다. 이에 현종(顯宗) 3년(1662년) 고려 왕릉에 대한 실태를 조사한 이후 그에 대한 관리 대책을 마련하였다. 이후 고종(高宗) 대까지 3년에 1회 고려 왕릉 현장을 조사한 후 아무 문제 없다고 보고한 것을 확인할 수 있다. 이러한 고려 왕릉에 대한 보고는 형식적인 것이었으며 제대로 관리된 것은 아닌 듯하다. 이후 일제 강점기에 세키노 데이(關野貞)나 이마나시 류(今西龍) 등 일제 고고학자들에 의해 고려 왕릉에 대한 기초 조사나 학술적인 발굴이 시행되고, 고려청자를 수집하는 풍조가 팽배해지면서 도굴이 자행되어 급격하게 훼손되었다.

4) 왕릉의 건물과 석물의 건립

무덤 조성에 관한 것은 보수적 성향이 강하여 전대를 참작하고 그 전통을 전승하면서 발전한다. 고려 왕릉의 경우도 마찬가지여서 기존 신라 왕릉의 전통 위에 약간의 변화를 더하여 정형화하였고, 능역과 구역에 시설을 한 것은 발해의 능제를 발전시킨 것이다. 고려는 통일신라 시대에 폭넓게 채용되었던 횡혈식 석실분을 그대로 답습하였으나 석실의 내외를 연결하는 연도는 점차 퇴화되어 없어졌다. 고려 왕릉의 구조는 크게 1단에 봉분이, 2단에 석조물들이, 그리고 3단에 건물로 구성되어 있다. 1단에 위치한 봉분은 장대석 위에 봉토를 만들고 주위를 12각 병풍석과 난간석으로 둘렀으며, 네 면에는 석수[石獸, 석호(石虎)와 석양(石羊)]를 배치하였다. 봉분 뒤쪽에는 곡장(曲墻)을 둘렀으며, 앞쪽에는 석상[石床, 혼유석(魂遊石)] 1기와 망주석(望柱石) 1쌍을 배치하였다. 2단에는 석등(장명등)과 문석인 1쌍을, 3단에는 제사 시설이라 할 수 있는 정자각을 세웠다. 이렇게 문무석인상을 비롯한 석물을 배치하는 것은 전대 신라의 능제를 발전시킨 것이지만 장명등이나 망주석을 추가하고, 제향 건물인 정자각을 건립한 것은 고려적인 요소이다.

고려 왕릉은 지형이나 규모에 따라 차이가 있으나 능역을 3단으로 구분하였다. 경사진 산 중턱에 조성된 왕릉은 차츰 낮아지게 쌓아 상중하 3세를 이루었다. 각 층단은 상당히 높직하게 마련되어 중앙과 양쪽에 돌계단으로 설치하여 경사가 완만한 통일신라 왕릉이나 조선 왕릉과는 대조를 보여준다. 지형에 따라 4단으로 단을 만들어 한 단 더 낮춰서 정자각을 두기도 하고, 또는 2단으로 생략하여 석물과 같은 평면에 정자각을 두기도 하였다. 고려 왕릉은 일찍부터 국왕들이 자신의 조상을 추모하는 시설로 여겼기 때문에,[19] 능 앞에는 왕의 휴식 시설로 재궁(齋宮)을, 수호 시설로 능 사찰(陵刹)을 두었다. 중국 요나라 태조의 조릉(祖陵)을 비롯하여, 금나라 태조의 예릉(睿陵) 및 송 태조 영창릉(永昌陵) 등에도 제향 시설로 영신전 등을 두는 것은 공통된다. 다만 고려에서 왕릉의 수호를 위해 사찰을 둔 것은 금나라 황제릉 앞에 사찰을 조영했던 것과 마찬가지이다.[20]

다만 중국 송·요·금의 황제릉은 10여 기에 불과한 데 비해, 474년간 존속하였던 고려의 왕릉은 34명의 국왕과 왕후 및 추존왕까지 능호를 가진 독립 왕릉을 조성하면서 현재 30여 기 이상이 현존하고 있다. 이러한 고려 왕릉의 능역은 동서 방향으로 쌓은 석축대에 3~4단으로 구획하고, 제1단에는 주검을 모신 석실을 마련하고 그 위에 12각 병풍석과 난간석을 두른 봉분이 설치되고, 그 주위에는 석수를, 전면의 좌우에는 망주석을, 그리고 중앙에는 혼유석을 배치하였다. 제2단에는 중간에 장명등을 두고 그 좌우에 문인상 1쌍을 배치하며, 제3단에는 무인상 1쌍을 배치하였다. 제4단에는 정자각이 위치하였다. 현재 재실의 위치를 알 수 없으나 공민왕이 노국대장공주의 정릉을 조영할 때 충선왕의 덕릉에서 나무를 베어 재실을 짓는 데 사용하였다고 하여 재실도 존재했음을 알 수 있다.

예컨대 981년에 조영한 제5대 경종 영릉과 1352년에 조영된 충정왕

---

19 허흥식, 「고려의 왕릉과 진전사원」, 『고려의 문화전통과 사회사상』, 집문당, 2004, 9~14쪽.

20 장경희, 「12세기 高麗·北宋·金 황재릉의 비교 연구」, 362~366쪽.

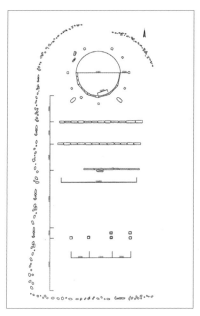

고려 충정왕 총릉(1352년)의 실측 도면

총릉의 유적을 발굴 조사한 자료를 통해 비교해보면 10세기부터 14세기까지 고려 왕릉의 능제가 거의 일치하고 있다. 능침은 봉분을 중심으로 층단을 구분한 능계 위에 혼유석을 비롯하여 장명등과 망주석 등의 구성 요소를 통합하였으며, 제향 공간인 정자각을 두고 제사를 준비하는 재실을 두는 고려만의 특징적인 능제를 완성한 것이다. 이러한 고려 왕릉의 능제는 조선에 전승되어 조선 왕릉의 상설 제도의 원형을 갖추었다.[21]

21 장경희, 『고려왕릉(증보판)』, 72쪽, 141쪽.

고려 왕릉에는 조영 당시 정자각이나 재실 등의 건물을 배치하였으나 현존하지 않는데, 발굴 결과 제4단에 정자각의 초석 등이 확인되었다. 그러나 능마다 1쌍 내지 2쌍의 석인상과 석수상이 유존하여 100점 이상이 확인되었다. 그동안 북한의 고려 왕릉에 대한 연구는 고고학자들이 고려 무덤을 발굴하면서 석실 내부 등은 자세히 기술하였으나 외부의 석물에 대해서는 현존 여부만 간략하게 언급했고,[22] 강화도 고려 왕릉도 2007년 국립문화재연구소에서 발굴 조사를 하면서 간단하게 정리하였을 뿐이다.[23] 필자는 2006년부터 2008년까지 북한과 공동으로 조사하면서 이전 자료의 내용을 보완하고 파묻힌 석인상을 꺼내어 실측한 자료를 토대로 석인상의 크기를 『고려왕릉』에 수록하여 기존의 자료와 다른 새로운 자료를 정리한 바 있다.[24]

고려 왕릉의 제1단에는 돌담에 둘러싸인 봉토에는 12각 병풍을 둘렀다. 면석에는 십이지신상을 조각하였는데, 홀(笏)을 들고 조복을 입은 문관의 모습을 하고 머리 위에 동물형 관을 쓰고 있었다. 그 밖으로 평행하게 각각 12개의 석주와 동자 석주 및 죽석으로 이뤄진 12각의 난간을 설치하였다.

봉분 주위에는 석수를 배치하여 호위하는 형상을 취했다. 통일신라 시대의 왕릉에는 석사자를 배치하였는데, 고려 초기의 왕릉에서는 통일신라의 영향을 받은 석사자 형상을 확인할 수 있다. 고려 중기부터

---

22 김인철, 『고려무덤발굴보고』, 백산자료원, 2003.

23 한나래, 「강화 고려왕릉의 석물 연구」, 『문화재』 Vol. 41, No. 1, 국립문화재연구소, 2008, 79~97쪽. 94쪽 〈표 6〉 강화도 및 개성 소재 왕릉 석인상 비교표.

24 장경희, 『고려왕릉』, 20~21쪽; 장경희, 『고려왕릉(증보판)』, 46~47쪽.

는 석사자 대신 석호가 등장하고 나중에는 석양을 함께 배치한 것이 확인된다. 이렇게 석호와 석양을 배치하되 밖을 바라보며 앉는 것이 특징이다.

봉분 앞에는 석상을 두었으며, 그 아래 받침대의 경우 초기 고려 왕릉에서는 방형의 넓적한 형태에 나무 아래 1쌍의 새가 잎사귀를 입에 문 문양이었다. 이러한 문양은 통일신라를 비롯한 당대 양식과 일치하여 주목된다. 그러나 시대가 내려가면서 받침대는 낮아지고 그 받침에 4~5개의 고석(鼓石) 받침돌로 떠받치는 경향으로 바뀌어갔다. 이러한 받침돌은 베이징 방산(房山)에 위치한 금나라 황제릉에서 확인되며, 남송대 귀족들의 무덤이 모여 있는 항조우 닝보(寧波)의 사씨(史氏) 가족묘에서 유사한 사례를 발견할 수 있다.

석상의 양쪽에 세우는 망주석은 무덤의 위치를 나타내는 표석(標石)의 일종인데 통일신라 왕릉에서는 찾을 수 없고, 고려 왕릉에서 처음으로 등장하는 석물이다. 이와 비교되는 것은 중국 황제릉에서 문 입구에 거대하게 세운 화표주(華表柱)이다. 화표주는 원형의 5미터 높이의 석기둥이며 기둥에는 용이 기둥을 감으며 위에 올라가는 형상이 새겨져 있고, 그 위 가장 꼭대기에는 석사자가 배치되어 있다. 반면 고려 때 태조 현릉부터 망주석이 등장하는데, 4각이나 8각 기둥형이다. 그 끝은 뾰족하게 깎거나 화염처럼 둥글린 형식인데, 공민왕의 현정릉에는 도끼 모양의 보삽(黼翣)을 새겼다. 조선에도 영향을 준 석망주는 세종 때에는 '전죽석(錢竹石)'이라는 명칭으로 불리기도 하였다.[25]

25 『세종실록』, 세종 7년 10월 16일.

제2단에는 중앙에 석등을 세우는데 대부분 4각 형식이다. 석등 양쪽이나 한단 내려진 3단에는 석인을 마주하여 1쌍으로 세웠다. 2단에는 문석인을, 3단에는 무석인을 세웠다. 이러한 문석인은 시기별로 양식적인 차이를 보였고, 무석인은 문석인과 마찬가지의 복식으로 제작하였다.[26] 공민왕과 노국대장공주의 현정릉(玄正陵)에 이르러 문석인과 차별되는 복식을 착장하였다.

제4단은 가장 아래쪽의 비교적 넓고 편평한 공간에 정자각을 세웠다. 현재 정자각은 남아 있지 않으나 그 초석이 박혀 있거나 기와편들이 산재해 있다. 이렇게 고려의 무덤 앞에 정자각이 조성되어 있는 것으로 고려 왕릉임을 확인할 수 있다. 왕릉의 비석(陵碑)을 세웠던 흔적이 남아 있는데, 정자각 우측에 거북 받침돌이 남아 전하고 있다. 조선 현종 대와 고종 대에는 고려 왕릉으로 비정된 곳에 표석을 세워 표시하였다.

이렇게 현존하는 고려 왕릉의 석물을 정리하면 다음과 같다.[27]

고려 왕릉의 각종 석물

대	묘호	능호	병풍석	12지	난간석	상석	망주석	장명등	석수	석인	비석
1	태조	현릉(顯陵)	○	○	○	1	2	1	4	2	○
2	혜종	순릉(順陵)									
3	정종	안릉(安陵)	○	○	○	1		1	3		
4	광종	헌릉(憲陵)	○	○			1	2	1	4	1	○

26 『麗朝王陵謄錄』. 현재 무석인상은 공민왕 현정릉 외에는 없으나, 조선 현종 3년의 조사에 의하면 19대 명종 지릉과 20대 신종 양릉에 장군석이 3개 있었다.

27 장경희, 『고려왕릉』, 20~21쪽; 장경희, 『고려왕릉(증보판)』, 46~47쪽.

5	경종	영릉(榮陵)	○	○	○				4	2	○
6	성종	강릉(康陵)	○			1	1		2		○
7	목종	의릉(義陵)									
8	현종	선릉(宣陵)	○	○	○	1	2	1	4	4	○
9	덕종	숙릉(肅陵)									
10	정종	주릉(周陵)									
11	문종	경릉(景陵)	○		○	1	2	1	4	4	
12	순종	성릉(成陵)	○		○	1			3	2	
13	선종	인릉(仁陵)									
14	헌종	온릉(穩陵)									
15	숙종	영릉(英陵)									
16	예종	유릉(裕陵)	○		○	1					○
17	인종	장릉(長陵)									
18	의종	희릉(禧陵)									
19	명종	지릉(智陵)									
20	신종	양릉(陽陵)				1				2	○
21	희종	석릉(碩陵)								2	
22	강종	후릉(厚陵)									
23	고종	홍릉(洪陵)								2	
24	원종	소릉(昭陵)	○	○	○	1	1	1	8	4	○
25	충렬왕	경릉(慶陵)									
26	충선왕	덕릉(德陵)									
27	충숙왕	의릉(懿陵)									
28	충혜왕	영릉(永陵)									
29	충목왕	명릉(明陵)	○	○	○	1		1	4	4	○
30	충정왕	총릉(聰陵)	○		○	1	2	1		4	○
31	공민왕	현릉(玄陵)	○	○	○	2	2	2	8	8	○
32	우왕										
33	창왕										
34	공양왕	고릉(高陵)	○	○	○	1	2	1	4	2	○

고려 국왕 34명의 왕릉 중 능주가 밝혀진 고려 왕릉은 그다지 많지 않다. 고려 초기 10세기의 왕릉과 13세기 강화도로 천도한 시기〔江都期〕의 왕릉 및 고려 말 14세기의 왕릉이 대부분이다. 11세기 이후 12세기의 것은 무신의 난 이후 왕권이 약화되어 관리가 소홀한 탓인지 밝혀진 사례가 거의 없다. 또 13세기 원 간섭기의 경우 원의 부마로서 국왕의 권위가 떨어져서인지 누구의 것인지 정확하지 않다. 능주가 밝혀진 것 외에도 고려 왕릉으로 판단되는 곳에는 고종 대에 세운 표석에 의해 왕릉이나 왕후릉 및 추존왕릉 등으로 추정하고 있다.

100여 점 이상 유존하는 고려 왕릉의 석조각상 중 공민왕과 노국대장공주의 현정릉에 배치된 문무석인상만 주목했을 뿐 나머지 것들은 관심을 가진 적이 없다. 그것들이 신라 왕릉이나 조선 왕릉의 것보다 규모가 작고 조각적 솜씨나 예술적 가치가 떨어지기 때문이다. 무엇보다도 고려 왕릉의 석인상은 조선 시대의 기록에 문석인과 무석인〔장군석〕으로 구분된다는 기록이 있을 뿐 현정릉의 것을 제외하고 문무석인을 갈라내기가 쉽지 않다. 근래 석수상을 관찰한 결과, 얼굴의 형태나 앉은 자세 및 꼬리의 표현 등에서 석사자와 석호의 차이를 구분할 수 있었다. 게다가 석사자는 통일신라의 영향을 받아 시기적으로 고려 초기의 왕릉에서 주로 발견되어, 이들 석수들은 고려 왕릉의 시기를 구분하는 핵심 요소였다. 중기 이후 석사자는 석호로 대치되었으며, 말기에는 석양이 함께 배치되어 고려 왕릉의 시기를 구분해낼 수 있었다.[28]

---

28 이하 책에 수록된 고려 왕릉 도판 중 출처를 밝히지 않은 것은 필자가 『고려왕릉』과 『고려왕릉(증보판)』을 집필할 때 북한으로부터 확보한 도면이나 사진이거나 직접 촬영한 것이다.

고려 왕릉의 석수상

정종 안릉의 석사자(949년)

성종 강릉의 석사자(997년)

현종 선릉의 석사자(1031년)

순종 성릉의 석호(1083년)

원종비 순경태후 가릉의 석호(1236년)

공민왕 현정릉의 석양(1374년)

고려 왕릉 앞 문석인의 도면과 높이

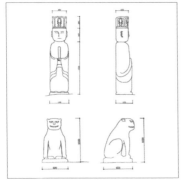

태조 현릉의 문인석(높이 242센티미터)과 석호

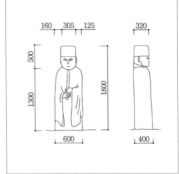

원종 소릉의 문인석(높이 180센티미터)

공민왕 현정릉의 문인석(높이 340센티미터)

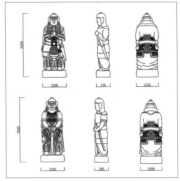

공민왕 현정릉의 무인석(높이 345센티미터)

　　고려 왕릉의 석인상 중 현존하는 예에 의해 그 크기, 문석인상의 관모와 홀의 표현으로 크게 3기로 나눌 수 있었다.[29]

29　장경희, 「고려왕릉의 석인상」, 『조선왕릉 석물조각사 I 』, 국립문화재연구소, 2016, 150~224쪽. 고려 왕릉의 석인상을 3기로 구분하여 양식적인 특징을 밝혔다.

고려 경종 영릉 석인상(왼쪽), 추존 대종 태릉 석인상(가운데), 현종 선릉(선릉떼 2릉) 석인상

첫째, 1기 왕릉에는 1품관 신하들이 착용하는 진현관에 공복을 입고 홀을 수직으로 든 석인상이 배치되어 있다. 능주가 밝혀진 고려 왕릉으로 살펴보면 1대 고려 태조 현릉부터 12대 순종 성릉까지가 여기에 해당된다. 이 중 제8대 현종 선릉이라 여겨지는 선릉떼 2릉에 석사자가 배치되어 있으며, 능주가 밝혀지지 않은 고려 왕릉 중에 수직의 홀을 들고 있는 석인상과 함께 석사자가 배치된 것은 동구릉, 소릉떼 3릉, 소릉떼 5릉, 랭정동 2릉, 랭정동 3릉, 7릉떼 1릉, 7릉떼 2릉 등이 있다. 이로 미루어 이것들은 고려 초기의 왕릉뿐 아니라 왕후릉이 포함되거나 무신의 난으로 왕권이 약해져 능주를 알 수 없는 국왕릉에 해당되는 듯하다.

둘째, 2기 왕릉에는 높이가 낮은 양관을 착용하고 손에 쥔 홀을 오른쪽 어깨 쪽으로 비스듬히 든 석인상이 배치되어 있다. 능주가 밝혀진 고려 왕릉으로 살펴보면 20대 신종 양릉을 비롯하여 강도(江都) 시기에

고려 신종 양릉 석인상(왼쪽), 희종 석릉 석인상(가운데), 원종비 순경태후 가릉 석인상

해당되는 21대 희종 석릉, 22대 원덕태후 곤릉이 여기에 포함된다. 그리고 25대 제국대장공주 고릉, 29대 충목왕 명릉으로 여겨지는 명릉떼 2릉 등이 해당된다.

셋째, 3기 왕릉에는 각진 복두(幞頭)를 착용하고 홀을 수직으로 세워 위로 든 문석인과 칼을 수직으로 아래로 든 무석인이 배치되어 있다. 능주가 밝혀진 고려 왕릉으로 살펴보면 강도 시기의 것과 환도 이후 개성 시기의 것이 공유된다. 곧 강도 시기에 해당되는 23대 고종 홍릉과 24대 원종비인 순경태후 가릉이 있다. 개성 지역의 왕릉으로는 30대 충정왕 총릉, 31대 공민왕 현릉과 노국대장공주 정릉 등이 해당된다. 능주가 밝혀지지 않은 왕릉으로 소릉떼 3릉은 24대 원종 소릉으로 여겨지며, 7릉떼 3릉은 25대 충렬왕 경릉으로 여겨진다.

고려 왕릉에 배치된 석조물의 종류는 많지 않고, 수량도 적은 편이다. 석조물의 종류는 석호 2쌍, 석양 2쌍, 석인 1쌍, 석상 1기, 망주석 1

1장 국장과 왕릉의 전통

고려 고종 홍릉·원종 소릉(소릉떼 4릉)·충정왕 총릉·7릉떼 3릉의 석인상(왼쪽부터)

쌍, 장명등 1기이다. 이로 미루어 고려 왕릉은 북송 황제릉의 석조물보다 종류도 적고 수량도 4분의 1 수준일 정도로 간소했음을 알 수 있다.

고려 왕릉의 문무석인상과 석수상을 살펴보기로 하자. 중국에서 능묘에 배치하는 석조물의 수를 신분의 고하에 따라 규정한 것은『대당개원례(大唐開元禮)』에 의해서였다. 여기에도 황제의 흉례는 기록하는 것이 아니라는 규정이 적용되어 황제릉의 제도에 대한 내용은 수록되어 있지 않다. 다만 1~3품관은 석인·석호·석양 각 1쌍, 4~5품관은 석인·석양 각 1쌍으로 규정되어 있다. 이러한 규정을 적용한다면 고려는 중국 당나라 1품관에 해당되는 능제였다고 판단할 수 있다. 그러나 앞서 살펴본 대로 고려는 태조 스스로 천자를 자처했던 황제국이었으나, 능제의 경우 태조의 유훈에 따라 한·위의 능제를 본받아 박장을 하면서 규모를 축소했다고 볼 수 있다.

이러한 고려 석인상의 조각적 특징은 현존하는 석호 유물들도 마찬가지다. 호랑이를 조각한 것을 보면 마모된 탓을 감안하더라도 둔중한 석괴(石塊) 형태에서 벗어나지 못하고 있다. 호랑이의 얼굴은 하늘을 향하며 코가 도드라지고 나머지 부분을 깎아내어 약간의 형태감을 줄 뿐이다. 눈과 입에 웃음기를 가득 머금고 있어 해학적인 느낌을 준다. 앞발을 세우고 뒷다리를 구부려 앉은 몸체의 구부러진 형태도 형상만을 최소한 살려 간결하게 처리했다. 통일신라 왕릉의 사자가 당 황제릉의 사자에 버금가는 뛰어난 조각 솜씨와 사실적 묘사 실력을 발휘했던 것과 비교하면, 고려 왕릉의 호랑이는 전체적으로 양감만 강조하고 세부는 소홀하게 처리한 경향이 강하다.

3. 조선 태조의 4대 선조릉 조성

1) 북도 8릉의 조성 경위

1392년 7월 조선을 건국하고 이성계는 왕위에 올랐다. 개국한 지 한 달 뒤인 8월 8일에 왕자였던 태종을 동북면에 보내어 4대 선조의 능실에 제사를 지내고 왕위에 오른 일을 고하고 묘호와 능호를 지어 올렸다. 이때 황고는 정릉, 황비는 화릉, 황조는 의릉, 황조비는 순릉, 황증조는 지릉, 황증조비는 숙릉, 황고조는 덕릉, 황고조비는 안릉이라 능호를 정하였다. 이렇게 조선 태조의 4대 조부모를 모신 8기의 왕릉은 조선 시대에는 '북도 8릉' 혹은 '8릉'으로 통칭된다.

조선 개국 초 태조 1년 7월 28일에 4대조의 묘호는 환왕·도왕·익왕·목왕으로, 그들의 배위는 각각 의비·경비·정비·효비로 추존되었다. 이후 태종 11년(1411년) 4월 22일 환조·도조·익조·목조로 가상 존호를 올리면서 의비 최씨는 의혜왕후로, 경비 박씨는 경순왕후로, 정비 최씨는 정숙왕후로, 효비 이씨는 효공왕후로 추증하였다.

조선 태조 4대 추존 왕릉

대	관계	위(諱)	묘호(廟號)	생몰년	능호	좌향	초장지	현재의 행정 구역
1대	부	이자춘 (李子春)	환조(桓祖)· 의혜왕후(懿惠王后)	1315 ~1360	정(定)· 화릉(和陵)	을좌신향 (乙坐辛向)	함흥부 귀주(歸州)	함남 함흥시 회상구역 금실동
2대	조부	이춘 (李椿)	도조(度祖)	?~1342	의릉(義陵)	임좌병향 (壬坐丙向)	함흥부 함주(咸州)	함남 함흥시 사포구역 궁서동
			경순왕후(敬順王后)		순릉(純陵)	임좌병향 (壬坐丙向)	함흥부 함주(咸州)	함남 함흥시 흥남구역 새마을리
3대	증조부	이행리 (李行里)	익조(翼祖)	?~?	지릉(智陵)	임좌병향 (壬坐丙向)	안변부 봉릉	강원 안변군 수상리
			정숙왕후(貞淑王后)		숙릉(淑陵)	갑좌경향 (甲坐庚向)	안변부 문주(文州)	강원 천내군 신송리
4대	고조부	이안사 (李安社)	목조(穆祖)· 효공왕후(孝恭王后)	?~1274	덕(德)· 안릉(安陵)	계좌정향 (癸坐丁向)	경흥부 공주(孔州)	함남 영광군 자동리

1392년 8월부터 2개월 동안 태종이 이곳에 머물면서 왕릉의 형태를 어느 정도 갖추게 되어 10월 28일에 이들 왕릉의 산세를 그린 그림을 그려 오게 하였다. 이처럼 북도 8릉은 조선이 건국한 해에 묘역을 정비하고 재실을 조영한 것부터 시작하였다. 이후 태종과 세종 대를 거치면서 점차 조선 왕릉의 기본적인 격식을 갖추게 되었다.

첫째, 태조의 4대조에 대한 추숭이 무엇보다 선행되었다. 개국 초기에 태조의 4대조는 황고, 황조, 황증조, 황고조로 불렸는데, 태조 6년 (1397년) 12월 22일에 드디어 그들을 왕으로 추숭하여 환왕, 도왕, 익왕, 목왕으로 묘호가 정해진 것이다.

둘째, 북도 8릉에 비석과 비각을 세웠다. 태조의 부친인 환왕을 모신 정릉과 목왕을 모신 덕릉에는 신도비를 세웠다. 정릉의 비석은 태조 2

1장 국장과 왕릉의 전통

년(1393년) 1월 첨서중추원 정총(鄭摠)에게 명하여 비문을 짓게 하였고, 9월에 성석린(成石璘)을 보내어 세웠다. 그러나 그 내용이 마음에 들지 않았던 태종은 영의정부사 하륜(河崙)으로 하여금 비문의 오류를 고치게 하고, 수정하여 정릉에 세웠다. 이렇게 태조 때 만들어 태종 때 수정한 비석 위에 비각이 세워진 것은 세종 대에 이르러서였다. 세종 1년 산릉순심사(山陵巡審使)였던 예조참의 최관(崔關)이 정화릉(정·화릉)에 비각을 짓자고 건의하여 이를 따랐다. 이후 비각을 세우려고 살펴보았더니 비석이 경사진 좁은 땅에 세워져 있어서 비석을 평지에 옮기고 난 다음 비각을 세웠다. 다음으로 태조의 고조에 해당되는 목조의 초장지인 경흥부 공주에 위치한 구(舊)덕릉에도 신도비가 세워져 있었다. 그러나 덕릉과 안릉은 태종 4년에 경흥부로 이봉하였으며, 태종 10년에 다시 함흥부로 천장하였다. 따라서 함흥부의 덕릉에는 신도비 대신 표석을 세웠다. 이 밖에 지릉, 숙릉, 의릉, 순릉에도 신도비 대신 표석을 세웠다.[30]

셋째, 북도 8릉에는 조선 왕릉에 준하는 석수와 석난간 및 혼유석과 장명등을 설치하였다. 태조 7년(1398년) 7월 5일 순릉에 석양과 석수 및 석난간을 갖추어 조성한 것이다. 덕릉과 안릉의 경우 원래 조성했던 경흥부(慶興府) 공주(孔州)에서 태종 10년(1410년) 9월 22일에 함주 달단동으로 천장할 때 쌍릉 형식으로 조성하게 되었다. 이때 석인과 석수를 한 능에 배치하도록 하였고, 석상과 장명등을 설치하였다. 그해 10월

---

30 장경희, 「조선 태조 이성계의 4대조 북도팔릉 연구」, 『東方學』 36, 한서대학교 동양학연구소, 2017. 2, 347~348쪽.

북도 8릉의 산릉도

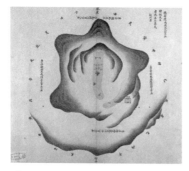

태조 고조부모 목조와 효공왕후 덕안릉

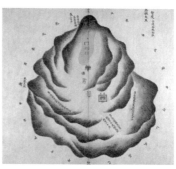

태조 증조부 익조 지릉

태조 증조모 정숙왕후 숙릉

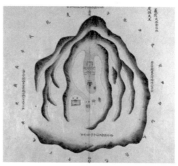

태조 조부 도조 의릉

태조 조모 경순왕후 순릉

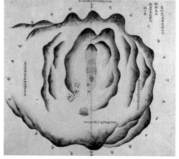

태조 부모 환조와 의혜왕후 정화릉

출처: 〈북도각릉전도형(北道各陵殿圖形)〉(규장각 한국학연구원 소장)

1장 국장과 왕릉의 전통

26일에 회격(灰隔)을 써서 장사를 지냈다. 한편 덕릉과 안릉의 경우 천릉했음에도 표석은 옮기지 않았기 때문에 세조 5년(1459년) 4월 18일에야 비로소 철거하였다. 조선 왕릉의 전형적인 형식으로 능상(陵上)에 상중하 3계체(階砌)를 갖추고 석인까지 세우는 것은 태종 대에 고쳐 세운 것이다. 태종 16년(1416년) 한식 때 정화릉을 상중하 3계로 구획하고 석인까지 세우게 하였다. 이때에 비로소 북도 8릉도 조선 왕릉의 격식을 구비하게 되었던 것이다.

넷째, 북도 8릉에 정자각, 비각 및 재실 등의 건물을 조영하였다. 우선 정자각의 설치이다. 태조 연간에는 정자각이 없었고, 태조 6년(1397년) 12월 22일 4대조를 추숭하여 묘호를 올리면서 침묘(寢廟)를 세웠다고 한다. 이로 미루어 봉분의 형태를 능침처럼 돋우고 제사용 건물(廟)을 지은 것으로 여겨지나 막상 정자각의 형태는 아니었던 듯하다. 이후 조선 왕릉에서 볼 수 있는 전형적인 정자각은 세종 대에 들어 비로소 건립되었다. 곧 세종 8년(1426년) 3월 7일 예조는 함길도 감사에게 공문을 보내어 도내의 각 능의 정자각을 건원릉과 헌릉의 예에 의해 남북쪽 벽을 장지(障子)로 막아두었다가 제사 때 틔워놓게 한 것에서 알 수 있다.

비각은 비교적 시기가 늦은 세종 대에 세워졌다. 마지막으로 재실의 경우 가장 이른 시기에 조영되어 개국하자마자 한 달째 될 때 건축하여 일찌감치 제례 공간을 확보하였다. 다만 덕안릉(덕·안릉)의 경우 천장을 하면서 태종 11년(1411년) 1월 26일에 재실을 짓게 하였다. 세종 6년(1424년) 4월 21일 북도 8릉의 재실을 승려들이 맡도록 하였다.

다섯째, 북도 8릉에는 전통 조경을 위해 소나무를 심었다. 세종 20

년(1438년) 1월 24일 덕릉과 안릉에 소나무를 심도록 하였다. 그러나 천재에 따라 소나무가 피해를 입었다. 명종 1년(1546년)에 풍재로 인해 의릉의 주산과 능실 근처에 있는 큰 소나무 75그루가 부러졌다. 숙종 3년(1677년)에는 큰 눈이 와서 8릉의 소나무 3,820그루가 송두리째 부러졌다.

다섯째, 북도 8릉을 관리하고 수호하는 제도를 마련하였다. 태종 대부터 8릉을 비롯한 산릉을 돌아보는 산릉 순심사를 두고 예조판서가 순릉(巡陵)한 다음 심릉안(審陵案)을 마련하여 간직하게 하였다. 각 능에는 능지기 권무(權務) 2인과 수릉호(守陵戶)를 두게 하였는데, 특히 정화릉에는 능지기와 권무를 각각 1인씩 두었다. 8릉의 재궁은 승려들이 수호하고 있었다. 성종 때 지릉을 수호하던 승려가 능실 근처에서 불을 지른 사건에서도 확인된다. 모든 산릉에서 재궁 안에 찬품을 드리는 탁자는 주토와 송연을 칠하여 사용토록 하였다.

여섯째, 덕안릉은 원래의 옛 능〔舊陵〕에 비석과 재궁도 세워져 있었으나, 조선 왕릉 중 처음으로 천릉한 사례이다. 태종 10년(1410년) 경흥부가 너무 멀어 덕안릉을 개장하자는 논의에 따라 천릉도감을 설치하여, 2달 여의 능역 끝에 천장하였다. 두 능은 경흥부에서 함주 북쪽 50리에 있는 달단동 언덕에 회격을 써서 합장하였으며, 덕릉은 서편에 안릉은 동편에 안장하였다. 덕안릉을 천릉하면서 경흥부를 경원도호부로 승격시켰고, 경흥부의 덕안릉 옛터에 세워져 있던 표석은 철거하였다. 경순왕후 박씨의 순릉은 도조의 의릉과 함께 함주에 초장을 하였다. 이후 태조 7년(1398년)에 순릉을 함흥부로 옮겼다. 이후 조선 왕릉 중 천릉한 경우는 태종과의 정치적 갈등과 관련된 태조 계비 신덕왕후 정릉

(貞陵)이나 왕권이 약했던 예종 대에 4대 세종 영릉, 중종 대에 문종비 현덕왕후의 소릉(昭陵)과 중종 계비 장경왕후의 희릉(禧陵), 명종 대에 중종의 정릉(靖陵) 천릉 등 다수이다.[31] 후기에는 왕권 강화의 방책으로 천릉이 이뤄졌는데, 현종 대에 효종의 영릉(寧陵), 영조 대에 인조의 장릉(長陵) 등에서 확인된다.[32]

이처럼 북도 8릉의 규모와 형식은『오례의(五禮儀)』의 체제대로 왕릉을 조성하였던 세종 대에 이르러 완전해졌다.

2) 능침과 건물의 개축 실태

북도 8릉의 능침을 개보수하는 일은 자주 있었다. 정화릉의 경우 정조 7년 이후 간헐적으로 시행되었다. 순조 29년(1929년)에 정화릉을 수개한 지방관 이하를 시상하였고, 헌종 9년에는 화릉의 능역을 수개하였고 이를 감동(監董)한 이들을 차등 있게 시상하였다. 철종 때에도 마찬가지였다. 고종 때에는 정릉에 뗏장을 다시 입혔고 이를 감동한 이들을 차등을 두어 시상하였다. 정화릉의 능침은 곡장 안에 아래위로 모셔져 있었다.

의릉은 영조 때 석물을 수개하면서 제대로 고치지 않았는지 50년마다 능역이 반복되었다. 정조 15년(1791년)에 함경도 관찰사 이문원(李文

---

31 신재훈, 「조선 전기 천릉(遷陵)의 과정과 정치적 성격」,『조선시대사학보』제58집, 조선시대사학회, 2011, 35~64쪽.

32 이희중, 「17, 8세기 서울 주변 왕릉의 축조, 관리 및 천릉 논의」,『서울학연구』17, 서울학연구소, 2001, 1~55쪽.

源)이 묵은 흙을 제거하고 석회를 써서 돌이 있는 곳까지 채운 뒤에 그쳤고 중앙의 봉분을 쌓은 곳까지 거리가 15척 정도는 넉넉히 되도록 신중하고 치밀하게 처리하여, 5월 6일에 완결되었다. 하지만 이후 순조 6년(1806년) 4월 22일에 의릉 석물은 또 고쳤다. 순조 17년(1817년) 10월 11일에는 수개를 또다시 하였다. 철종 9년(1858년) 9월 14일에는 능상을 고쳤다. 그리고 고종 10년(1873년) 8월 22일에도 의릉을 보수했고, 고종 37년(1900년) 8월 5일에는 의릉을 수리했다. 이듬해 고종 38년에는 의릉 위의 사초를 수개했다.

지릉은 유난히 화재를 많이 당한 왕릉이다. 이미 조선 전기 성종 5년(1474년)에 능실 근처에서 화재가 난 적이 있었는데, 선조 29년(1596년) 3월 9일에도 화재를 당하였다. 20년이 지난 인조 2년(1624년) 11월 14일에 화재를 당해 능상 위 사대와 계석 위까지 모두 연소되어 참혹하였다. 그러다가 현종 2년 병풍석의 회가 탈락하여 한식 제사 뒤에 보수하기로 하였다. 현종 10년(1669년)에 지릉의 사초를 고치는 일을 하였다. 순조 13년(1813년)에는 지릉을 수개하였고 이것을 감동한 도신(道臣) 김이양(金履陽)을 정헌대부에 가자(加資)하는 등 차등 있게 시상하였다. 철종 9년(1858년) 3월 15일 지릉의 능상을 수리하였다. 고종 24년(1887년)에는 지릉을 보수하였다. 고종 37년에 지릉을 수리하는 일을 끝냈다. 그리고 이듬해 고종 38년에 지릉의 능 위 사초를 수개할 때 감독한 관리 이하에게 차등 있게 시상하였다. 고종 39년에도 지릉을 또 수리하였다.

숙릉은 이미 태종 17년(1417년)에 개수하였다. 영조 때 숙릉을 수개하였다. 고종 42년(1905년)에 능 위를 수개할 때 감동한 도신 이하에게 차등 있게 시상하였다.

1장 국장과 왕릉의 전통

정조 7년(1783) 3월과 4월에는 덕릉의 능침을 수리한 데 이어 헌종 8년(1842년) 5월 22일 능상을 수리하였고, 철종 6년, 고종 15년에는 덕릉과 안릉에 뗏장을 입혔다. 고종 18년에는 덕릉과 안릉의 능상 위 봉분을 개축하였다. 고종 24년(1887년) 12월 30일에도 계속하여 수개하였다. 덕안릉은 고종 35년에 화소 내에 화재가 일어났다. 고종 39년에 덕릉과 안릉을 수리하였다.

비각은 비석이나 신도비를 세우면서 함께 조영하였다. 조선 후기 북도 8릉의 비석과 비각의 현황을 영조 23년(1747년)『북로릉전지(北路陵殿志)』에 의해 살펴보면 다음의 표와 같다.[33] 5년 후 영조 28년(1752년)에는 덕릉 이하 4릉의 신도비와 비석을 구분하기도 하였다.

북도 8릉의 비갈과 비각

능호	비갈	건립 연도	비각 형태	위치와 거리
정릉(定陵)·화릉(和陵)	신도비 1	영조 13년	유장무각(有墻無閣)	정자각 서쪽 250보
의릉(義陵)	비석 1	태조 2년(1393)	유장무각(有墻無閣)	홍살문 밖 20보
순릉(純陵)	비석 1	태조 2년 (1393)	유장무각(有墻無閣)	정자각 아래 20보
지릉(智陵)	비석 1	태조 2년(1393)	유장무각(有墻無閣)	홍살문 동쪽 220보
숙릉(淑陵)	비석 1	태조 2년(1392)	유장무각(有墻無閣)	홍살문 서쪽 300보
덕릉(德陵)·안릉(安陵)	비석 2	태종 10년(1410)	유장무각(有墻無閣)	정자각 동쪽 60보

북도 8릉의 비갈은 크게 비석과 신도비로 나뉜다. 신도비가 세워져 있는 능은 북도 8릉 중 정릉이 유일하다. 정릉의 신도비는 거북 등 위

33 『북로릉전지(北路陵殿志)』(규1668) 권1, 비석(碑石).

에 세워져 있다. 한편 비석의 경우 세워진 시기가 각각 다르다. 이들 중 시대가 가장 올라가는 것은 의릉·순릉·지릉·숙릉의 것으로 태조 2년(1393년) 10월에 세웠다. 덕·안릉의 경우 태종 10년 10월에 천릉하면서 덕릉과 안릉에 각각 세운 것이며 높이가 3자에 달한다.

임진왜란이 끝나고 정화릉의 비석이 없어져, 광해군 4년(1612년) 1월 28일 정릉의 비석을 세우고자 글자를 새기는 각수를 내려보냈다. 9월 2일 정릉의 비문을 고쳐 쓰고자 병조정랑 오익(吳翊)이 내려갔고 전액은 '환조 정릉 신도비(桓祖定陵神道碑)'라 하고 2년 후에 세웠다. 옛 덕안릉에는 홍무 28년 2월에 세운 비석이 유존하고 있었는데, 영조 25년(1749년) 이것이 마모되어 고치자고 하였으나 옛것을 고적으로 보존하기 위해 고치지 말게 하였다. 이후 고종 37년 정릉의 새 비문과 옛 비문을 상고하여 수정(釐正)하도록 하였으며, 고종 38년 함경도 8릉의 표석 앞면의 글과 음기(陰記)를 고종이 친히 써서 내렸다. 고종 41년(1901년) 3월 5일, 고종은 북도 8릉의 표석을 친히 써서 내렸고, 43년(1906년) 1월 19일 표석을 세웠다.

이들 비갈마다 비각이 세워져 있는데, 영조 13년(1737년) 11월 5일에는 정화릉의 비각을 영건(營建)하였다. 그런데 영조 23년의 기록을 보면 지릉에만 비각이 있을 뿐 나머지 능에는 담장만 둘러져 있었다. 이후 고종 2년(1865년) 5월부터 7월까지 2개월간 덕릉과 안릉의 비각을 수개하였다. 이후 대한제국 시기에 들어 고종 37년(1900년) 4월 20일에 함흥과 영흥의 각 능을 봉심(奉審)하도록 하고, 비각에 비가 새고 앞에 늘어뜨린 휘장의 색깔이 변색되어 전부 수리하도록 하였다. 그리고 고종 43년 북도 8릉에 표석을 다시 세울 때 중건하였다.

다음으로, 조선 후기 들어 정자각에 불이 나거나 파손되면 증축하였다.[34] 정화릉의 정자각은 광해군 14년(1622년) 2월 16일에 불에 탔다. 이후 현종 13년(1672년) 11월 24일에 정화릉의 정자각에 불이 났는데 이를 통해 그 이전 어느 시기에 개건했음을 알 수 있다. 한편 순릉의 정자각은 현종 2년(1661년) 12월 15일에 비가 새는 곳이 두 곳이나 있어 한식 제사를 지낸 뒤에 보수하였다. 한편 지릉의 정자각은 영조 8년(1732년)에 수리하였다. 3월 4일부터 15일까지 정자각의 상량문을 제술(製述)하는 논의가 있었으며, 3월 22일에 상량하는 길일로 잡았다.

지릉 정자각은 영조 38년(1762년)에 또다시 중건하였다. 곧 무진년 지릉을 중건한 때부터 100년이 지났고, 영조 대 경신년에 중수한 이후 20년이 지난 때였다.

영조 23년(1747년) 『북로릉전지』에 의해 북도 8릉에 배치되어 있는 건물의 종별을 살펴보면 정자각을 비롯하여 비각, 수라간, 홍살문, 재실로 구성되어 있다. 비각의 경우 영조 9년(1733년)에 북로 8릉의 비석을 새로 개비(改備)하면서 비각도 중건하였다. 당시 견양(見樣)이 되었던 것이 지릉의 비석(표석)으로서 장인이 나무자(木尺)로 측정한 결과 4자 5치였는데, 견양으로 측정한 숙릉의 비석이 6자였다. 따라서 지릉의 비석이 숙릉의 것에 비해 왜소하여 지릉 비석은 5치를 감하여 5자 5치로, 지릉 비석은 5치를 더하여 5자로 했다. 이때 너비는 1자 5치, 두께는 6치로 했으며, 이것을 모두 제작하여 이듬해 봄에 세우도록 하였으며 이

---

34 장경희, 「조선 시조왕릉의 정자각 내부 의물 연구」, 『한국공예논총』, 한국공예학회, 2012, 16~17쪽.

능호	건물							관리 수호인			위전 (位田)
	정자각	비각	수라간	홍살문	위치	재실 제기·복고	향대청	능관 참봉	수호군	보인 (保人)	
정릉(定陵)· 화릉(和陵)	능 아래 80보	有	有	정자각 남쪽 100보	신도비 서북쪽 20보	有	無	2인	30명	30명	34결
의릉(義陵)	능 아래 15보	無	有 (泉)	정자각 남쪽 110보	홍살문 서쪽 20보	有	無	2인	15명	15명	21결
순릉(純陵)	능 아래 30보	無	有	정자각 남쪽 100보	홍살문 남쪽 20보	有	無	2인	15명	15명	17결
지릉(智陵)	능 아래 75보	無	有	정자각 아래 50보	홍살문 동쪽 300보	有	有	2인	15명	15명	14결
숙릉(淑陵)	능 아래 150보	無	有 (泉)	정자각 서쪽 80보	홍살문 서쪽 340보	有	無	2인	15명	15명	15결
덕릉(德陵)· 안릉(安陵)	능 아래 70보	無	無	정자각 동쪽 70보	홍살문 동쪽 110보	有	無	2인	30명	30명	37결

때 북도 8릉의 비각 또한 1칸 8작으로 세우게 하였다.

북도 8릉 중 정화릉에는 신도비가 세워져 있어 비각이 있었다. 아울러 구(舊)덕릉의 신도비 또한 정조 대에 비각을 재건했다. 덕안릉에는 수라간이 없는 것이 특징이다.[35] 재실의 익랑(翼廊)에는 전사청(典祀廳)을 두어 제기고와 제복고 및 향대청을 마련해놓은 것이 공통되었다.

일제 강점기에 북한 지역에 위치한 북도 8릉에 대해서는 흑백 사진

---

35 『왕릉산도(王陵山圖)』, 고 1430-10.

덕안릉 무석인　　　　　의릉 무석인　　　　　지릉 문석인

숙릉 전경

이 남아 있어 그 존재 양태를 확인할 수 있다.[36] 하지만 해방 이후 북도
8릉은 수난을 겪었다. 특히 북한은 정권의 정통성에 의해 고려를 계승

36　전나나, 「근대 사진으로 본 조선 초기 왕릉의 원형」, 『조선시대사학보』 제69집, 조선
　　시대사학회, 2014. 6, 325~350쪽.

의릉 석등

지릉 석양

지릉 석호

순릉 석양

했다고 여기고 있기 때문에, 역성혁명을 한 이성계와 조선에 대해 우호
적이지 않은 경향이 있다. 더욱이 1970년대 이후 주체사상을 강조하는
사회 분위기 속에서 태조 이성계와 관련된 북도 8릉도 원래의 모습이

　　　　　　　　　　　　　　　　1장 국장과 왕릉의 전통

훼손되어 안타깝다.[37]

이처럼 조선 왕릉의 경우 신라 왕릉에서 영향을 받은 고려 왕릉의 제도와 구조 및 형식에 영향을 받은 것을 알 수 있다. 무엇보다도 고려 왕릉이 조선 왕릉에 영향을 끼친 것은 묘호와 능호를 사용하는 점이다. 아울러 고려의 경우 중국과 달리 국왕뿐 아니라 왕후도 독립 능을 조성하면서 능호를 붙였는데, 이것은 조선 1대 태조비 신의왕후의 제릉(齊陵)이나 태조 계비 신덕왕후의 정릉에서 확인된다.[38] 또한 고려에서는 태조의 선조인 부모를 추존하여 묘호와 능호를 추증하였는데, 중국에서 부친만을 추존하는 것과 비교된다. 이것은 조선에도 고스란히 영향을 끼쳐 태조 이성계의 4대 조부모들을 모두 추존하였다. 4대부에게는 묘호와 능호를, 4대모에게는 휘호와 능호를 추증하였다. 무엇보다도 조선 초기 북도 8릉을 통해 확인할 수 있는 점은 추존 왕후에게도 독립된 능호와 왕후릉을 조성함으로써 고려의 자주적인 경향이 계속 이어졌다는 점이다.

---

37 해당 흑백 사진은 북한과 공동연구사업으로 확보된 필자 개인 소장 사진이다.

38 장경희, 「조선 태조비 神懿王后 齊陵 연구」, 『美術史學硏究』 제263호, 2009, 5~38쪽.

국왕의 승하와 초상(初喪)

국상(國喪)은 국가의 큰 슬픔이란 의미에서 국휼(國恤)이라고도 불렀다. 국장 중 국왕의 경우는 대상(大喪)으로, 왕비의 경우는 내상(內喪)으로 구분하였다. 왕세자와 세자빈은 예장(禮葬)으로 등급을 낮춰 불렀고, 왕세자는 소상(小喪)으로, 왕세자빈은 소내상(小內喪)으로 구분하였다. 대한제국을 선포한 뒤 황제가 되었지만 나라를 잃은 뒤 치러진 고종 황제와 순종 황제의 장례는 일제에 의해 격하되어 어장(御葬)이라고 불렀다. 이렇게 왕실의 신분에 따라 의식의 명칭이 달라지듯이 격식이나 의물도 차이를 두어 구별하였다.

국왕의 죽음이 확인되면 조정에서는 국왕의 장례를 총괄하기 위해 임시로 좌의정을 최고 책임자인 총호사(總護使)에 임명하여 오늘날 장례위원회와 같은 임시 기구(都監)를 조직하고 운영하였다. 이러한 조선 국왕의 국장은 시기에 따라 조금씩 변화가 있으나 『국조오례의』로 정례화되었다. 국왕이 승하하자마자 국장도감(國葬都監), 빈전(殯殿)·혼전도감(魂殿都監), 산릉도감(山陵都監)을 설치하여 운영하였다. 궁궐에 빈전을 설치하고 국왕의 시신을 목욕시키고 옷을 입히고 입에 구슬을 물려 관곽에 넣는 일을 담당하는 빈전도감, 국왕의 시신을 담은 가마를 궁궐에서 왕릉으로 운반하며 백성들과 작별하는 발인을 담당하는 국장도감, 왕릉의 조성을 담당하는 산릉도감, 궁궐에 혼전을 설치하고 삼년상 동안 제사를 주관하는 혼전도감으로 업무를 나누어 처리하였다.

국왕에 대한 국장의 절차는 매우 까다로웠다. 이렇게 복잡한 절차는 죽은 자를 죽었다고 인정하지 않고 다시 살아나기를 바라는 효의 지극한 마음이 전제가 된다. 왕릉에 죽은 자를 묻기 전까지 국왕의 영혼과 육체가 여전히 존재하는 산 사람과 같이 여기는 '불사기친(不死其親)'의 관념이 존재하는 것이다. 『예기(禮記)』에 의하면 사흘째까지 죽은 자의 몸을 묶지도 관에 넣지 않고 기다리는 것은 다시 살아나기를 바라는 마음의 표현이라고 한다. 아직까지 어버이가 죽었다는 것을 차마 인정하지 못하고 여전히 살아나기를 기다리며 때로는 얼굴을 보고자 했기 때문이다. 국왕의 경우 닷새째에 대렴(大殮)을 진행하고 국왕의 죽음을 받아들이며, 이때 즉위식도 거행하고 상복(喪服)으로 갈아입었다. 이렇게 성복(成服)을 하면 드디어 국왕의 죽음을 받아들였다는 의미이다. 따라서 초상(初喪)은 초종(初終)부터 성복 직전까지 의절(儀節)인 대렴까지를 가리킨다.[39]

---

39 임민혁, 「조선 초기 국가 의례와 왕권」, 『역사와 실학』 43, 2010, 45~82쪽.

1. 혼을 부르는 복(復)

조선 시대에는 임금의 병환이 위중하면 종묘와 산천에 기도제를 설행하거나 혹시나 있을지도 모를 위험을 예비하기 위하여 궁궐을 호위하는 일을 논의하였다. 이어 국왕의 환후가 위급해지면 액정서(掖庭署)에서 승하하기 직전 임종하는 장소, 곧 창덕궁의 선정전에 휘장(幃帳)을 치고 도끼 무늬가 수놓인 병풍(黼扆)을 쳐놓았다. 내시는 왕을 부축하여 가마(輿)에 태워 휘장 안의 궤(几)에 기대게 한다. 이때 왕세자(왕세손)이 곁에서 모셨다. 국왕은 대신과 근시를 불러 유언으로 뒷일을 부탁하는 고명 절차를 밟고 대보(大寶)를 왕세자에게 넘겼다. 고명하는 의례를 마치면 대신들이 물러나 전위유교(傳位遺敎)를 만들었다.[40]

『예서』에 의하면 죽기 전의 국왕을 모신 곳에는 붉은 비단 바탕에 흑백으로 도끼 모양을 수놓은 병풍(扆)을 세웠다. 제후로부터 사대부에 이르기까지 죽을 때 병풍에 세운다. 다만 죽음을 앞에 둔 국왕의 경우 신하들과 달리 도끼를 수놓은 병풍 앞에 앉아 신하들에게 유언을 남겼

---

40 안희재, 「조선시대 국상의례 연구」, 국민대학교 박사학위 논문, 2010, 74쪽.

고구려 안악 3호분(357년)(왼쪽)과 덕흥리 고분(408년)의 묘주 초상

다. 생전에 국왕이 신하들의 조회를 받았던 것처럼, 죽음을 앞에 두고 신하들과 마지막을 함께한 것이다.

조선의 국왕이 죽음을 앞두고 마지막으로 자신의 육신을 의지했던 곳의 풍경에는 오랜 전통이 숨 쉬고 있었다. 휘장을 치고 도끼 무늬를 수놓은 병풍을 쳐놓은 곳에 묘주를 모셨던 것이다. 이 전통은 이미 고구려 고분 벽화에서 확인되는데, 4세기 안악 3호분과 5세기 덕흥리 고분을 보면 무덤의 주인공이 병풍 앞에 앉아 그 존재와 권위를 상징하고 있다. 죽어서 시신이 된 묘주는 도끼를 수놓은 병풍에 둘러싸여 비록 육신은 죽었으나 그의 권위는 죽지 않았음을 형상화하고 있다. 여기에서 도끼는 중국 갑골문자에서도 발견되는 것으로 강력한 힘을 지닌 존재의 상징이다. 신석기 시대의 무덤에서 발견되는 도끼는 무덤 주인의 신분이 지배자임을 상징한다. 그런데 이 도끼를 그리지 않고 수놓았다는 것이 주목된다. 전통적으로 그리는 것은 양(陽)이고, 수놓는 것은 음

(陰)을 의미한다. 결국 도끼 문양과 수놓은 것을 합치면 결국 죽은 이가 살아서와 마찬가지의 권력을 지녔다는 것을 상징하는 것이다.

마침내 국왕이 사망하면 왕실 친척과 신하가 국왕의 입과 코에 햇솜〔新綿〕을 얹어두고 솜이 움직이는가를 살펴 살아 있는지 확인했다. 국왕이 승하하는 현장에는 어의(御醫)가 있어 진찰했을 것이다. 그러나 죽었어도 국왕의 육신은 옥체(玉體)이고 고귀한 존재여서 감히 신하가 손을 댈 수 있는 것이 아니었다. 따라서 숨을 쉬는지 알아보려고 신하가 귀를 왕의 코 가까이 갖다 댄다거나 신하가 손으로 왕의 손을 잡고 직접 맥박을 짚는다는 것은 대단히 무례한, 용납할 수 없는 일이었다. 솜은 가벼워서 미세한 움직임에도 흔들리기 마련이어서, 솜을 국왕의 입과 코에 얹고 그것이 움직이지 않으면 비로소 국왕의 숨이 끊어진 것을 그 자리에 있는 누구나 볼 수 있는 것이다. 국왕의 육신에서 혼이 떠나 숨이 멎은 것이 확인되면, 그 자리에 모인 모든 사람들은 곡(哭)을 하기 시작한다.

국왕의 승하가 확인되면, 질병 내시는 왕을 부축하여 평상 위에다 육신을 누이고, 목은 뽕나무로 만든 상계(桑笄)로 받쳐준다. 이것은 양쪽은 넓고 중앙은 좁아, 국왕의 시신을 반듯하게 누일 수 있게 해주었다. 시신의 방향도 중요해서 국왕의 머리를 동쪽으로 향하게 했다. 동쪽은 생장(生長)하는 곳이라 여겨 머리를 생기 있는 곳을 향하게 하여 육신을 떠난 혼령이 다시 돌아오길 바랐던 것이다. 숨이 멎은 국왕의 육신은 땅에 남고, 육신에서 떨어져 나간 혼령은 하늘로 올라간다. 효자라면 부모의 혼령이 육신에 깃들어 다시 소생하기를 간절히 소망하였을 것이다. 그러한 간절함에도 불구하고 국왕의 육신은 혼령이 이탈

하여 죽음을 맞게 되고, 왕세자는 즉시 내시를 시켜 고복례(皐復禮)를 거행하게 하였다. '복(復)'이라는 글자가 지닌 본래의 의미는 육신에서 떠난 영혼을 불러서 다시 돌아오게 하는 것이다. 복례는 떠난 영혼을 부르는 일종의 초혼(招魂) 의식으로서, 생기(生氣)가 돌아오기를 바라고 행하는 의례다. 이를 위해 내시는 임금이 평소 입던 웃옷을 왼쪽 어깨에 메고 궁궐 전각의 지붕 위에 올라가 북쪽을 향해 왼손으로 옷깃을 잡고 오른손으로 허리 말미를 잡고 "상위복(上位復)"이라고 큰 소리로 세 번 외쳤다. "임금이여 돌아오소서."라는 이승의 소리로 저승을 향해 가던 국왕의 영혼을 불러 되돌아오게 하려는 간절함이 담겨 있는 의식이다.

이러한 고복례는 성종 대『국조오례의』에 수록된 이후 왕실의 상례는 대체로 이것을 따랐을 것이다. 그러나 막상 조선 전기의 실록에서는 국왕에게 복을 했던 기사가 보이지 않고, 조선 후기 인조 대부터 보이기 시작한다. 국왕이 승하한 날 내시가 전각 위 지붕에서 임금의 의복을 던지면서 "상위복"이라 외치면 아래에서 서 있던 다른 자가 이것을 받아든다.[41]

이때 내시는 국왕의 옷을 말아 앞으로 던지는데, 앞쪽은 음양 중 밝은 양에 해당되고 살아나는 근원이 되므로, 살아나기를 원하여 앞으로 던지는 것이다. 지붕 위에서 소리친 내시가 서북쪽 처마로 내려온다. 간곡하게 소리쳤음에도 불구하고 국왕이 살아나기를 구하지 못하였기

---

41 최규순,「전통상례 중 복(復)과 복의(復衣)의 조선적 변용」,『비교민속학』42, 비교민속학회, 2010. 8, 400~401쪽.

2장 국왕의 승하와 초상

묘호	승하일	복례(復禮) 유무	복자(復者)	받은 자	복호(復號)	복의(復衣)
인조	1649년(효종 즉) 5월 8일	○	내시	-	"상위복((上位復)"	
효종	1659년(현종 즉) 5월 4일	○	-	-		
현종	1674년(숙종 즉) 8월 18일	×	-	-		강사곤룡포
숙종	1720년(경종 즉) 6월 8일	○	내시	-		
경종	1724년(영조 즉) 8월 25일	○	내시	-		
영조	1776년(정조 즉) 3월 5일	○	내시	예방승지	"상위복"	곤룡포
정조	1800년(순조 즉) 6월 28일	○	내시	예방승지		곤룡포
순조	1834년(순조 34) 11월 13일	○	내시	-	"상위복"	상복
헌종	1843년(헌종 9) 8월 25일	○	-	-		
철종	1863년(고종 즉) 12월 8일	×	-	-		
고종	1919년(순종 12) 1월 21일	○	-	-		
순종	1926년 4월 25일	○	-	-		

때문에, 음(陰)에 해당되는 서쪽 방향의 어둡고 후미진 곳으로 내려오는 것이다. 이때 신하들은 전각의 기둥 밖에 줄지어 늘어서 있었다.

의례를 마치고 던져서 받은 옷을 내시가 함에 받아서 정침으로 다시 돌아와 국왕의 시신 위를 덮었다. 이렇게 함으로써 육신에서 떨어져 나간 혼령을 돌아오도록 불러들여 육신과 결합하여 다시 환생하기를 바라는 살아 있는 자들의 소망이 반영된 의례에

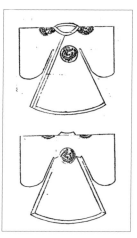

강사포의 앞과 뒤
출처 : 『국조상례보편(國朝喪禮補編)』

1. 혼을 부르는 복

상계(왼쪽), 연궤(가운데), 설치

출처 : 『국조상례보편』

해당되는 것이다.

　그렇다면 전각 기둥에 올라간 내시가 들고 간 국왕의 의복은 무엇일까? 그 옷은 붉은 비단으로 만든 강사포(絳紗袍)였다. 주지하다시피 강사포는 살아생전에 조선의 국왕이 평상시에 입던 옷이다. 내시는 죽은 국왕의 육신에 왜 평시에 입던 옷을 입혔을까? 이미 국왕이 죽었음에도 임종의 자리에 있던 사람들은 국왕의 죽음을 인정하고 싶지 않았던 것이다. 왕은 죽었으나 그들의 마음에 있는 왕은 죽지 않은 것이다. 그렇기 때문에 죽은 국왕이 평시에 입고 생활하던 의복을 착장하게 함으로써 왕을 섬기던 당시를 그대로 재현하여 왕을 공경하는 모습을 드러내고자 한 것이다. 여기에도 국왕의 혼령이 생시의 육신을 기억하고 다시 돌아오게 하려는 의도가 숨어 있다.

　『의례』에 "시신을 상(牀)으로 옮기고 염할 이불로 덮고, 죽을 때 입었던 옷을 벗기고 신하가 각사(角柶)를 사용하여 위아래 이〔齒〕가 다물어지지 않도록 쐐기를 끼워놓는다. 철족에 연궤(燕几)를 사용한다."라고 했다. 사람이 죽으면 체온이 떨어지고 피가 굳으면서 시신 전체가 점차 뻣뻣하게 굳는 강직 현상이 발생한다. 그러면 사람의 입은 굳게 닫히고 팔다리를 비롯한 몸은 움직이지 못한다. 그러므로 국왕이 죽을 당시 입었던 의복은 벗기고 그 대신 고복례를 했던 옷을 덮는다. 뿔로 만든 숟가락〔角柶〕을 사용하여 시신의 입을 벌려 설치(楔齒)를 넣어 이와 이 사이를 떠받친다. 이렇게 입을 벌려 넣어 죽은 이가 저승까지 여행을 가는 동안 밥 한술을 먹게 하기 위해서이다. 입을 벌리기 쉽게 설치로 윗니와 아랫니를 떠받들게 하고 반함을 입에 물리는 것이다. 죽으면 다리가 경직되면서 구부러질 수 있어 책상처럼 생긴 연궤(燕几)에 국왕의 발을 묶어둔다.

이러한 절차를 진행한 후에도 국왕의 혼령이 육신으로 돌아오지 않으면, 왕세자를 비롯하여 왕자들이 관모와 의복을 벗고 머리를 풀어 헤친다. 이제 살아 있는 사람들이 옷과 음식으로써 대행왕의 죽음에 대해 애통함을 나타내는 것이다. 먼저 왕세자를 비롯한 상주는 화려한 비단옷을 벗고 삼베로 지은 소복을 입고 소혜(素鞋)로 바꾸어 입었다. 삼정승을 비롯한 내외의 모든 사람들도 마찬가지였다. 이어 대행왕을 위해 평소에 드시던 음식을 올리는 전례(奠禮)를 행하였다. 국왕의 죽음은 황망하게 당한 일이라 망자를 위한 음식을 미리 준비하지 못하였다는 것을 보여주는 의례이다. 이때 왕세자를 비롯한 왕실 사람들은 모두 음식을 먹지 않는데〔不食〕, 특히 왕세자는 3일 동안 아무것도 먹지 않으면서 국왕의 죽음을 슬퍼해야 한다.

국왕의 승하가 확인되면 병조는 만일의 사태를 대비하여 여러 문과 숙위해야 할 곳을 지킨다. 예조는 상사에 관한 일을 의정부에 알려 장례 치를 준비를 한다. 왕조 정부는 국왕의 장례를 총괄하기 위해 임시로 좌의정을 최고 책임자인 총호사에 임명하는데, 이것은 오늘날 대통령의 서거 때 국가가 임시로 설치하는 장례위원회와 같은 성격이다. 임시 기구는 시기에 따라 조금 변화가 있다. 고려의 불교식 의례가 아직 남아 있던 조선 초기에는 재도감(齋都監)이 설치되었다가 세종조 때 불교적 성격을 없애고 유교적 의례로 전환되면서 이후 재도감은 폐지되었다.『세종실록 오례』이후 성종 대에 편찬된『국조오례의』에 국장도감, 빈전혼전도감, 산릉도감을 설치하는 것이 정례화되었다.

이처럼 초상(初喪)에는 죽은 자를 죽었다고 인정하지 않고 다시 살아나기를 바라는 효성의 지극한 마음을 전제로 행해졌다. 그것이 '불사기친(不死其親)'의 관념이다. 죽은 자를 영혼과 육체가 여전히 존재하는 산 사람과 같이 여기는 것이다. 복(復)을 하거나 염습을 할 때에도 이러한 관념은 적용되었다.

2. 시신을 씻기는 목욕(沐浴)

국왕의 승하가 사실로 확인되면, 입고 있던 옷을 벗기고, 시신의 머리를 감기고 몸을 깨끗이 씻어주는 목욕을 거행하였다. 주무시듯 누워 있는 대행대왕의 육신이 먼 길을 떠날 채비를 하는 것으로서, 깨끗하게 목욕을 시키고 고운 옷으로 갈아입혀 드린다.[42]

목욕을 시키기 직전에 왕세자 이하는 곡을 한다. 내시가 왕세자를 부축하고 인도하여 휘장 밖으로 나와서 동쪽에서 북향하게 한다. 대군 이하의 왕자들은 따라 나와서 북향하되 서쪽을 윗자리로 하고, 모두 자리를 달리하여 겹줄로 서서 곡을 한다.

예를 들어보자. 1776년 3월 5일 묘시(卯時)에 영조가 경희궁 집경당에서 승하하였다.[43] 승하한 직후 내시가 옷을 들고 지붕 위에 올라가 "상위복"을 외쳤고, 왕세손 등이 소복으로 갈아입었으며, 곧이어 영조의 시신을 목욕시키고, 이때 왕세손은 왕의 시신 옆에 엎드려 곡하였

---

42 주희,『주자가례』, 임민혁 옮김, 예문서원, 2000, 215쪽.

43 송지원,「국왕 영조의 국장절차와『국조상례보편』」,『조선시대사학보』51, 2009, 188~189쪽.

고, 신하들은 문 밖에서 곡하였다. 내시가 문 안의 장지를 거두자 금성위 박명원 등이 평상을 설치하였고, 내시가 향탕을 올리자 영조의 얼굴을 세수하고 목욕을 시켰다. 목욕이 끝나면 집사가 베개를 상 위에 올리면 화옥대, 곤룡포, 초록금문대단답호(草綠金紋大緞褡穫) 등의 옷가지와 천을 깔고 끝으로 잘라낸 손톱과 발톱, 빠진 이빨과 빠진 머리털을 담은 주머니를 시신을 눕힌 상 위에 받들어 놓고 모두가 곡하면서 애도하였다. 참여한 신하는 금성위 박명원, 창성위 황인묵, 공조판서 김한로, 한성판윤 윤동철, 행부사직 김효대, 김이주, 김한로, 김노영, 서일보 등 영조와 가까운 인척이었다.

영조의 목욕은 승하한 날 오시(午時)에 내시가 맡아 하였다. 정조의 경우에는 자시(子時)에 하였다. 목욕 때 내시는 전각의 안팎, 그리고 중간에 휘장을 설치하여 대행왕이 누운 내실(內室)을 가렸다. 특히 안쪽 휘장은 정순왕후와 내명부들이 곡을 하는 자리이다.

휘장 안에서는 목욕 때 사용할 평상은 안쪽에 놓고 베개를 놓았다. 평상 위에는 궁궐의 용상과 마찬가지로 화문석(紋席)을 깔고 그 위에 비단요(緞褥)를 깐 위에 화문석을 깔았다. 3중의 깔개를 깐 다음 대행왕의 시신은 베개를 베게 해 눕힌 위에 이불(衾)을 덮고, 이불 위에는 영혼이 돌아오라고 세 번 흔들었던 바로 그 '복의(復衣)'를 얹었다. 왕실의 상장례에서는 국왕이 살아 있을 때 사용했던 궁궐 용상의 깔개와 마찬가지로 화문석과 비단요, 그리고 화문석을 3중으로 까는 전통이 계속되어, 사소한 곳에서조차 왕실의 위엄을 잃지 않았음을 확인할 수 있다.

휘장을 둘러치고 시신을 모실 평상이 준비되면, 내시는 손을 물로 씻고, 국왕의 육신을 평상 위로 옮겨서 남쪽으로 머리를 두게 한 다음

겹이불로 덮어준다. 이때에도 국왕이 아직 돌아가셨다고 생각하지 않기 때문에 머리의 방향을 남쪽으로 두는 것이다.

그다음으로는 병풍을 치고 목욕시킬 준비를 한다. 준비물은 궐내 각사에서 만들어 들인다. 목욕물은 기장쌀뜨물〔粱潘〕과 쌀뜨물〔米潘〕, 단향(檀香)을 달인 탕(湯)을 준비한다.[44] 공조에서는 새로 만든 분(盆)·반(槃)·선(鐥) 등에 담아서 들인다. 상의원에서는 시신에게 새로 입힐 웃옷〔明衣〕과 치마〔裳〕 및 수건〔巾〕 2개와 빗〔櫛〕 등을 바친다. 수건은 네모진 방건(方巾)으로 사방 1자 8치의 생초로 만들며, 머리를 감기고 상체를 닦는 목건(沐巾) 1개와 하체를 닦는 데 사용할 욕건(浴巾) 1개로 구분한다. 빗은 대나무 빗〔竹梳〕 1개와 나무 빗〔木梳〕 1개씩 마련한다.[45]

모든 것이 준비되면 내시는 손을 깨끗이 닦은 다음, 대행왕이 죽을 때 입은 옷과 고복(皐復) 후에 덮은 옷을 모두 걷는다. 내시는 기장쌀뜨물로 윗몸을 씻기고 머리를 감기고 난 다음, 머리를 빗질하고 윗몸 수건〔沐巾〕으로 닦고 자주색 생초끈〔紫綃纓, 속명 수파(首把)〕으로 머리카락을 싸서 묶는다. 시신의 수염을 빗으로 가지런히 빗어 다듬고, 손톱을 깎아 작은 주머니〔小囊〕에 담는다. 내시 4명이 이불을 걷으면 3명은 단향을 달인 탕물로 몸을 씻긴 후 상체와 하체는 각각 다른 수건으로 닦는다. 발톱을 깎아서 작은 주머니에 담는다. 이렇게 머리카락과 수염을 모으고, 손톱 및 발톱을 깎아 담은 주머니는 대렴(大斂) 때 재궁 안에 넣어준다.

---

44 『의례(儀禮)』 「사상례(士喪禮)」, "君沐粱 大夫沐稷 士沐稻". 반(潘)은 뜨물이고 신분에 따라 사용하는 곡물이 달라진다.

45 『일성록』, 정조 10년(1786) 5월 11일(계축).

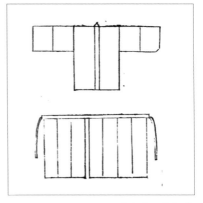

평상(왼쪽), 명의(明衣)와 치마(裳)   출처 : 『국조상례보편』

　시신을 깨끗하게 목욕시키고 나면, 새로 지은 깨끗한 옷으로 상체는 명의(明衣)를, 하체는 치마를 입힌다. 윗옷에 해당되는 명의는 먼지를 막아 옷을 선명하게 하는 옷이라는 뜻이다. 소매는 잘라내지 않고 온 폭(幅)으로 만들고 길이는 무릎 밑까지 내려오는 것이다. 하의에는 치마를 막포(幕布)로 만들어 입혔다. 이것의 앞은 3폭, 뒤는 4폭이고 주름은 잡지 않고, 길이는 발의 뾰족한 부분〔觳〕까지 내려온다. 앞뒤 폭을 꿰매며, 주름을 잡지 않고 양 끝에 끈이 있어 시신의 크기에 따라 조절하도록 되어 있다.

　여기서 주목되는 것은 대행왕이 남자임에도 불구하고 하의에 바지가 아닌 치마를 입힌 점이다. 이것은 시신이 강직되기 시작하여 발을 들어 올려 바지를 입히다가 시신을 훼손하는 것을 방지하기 위함이었을 것이다. 더욱이 옷의 크기에 있어 앞은 3폭, 뒤는 4폭으로 여미어 마감하도록 하여 국왕의 육신을 정결하게 다루되 신체를 훼손하지 않고 의식을 원활하게 진행할 수 있게 한 것이다.

　이렇게 목욕하는 절차가 모두 끝나면, 방건으로 얼굴을 덮고 겹이불로 덮는다. 목욕시키고 남은 물과 수건, 빗은 구덩이에 묻는다. 구덩이는 바깥의 담장 한쪽 구석의 깨끗한 곳에 미리 파놓는다.

3. 새 옷 아홉 벌을 입히는 습(襲)

사망 후 3일부터 5일까지 이뤄지는 염습(殮襲) 과정은 시신의 몸을 감싸는 습(襲), 소렴(小斂), 대렴(大斂)의 세 단계로 이뤄진다. 이 염습의 절차는 이승에서 분리된 시신이 저승에서 새로운 출발을 하도록 해주는 것을 의미한다.

대행왕의 시신에 천지자연의 마지막 숫자를 상징하는 아홉 벌의 옷을 입히고 감싸는 습을 하고, 열아홉 벌을 입히는 '소렴(小殮)'을 거행하고 생시처럼 음식을 올린다. 3일째 소렴을 거행할 때 국왕의 영혼이 육신에 다시 돌아와 살아나길 기다린다는 의미로 끈으로 묶지 않고 얼굴도 덮지 않는 것이 특징이다. 그러나 5일째 되는 날 거행하는 '대렴(大斂)'에서는 시신에 아흔 벌의 옷을 입히고 끈으로 꽁꽁 묶으며 남은 옷은 관 속의 여백을 메워 보공(補空)처럼 빽빽하게 채워 넣는다. 그런 다음 평상시 빠진 이와 머리털, 깎은 손톱과 발톱까지 모두 주머니에 넣어 관의 네 귀퉁이에 넣는다. 여기에는 생시에 국왕이 착용하던 의복을

입힘으로써 사후에도 국왕으로서 의복을 착장하도록 배려했다.[46]

승하한 지 3일째 되는 날 사직과 종묘에 대신을 보내 평상시와 같이 고하는 의절을 거행한다. 절차는 대행왕의 육신을 목욕시킨 다음 단계이며, 깨끗한 옷은 평일에 착용하던 것을 수의(壽衣)로 사용하여 시신에 입히는 의절이다. 국왕과 관련된 모든 절차는 지나치게 슬퍼해서도 안 되어, 시신에 옷을 입힐 때에는 가장 공경하는 자세를 갖추어야 했다.

대행왕의 시신에게 옷을 입히는 일은 내시가 담당하였다. 왕비의 경우 나인(女官)이 담당했다. 일례로 1720년 숙종의 국상 때에는 밀풍군 이탄(李坦)과 김운택 및 김도협이 집사하였다. 습을 할 때는 대신과 시원임각신(時原任閣臣), 승지, 예조 삼당상, 공조판서, 양사 장관, 옥당과 춘방 각 1원이 참여하였다.

습은 국왕이 살아생전에 착용하던 옷을 시신에 입히는 것이다. 돌아가셔도 국왕은 영원히 국왕답길 바라는 것이다. 국왕은 오조룡을 수놓은 곤룡포를 착용하고, 머리에는 망건을 먼저 둘러 머리카락을 말끔하게 정리한 다음 익선관을 쓴다. 곤룡포를 입은 허리에는 옥대를 두르며, 발에는 버선(襪)을 신고 갑정(甲精)과 화(靴)를 신겼다. 귀에는 명주 솜으로 대추씨처럼 만들어 충이를 끼워 넣어 구멍을 막았다. 얼굴에는 눈과 코에 멱목(冪目)을 덮었고 손에는 악수(幄手)를 둘러 손을 감싸고 끈을 만들어 맸다.

국왕의 습에 사용된 복식을 보면 곤룡포와 익선관은 대행왕이 평상

---

46 정말숙, 「조선시대 왕의 염습의대에 관한 연구」, 단국대학교 석사학위 논문, 2006, 54쪽.

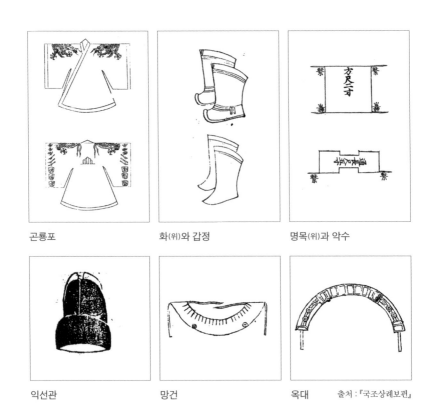

곤룡포 / 화(위)와 갑정 / 명목(위)과 악수

익선관 / 망건 / 옥대　　출처 : 『국조상례보편』

시에 착용하던 것이 맞으나 일부는 그렇지 않았다. 예컨대 망건의 경우 평상시에는 말총으로 짠 것을 착용하였으나 비단으로 새로 만들고 관자놀이 부분에 달아야 할 옥 대신 이은(泥銀)으로 한 쌍의 동그라미를 그려 넣었다. 옥대의 경우도 마찬가지이다. 옥대의 표면에 실제 옥을 붙이지 않고 이은으로 대전(帶錢) 20개를 그리고 금속제 과대로 마감하지 않고 끈으로 고정시켰다. 옷으로 가릴 수 없는 나머지 시신은 별도의 수의 용품을 제작하여 사용하였다. 이렇게 습의구는 평시에 사용하던 것을 넣되, 재질에 있어 옥이나 금속 및 말총 등을 사용하던 것은 모두 직물이나 종이 및 그림으로 대체하고 있어 시신에 입힐 수의의 재료로 대체하였음을 알 수 있다.[47]

『국조오례의』나『국조상례보편』 등의 의례서에서 습의는 대행왕에게 아홉 벌의 옷을 입히는 것이다. 아홉 벌, 곧 9칭(稱)을 준비한다. '칭'이란 단어는 저고리와 치마처럼 한 벌을 일컫는 단위이다.『예기』「상대기(喪大記)」에서 "천자 12칭, 상공(相公) 9칭, 제후 7칭, 대부 5칭, 사 3칭"이라고 했다. 조선 초기에 정종과 태종은 7칭을 사용했으나, 세종 5년 상공의 예를 따르도록 한 이후부터 조선 국왕의 대상에는 9칭을 썼다. 고대 중국 전통문화에서 '9(九)'라는 숫자는 황제를 상징했다. '9'는 최고 최대의 숫자이고, 중국 한자어에서는 '구(九)'와 '구(久)'를 같은 음으로 읽는 해음(解音) 현상으로 인해 사람들은 종종 숫자 '구(九)'를 쓰고 '오래다(長久)'라는 의미로 읽는 것이다.[48] 이렇게 봉건시대에 숫자 9는 최고통치자인 황제와 연결시켜 지상의 숭고하고 신성한 황권을 나타내고 지고무상(至高無上)한 천자의 존엄을 뜻하는 것으로 여겼다.[49] 하지만『예기』에서 천자는 12칭인 데 반해, 우리는 그보다 한 등급 낮은 상공의 9칭을 하고 있어 중국식 관념에 부합되어 최고통치자의 의

---

47 송미경,「염습의에 관한 연구」, 서울여대 석사학위 논문, 1989; 장미선,「상례의식과 습복에 관한 고찰 – 조선시대 국상과 서인상을 중심으로 –」, 명지대학교 석사학위 논문, 1999.

48 장범성,「중국인의 숫자 관념과 민속」,『중국학연구』 제18집, 중국학연구회, 1998, 482쪽.

49 이재승,「중국어의 숫자에 나타난 문화적 함의」,『인문논총』 제15집, 경남대학교 인문과학연구소, 2002, 230쪽.

복으로 보기는 어렵다.

조선은 중국의 예제를 따르면서도 모든 것을 제후국에 맞춰 낮추지 않고, 고려 이래의 전통적인 것을 수용하여 선택적이면서 자주적으로 해석하는 경향을 엿볼 수 있다. 이와 관련하여 주목할 것은 전통적으로 우리 민족이 생각하고 있는 숫자 9의 관념이다. 예컨대 고려에 영향을 준 몽골에서는 숫자 9를 '하늘, 천신, 하늘이 내려준 황제의 뜻' 등으로 풀이하고, 이것을 바탕으로 '최대, 최고, 최상, 최선'과 같은 상징으로 확대하여 해석한다.[50] 숫자 9가 하늘을 상징한다는 전통은 근본적으로 하늘에 대한 신앙과 밀접한 관련이 있고, 단순히 몽골의 유습이라기보다 고대로부터 전해져 온 유구한 우리 민족의 전통과도 맞닿아 있다. 특히 하늘에 대한 우리의 신앙은 샤먼과 분리할 수 없는 관계를 가진다. 현존하는 무당들이 99 천신을 모시는 것도 이런 맥락과 상통하면서 우주적 상징성을 담아내는 것이다. 세종 때 소렴에서 9칭으로 정한 것은 유교적인 예제를 수용한 것이면서 우리의 전통 관념과도 결합되어 의례화되었다.

습구(襲具)의 경우 조선 후기에 많은 변화를 보였으며, 일정하지도 않았다. 예컨대 1776년 영조의 국상 당시를 보면, 옥대를 깔고 그 위에 9칭 곤룡포 1벌, 답호(褡護) 1벌, 장옷〔長衣〕 2벌, 각색 중치막(中致莫) 4벌, 단삼(單衫) 1벌을 올렸다. 여기에 크고 작은 바지〔袴〕 2벌과 버선, 허리띠 2종〔腰帶・脚帶子〕, 망건, 조모(早帽)를 차례로 입혔다. 이어서 익선

---

50 장장식, 「몽골비사에 나타난 숫자의 상징성」, 『비교민속학』 44, 비교민속학회, 2011, 111쪽.

관을 씌우고 다음에 신발(靴)을 신기고, 토수(吐手), 악수를 차례로 묶었다. 여기에 손톱과 치아 및 머리카락을 넣은 주머니를 습상 위에 받들어 놓았다. 마지막으로 집사가 멱모(幎帽)를 씌웠다.

다음 정조의 습의(襲儀)는 1800년 6월 28일(경진) 자시(子時)에 거행되었다.[51] 대행왕의 시신은 생시에 입던 의복을 그대로 착장함으로써 죽어서도 왕으로서 권위를 유지할 조건이 갖춰졌다. 대행왕의 시신을 가리기 위해 승하하자마자 모(冒)를 수의용품으로 만들어 들였다. 모는 위와 아래의 것으로 구분되었다. 위의 것은 질(質)이라 하고 검은색 비단 천을 그대로 사용하여 만들었다. 아래의 것은 쇄(殺)라 하여 홍색 비단 위에 이은(泥銀)으로 도끼를 그렸다. 상하 2개의 형태는 자루처럼 한쪽은 봉합하고 나머지 한쪽은 터져 있었으며 각각 2자씩 7개의 끈을 매달았다. 위쪽 질은 머리부터 넣어 몸의 중앙에서 묶었으며, 아래쪽 쇄는 다리부터 넣어 몸의 중앙에서 묶었다. 여기서 주목되는 것은 몸을 묶는 천 또한 붉은색 바탕천에 도끼 문양을 그려 넣은 것이다. 그리는 것은 음양 중 양에 해당되는 것이고, 바탕의 붉은색과 도끼는 국왕을 상징하는 것이어서 시신을 묶은 천을 통해서도 국왕의 권위를 상징했다.

51 고영,「정조 국장도감의궤를 중심으로 한 염습의대 고찰」,『복식』16호; 고영,「조선후기 왕후의 염습의대 연구」, 성균관대 박사학위 논문, 2015, 10~12쪽.

4. 열아홉 벌의 옷을 입히는 소렴(小斂)

소렴은 국왕이 승하한 지 3일째 되는 날에 거행하는 의절이다. 소렴을 거행하기 2각(刻) 전에 내시는 손을 씻고 소렴상을 들고 휘장 안에 들어와 목욕상(浴牀)의 서쪽에 놓는다. 소렴상 위에는 요와 자리 및 베개(枕)를 편다. 이제 소렴할 때 시신을 묶기 위해 필요한 교금(絞衾)을 소렴상위에 편다. 교금은 종교(從絞)를 상하로 길게 먼저 상 위에 깐다. 그 위에 횡교(橫絞)를 다시 깐다. 이 끈들은 육신의 몸을 둘러서 서로 묶을 수있을 정도의 길이여야 한다. 종교는 위아래로 3가닥으로 구성되어 있다. 횡교는 머리부터 발끝까지 가릴 수 있어야 하고 상하를 3등분하여각 1등분마다 양쪽으로 3가닥씩 몸의 중간 허리 부분에서 묶을 수 있는 끈을 만들었다.

내시가 마주 서서 소렴상을 들고 들어와서 대행왕의 평상 남쪽에 두고, 전(奠)을 영좌의 서남쪽에 옮긴다. 이에 대행왕을 소렴상에 옮기고는, 먼저 베개를 버리고 첩의(疊衣)를 펴서 그 머리에 깔고, 이내 양쪽끝을 말아서 양쪽 어깨의 빈 곳에 편다. 또 옷을 말아서 그 양쪽 정강이에 끼워서 그 반듯한 것을 취하고, 그런 후에 남은 옷으로써 이를 가린

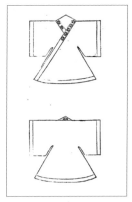 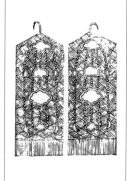 

중단(왼쪽), 패(가운데), 수

다. 오른쪽 옷섶을 왼쪽 옷섶의 위로 여미고 고름은 매지 않으며, 이불로써 염(斂)을 하되 효포(絞布)로 묶지 않고, 별도로 이불로 덮고 병풍을 치고 습상을 걷어 치운다. 효로 묶지 않는 것은 효자가 차마 어버이가 죽은 것으로 여길 수 없기 때문이다.

조선 건국 직후에는 염습할 때 사용하는 옷의 벌 수가 일정하지 않았다. 2대 정종의 초상에는 습의 7칭, 소렴의 15칭, 대렴의 38칭이었다. 세종 5년에 옛 제도를 상고하여 소렴의(小斂衣)는 천자로부터 사대부까지 신분에 관계없이 모두 19벌이라는 결론에 도달했다. 이에 태종비 원경왕후(元敬王后)의 초상 때는 습의 7칭, 소렴의 19칭, 대렴의 90칭이었으며, 태종의 초상에는 습의 7칭, 소렴의 19칭, 대렴의 40칭이었다.

하지만 소렴의에 사용된 의대의 종류는 조선 후기에 이르러 많은 차이를 보였다. 예컨대 1776년 영조의 국상 때 내시는 먼저 소렴상 위에 용문석과 요를 깔았다. 묶을 장교(長絞)와 횡교(橫絞)로 교금(絞衾)과 비

단금침(柳靑金線衾)을 깔았다. 의복은 강사포를 비롯하여, 배자(褙子) 5
벌, 중치막 각 색 14벌, 답호 6벌, 장옷 각 색 15벌, 배자 4벌, 협수의(挾
袖衣) 2벌, 바지 1벌 등을 깔았다. 이것을 보면 장수했던 영조는 평소에
착용하였던 의복의 많았던지 소렴 때 19벌을 훨씬 뛰어넘는 다종다양
한 다채로운 복식을 사용하였다. 이렇게 여러 벌을 깔고 나면 곁에 있
던 내시가 영상(靈床)을 염석(殮席)에 옮겨 모셨다. 그러면 내시가 옷들
을 우임(右袵)으로 묶고 빈 곳에는 토수(吐手)나 행전(行纏) 및 도포(道袍)
5벌 그리고 조복(朝服)으로 채워놓았다. 깔아둔 겹이불(衾)로 시신을 여
미고 상하좌우의 교를 꽁꽁 동여맸다.

　정조의 소렴의(小斂儀)는 1800년 6월 29일(경진) 신시(辛時)에 거행되
었다. 『정조빈전혼전도감의궤』와 『정조실록』에 의하면 소렴할 의복은
강사포 1습 이외에 소렴의로 사용한 것은 창의(氅衣) 1벌, 곤포(袞袍) 2
벌, 장옷 1벌, 도포(道袍) 6벌, 답호(褡護) 1벌, 철릭〔帖裏〕 1벌,[52] 광수(廣袖)
2벌, 배자(背子) 2벌, 중치막〔中赤莫〕 2벌, 협수(夾袖) 2벌, 쾌자(快子) 2벌
그리고 적석(赤舃)이 기록되어 있다.

　이처럼 소렴 의대는 조선 후기 국왕의 것으로 모두 기록되어 있는
데, 강사포 웃옷과 아래 치마를 비롯하여 원유관, 화패옥(畵佩玉), 폐슬
(蔽膝), 적말(赤襪), 적석 등이 일습이었으며, 조복과 공복을 소렴 의대로
사용하였다. 영조의 진홍색 곤룡포나 사도세자의 아청색 곤룡포가 수
의〔襚禮之衣〕로 사용된 것처럼 강사포는 정조의 재궁 의대에 포함되었

---

52 『정조빈전혼전도감의궤』, 다홍운문대단철릭(多紅雲紋大緞帖裏) 1벌 ; 『정조실록』, 금
　훙배(金智褙)를 단 다홍운문대단철릭(多紅雲紋大緞帖裏)과 아청운문대단철릭(鴉靑雲
　紋大緞帖裏) 2벌. 의궤와 실록의 기록이 반드시 일치하지는 않는다.

다. 그 밖에 정조의 이의(裏衣)로는 중치막·협수·도포·답호·배자·장의·창의·곤룡포·철릭·광수·쾌자·군복·황포·원령 등과 교·금·토수·행전이 제구로 사용되었다.

　어쨌든 대행왕이 죽었을 때 바로 시신에 수의를 입히지 않았기 때문에 창졸지간에 참담한 일을 당한 왕세자[왕세손]는 머리를 풀어 헤치고 슬픔을 대내외에 표명하였다. 시신에게 19칭의 수의를 입히는 소렴이 끝나면, 1각(刻) 전에 감찰·전의·통찬·봉례랑이 먼저 들어와서 자리에 나아간다. 봉례랑이 종친과 문무백관들을 나누어 인도하여 들어와서 자리에 나아간다. 왕비와 왕세자 이하는 들어가서 곡을 하여 애도를 극진히 하고, 종친 이하도 자리로 가서 찬의의 창에 따라 무릎을 꿇고 부복하여 곡을 극진히 하고 일어나 평신(平身)하였다. 대행왕에게 수의를 입혔으므로 왕세자는 별실로 가서 삼끈으로 상투를 매고, 대군 이하도 같이 하였다. 왕비는 별실로 가서 삼끈으로 좌(髽)를 틀며, 왕세자빈과 내외명부도 같이 하였다.

5. 음식을 드리는 반함(飯含)

부모가 돌아가신 뒤라도 효자는 부모께 음식을 먹여드려야 하는 것이 도리이다. 목욕을 시키고 깨끗한 옷으로 갈아입혀 드렸으니, 이제는 음식을 먹여드려야 할 차례이다. 죽은 사람의 입속에 구슬이나 쌀, 동전 등을 물리는 일은 부모가 이승에서 저승으로 먼 길을 떠나기 때문에 음식을 대접하는 것이다. 이것을 함(含) 혹은 반함(飯含)이라 했다. 대행왕의 입안에 음식을 넣어드리는 의절이다.

『예기』「잡기」를 보면, "전서(典瑞)가 반옥(飯玉)과 함옥(含玉)을 이바지한다." 하였고, "사인(舍人)이 반미(飯米)를 이바지한다." 하였으며, "천자는 구패(九貝)를 입에 넣고 제후는 칠패(七貝)를 넣는다." 하였다. 『의례(儀禮)』 소(疏)에 "빈이 반함하는 것은 악취가 나올 것을 꺼리기 때문에 포건으로 얼굴을 덮고 입 부위에 구멍을 뚫는 것이다." 하였다. 예에 반함하는 것은 죽었다 하여 차마 입을 비게 하지 않는 봉양의 뜻이 있는 것이다.

사도시(司䆃寺)에서는 새로 길은 물에 씻은 도미(稻米, 입쌀)를 바치고, 상의원(尙衣院)에서는 진주(眞珠)를 바친다. 조선 전기에 반함은 내시가 하다가 조선 후기에는 영의정이 시행하였다.

　인조 때의 경우를 살펴보자. 반함을 위해 의정이 빈전의 문밖으로 나아가서 쌀을 담은 주발과 구슬을 담은 소반을 꿇어앉아서 바치면, 내시가 손을 씻고 전해 받들고 들어가서 상의 동쪽으로 나아가서 서쪽을 향하여 꿇어앉았다. 베개를 치우고 수건을 펴서 숟가락으로 쌀을 떠서 입의 오른쪽에 채우고 구슬 하나를 채웠다. 또 입의 왼쪽과 가운데에도 이와 같이 하였다.[53]

　『국조상례보편』에 의하면 반함 시 영의정은 빈전의 문밖으로 나아가서 쌀 사발(米盌)과 진주 소반(珠槃)을 꿇어앉아서 바친다. 내시가 손을 씻고 전해 받아서 들어와 대행왕의 평상 동쪽으로 가서 서향하여 꿇어앉는다. 베개를 치우고, 시신이 굳기 전에 입속 이 사이에 끼워 넣었던 뿔 숟가락(楔齒)을 빼낸다. 영의정에게 소반을 받아서 소렴상의 서쪽에 놓고 구슬은 남쪽에, 쌀은 북쪽에 놓는다. 왕세자는 상의 동쪽으로 나아가 북쪽을 거쳐 서쪽으로 상에 올라가 동쪽을 바라보고 앉으면 의정이 따라가서 상의 서쪽에 선다. 오른쪽 반함을 돕는 내시가 방건(方巾)을 들추면 왕세자가 숟가락으로 쌀을 떠서 입안의 오른쪽에 채워 넣은 뒤 진주 구슬 하나를 넣어 채운다. 그러고 나서 또 왼쪽과 중간에도 이와 똑같이 한다.

　반함이 끝나면 내시는 왕세자를 부축하고 인도하여 자리로 돌아간다. 내시는 처음처럼 대행왕의 시신에 베개를 다시 괴어준다. 방건을 걷어놓고 소렴 때 갖다 놓은 수관(首冠), 곧 익선관을 씌운다. 명주솜으

---

53 『인조실록』, 인조 27년(1649) 5월 10일(무진).

로 만든 충이(充耳)로 귀를 막고, 멱목으로 얼굴을 덮고 뒤쪽에서 끈으로 묶는다. 신을 신기고, 웃옷을 입히고, 대대(大帶)를 두른 후 악수(幄手)로 손을 싸맨다.

다 끝나면, 이불로 덮는다. 왕세자와 대군 이하 및 왕세자빈과 내명부·외명부 이하는 곡을 하며 슬픔을 다한다.

6. 아흔 벌로 보공을 채우는 대렴(大斂)

대렴은 국왕이 승하한 지 5일째에 대행왕의 시신을 이불로 싸서 재궁에 안치하는 의절이다. 천자는 120칭, 상공은 90칭, 제후는 70칭, 대부는 50칭, 사는 30칭이라 했다. 조선 2대 정종은 38칭, 3대 태종은 40칭이었으나, 세종 5년에 상공의 예를 따라 90칭을 따르도록 했다.[54]

대렴을 할 시간은 일관(日官)이 길한 시간을 정하였다. 대렴을 하는 절차도 소렴과 거의 같다. 전각 안에는 시상(屍牀)을 동북쪽 모퉁이에 안치하고 찬궁(欑宮, 빈전에서 임금의 관을 둔 곳)은 중앙으로부터 약간 북쪽에 설치하는데 어탑을 설치했던 곳이다. 재궁은 시상과 찬궁 사이에 두고, 염상(殮床)은 찬궁 남쪽에 두었다. 명정(銘旌)과 선개(扇盖) 및 만정(滿頂)은 찬궁 밖의 서남쪽에 두었다.

대렴을 하기 위해 가로로 매는 다섯 개의 끈은 아래에 놓고, 세로로 매는 세 개의 끈은 위에 올린다. 이때는 면복을 펴며, 함에는 금모(錦冒)와 보쇄(黼殺)를 담아서 대렴상의 동북쪽에 놓는다.

---

54 『세종실록』 권 22, 세종 5년(1423) 11월 15일(임진).

내시는 대렴상을 대행대왕이 누워 있는 상 남쪽에 놓고, 영좌와 전을 빈전의 서남쪽으로 옮긴다. 소렴 때 묶지 않았던 끈를 묶고서 대행대왕을 대렴상으로 옮겨 소렴 때와 같이 염하고 효를 묶는다. 그러고 나서 보쇄로 발에서부터 위로 올려가며 감싸고 금모로 머리에서부터 아래로 감싸서 일곱 개의 끈으로 단단하게 맨다. 발 부분을 먼저 가리고 다음에 머리 부분을 가리며, 왼편을 먼저 여미고 오른편을 여민다. 그다음에 버선을 깔고 빈 틈을 여벌의 옷으로 채운다.

재궁을 상 남쪽에 남쪽이 위가 되도록 놓고, 대행대왕을 재궁에 안치한다. 재궁에 안치하기 전에는 차조의 재〔秫灰〕를 깔지 않았을 경우에 이를 먼저 깔았다. 평시에 빠진 치아와 머리카락, 손톱과 발톱을 재궁 안의 구석구석에 넣었다. 평천관(平天冠) 혹은 통천관(通天冠)은 적석(赤舃)과 함께 대렴에 포함해야 하는데 불편하다고 하여 재궁에 넣기도 했다. 옥규(玉圭, 옥으로 만든 구슬)는 재궁에 넣어야 하나, 금옥을 넣는 것은 합당하지 않다고 하여 현궁에 넣었다. 옷을 말아서 빈 곳을 모두 막아 재궁 안이 평탄하게 꽉 차도록 한다.

대행왕의 시신은 습의 9칭, 소렴의 19칭, 대렴의 90칭의 의복을 입게 된다. 영조의 대렴은 1776년 3월 9일 사시(巳時)에 경희궁 자정전(資政殿)에서 거행하여 체백을 재궁에 안치하였다. 집사가 대렴상을 어상 앞에 설치하고 베개와 요를 상 위에다 놓았다. 교, 금, 면목을 펴고 내시가 어상을 대렴상에 모시고 다시 시신을 여민 후 빈 곳을 평소 입던 옷가지로 채웠다. 교로 묶는 일이 끝나자 모두 곡하면서 애도하였다.

정조의 경우 1800년 6월 28일 창경궁 영춘헌(迎春軒)에서 승하하자 사망 당일에 국장도감이 설치되고 7월 3일에 빈전을 마련하였다. 정조의 염습 의대에 대해서는 『정조빈전혼전도감의궤』와 『정조실록』에서 찾아볼 수 있다. 규(圭)는 벽옥(碧玉)이며 길이 9촌, 너비 3촌, 머리의 각진 부분은 1촌 5푼으로 주척(周尺)을 사용하였고, 규 주머니는 홍숙초(紅熟綃)로 만들었다. 면류관(冕)은 평천관(平天冠)으로 본체는 종이를 풀로 붙여 만드는데 정조의 것은 오동나무판으로 만들었다. 겉감은 검은 비단(帽羅)이고 안은 아청숙초(鴉靑熟綃)로 만들었다. 일반적인 대렴에서는 옥을 사용하지 않고 대신 그림으로 그린 비녀를 사용하였고 술(旒)을 드리우고 귀막이를 하였다. 대렴용 웃옷은 『정조빈전혼전도감의궤』에 보면 면복(冕服) 일습(一襲)이라고 되어 있고, 치마(裳)를 함께 사용하였다. 대대(大帶)는 『국조상례보편』이나 『춘관통고(春官通考)』의 것과 마찬가지로 겉감과 안감을 비단으로 사용하였고, 허리를 감싸는 요(繚)의 단(緣)은 녹숙초(綠熟綃)를 사용하였다. 중단(中單)은 백색 비단이고, 깃과 소맷부리 및 밑단은 아청색 비단을 사용하였다. 금니로 11개의 불문양을 그렸는데, 가운데 뒤에 1개, 좌·우에 각각 5개씩을 그렸다.

이와 같이 대행왕의 대렴 의대를 보면 웃옷으로는 면복 일습이 면류관 또는 면관(冕冠), 의(衣), 상(裳), 패옥(佩玉), 후수(後綬), 그림으로 그린 옥대, 방심곡령(方心曲領), 적말, 적석(赤鳥)을 갖추어 사용되었으며 평시에 착용하던 것이다. 대렴 의대에는 이 밖에도 조복 또는 삼(衫)·상(裳)·대대·후수를 갖춘 강사포, 답호·장의·협수·쾌자·금룡흉배를 갖춘 곤룡포, 중치막·도포·군복 또는 쾌자·주의가 있었으며, 제구로는 교·금·욕·오색낭·구의(柩衣)가 사용되었다.

한편 재궁 의대는 대렴 시 재궁에 시신을 안치한 후에 재궁의 빈 곳을 복식이나 직물 등으로 채워 넣는 것으로 영조·정조·순조 때의 기록

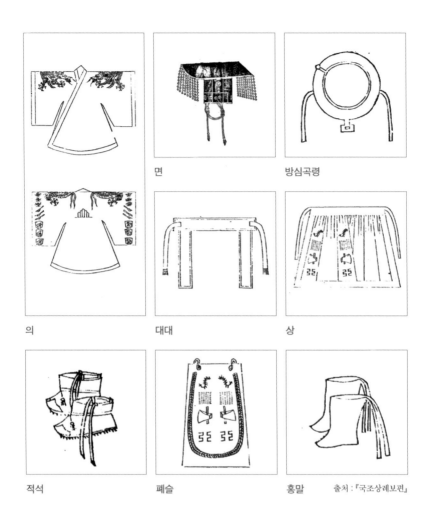

면   방심곡령

의   대대   상

적석   폐슬   홍말   출처 : 『국조상례보편』

에서 찾을 수 있다. 염습 시에 상복으로 쓰이는 면복 1벌, 곤룡포 6벌, 직령 1벌, 단령 1벌, 답호 26벌, 철릭 9벌이 있다. 그 밖에도 중치막 38착, 장옷 43착, 도포 45착, 협수 3착, 주의(周衣) 2착, 창의 6착, 군복 3착, 쾌

2장 국왕의 승하와 초상

자 7착, 광수(廣袖) 2착 등이 나타난다. 이삼(裏衫), 저고리, 사규삼 등은 재궁 의대에서만 기록되고 있다. 재궁 의대로 가장 많이 사용된 것은 도포, 장옷, 중치막의 순서이며, 이를 통해 국왕이 실생활에서 편복으로 착용하였던 것을 죽은 이후의 공간에도 함께 넣었음을 알 수 있다.

이처럼 재궁에 사용된 보공용 복식류는 다종다양하다. 면복을 비롯하여 곤룡포, 단령, 직령, 답호, 철릭, 중치막, 장옷, 도포, 창의, 전복, 협수, 광수, 주의, 쾌자, 배자, 이삼, 사규삼, 저고리, 단고 등이 그것이다.

7. 얼음을 설치하는 설빙(設氷)

설빙은 대행 국왕의 시신이 부패하지 않도록 얼음을 설치하는 것이다. 『예기』「상대기」를 보면, "임금은 대반(大盤)을 설치하여 얼음을 채우고 상 위의 자리를 걷어내고 베개만 둔다." 하였다.

여름철에 국왕이 승하하면 더위에 시신이 금세 부패할 수 있다. 사후 5일째에 대렴이 끝난 시신은 재궁(梓宮)에 넣고 칠을 하기 때문에, 대렴까지 5일간 시신의 부패를 막기 위하여 얼음을 놓는 설비를 하는 것이다. 이것은 크게 세 부분으로 나뉘며 네 가지 의물로 구성되어 있다. 크기가 10자×5자 4치로 얼음을 넣는 상자(氷盤)를 만들고, 그 안쪽에 크기 8자×3자 4치로 만든 살평상(棧牀, 혹은 전평상(箭平牀))을 설치한다. 살평상 위 죽망을 짠 위에 시신을 올려놓는 것이다. 이 살평상의 네 모서리는 살방(棧防)을 올려두는 것이다.

빙반과 살평상 및 살방 등의 각 시설물은 공조(工曹)에서 선공감(繕工監)으로 하여금 제조하게 했다. 이러한 시설은 시신의 길이나 크기가 다르기 때문에 사정에 맞게 제작하였다.

먼저 빙반(氷槃)은 영조척(營造尺)으로 길이 10자, 너비 5자 4치, 깊

이 3자이다. 바깥쪽 사면(四面)
에는 각각 큰 쇠고리(鐵環)를 박
는다. 이 고리에는 여러 겹으로
꼰 베 끈을 꿰어서 들기 편하게
했다. 설빙을 위한 시설 중 빙
반의 크기가 가장 크다. 따라서
가장 외곽에 두면서 얼음을 채
워두었다.

　다음 살평상은 길이 8자, 너
비 3자 4치이며, 발 부분의 높
이는 5치로서 매우 낮다. 현대
의 치수를 보면 240×102센티
미터에, 발 부분은 15센티미터

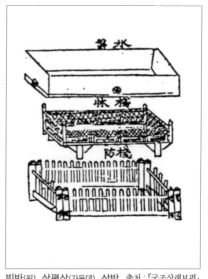

빙반(위), 살평상(가운데), 살방　출처 : 『국조상례보편』

이다. 이것은 국왕이 생시에 사용하던 살평상과 기본적인 형태는 같다.
바닥이 살대로 되어 있어 공기가 통하고 더운 여름을 시원하게 지내기
위한 것이었다. 평시에 사용하던 살평상은 3면은 난간이 설치되어 막혀
있으나 한쪽 옆면은 드나들기 편하게 중간에 반쯤 트인 구조이다. 그러나
시신은 입출입을 할 필요가 없기 때문에 사면이 난간으로 둘러싸여 있는
점이 다르다. 아울러 초상 때 사용하는 살평상 위에 까는 자리는 생시와
차이가 있다. 생시에 사용하는 살평상 위에는 화문석을 가장 아래에 깔고
그 위에 요를 깔고 다시 화문석을 까는 3중 구조였던 반면 초상 시 사용
하는 살평상 위에는 대나무로 짠 죽망(竹網)을 요처럼 깔아 시신을 올
려두었다. 이렇게 살평상 위에 시원한 죽망을 깐 다음 9벌의 습, 19벌의

소렴, 90벌의 대렴을 5일간 거친 시신을 올려놓아 얼음의 냉기로 시신의 부패를 막고자 한 것이다. 이곳이 죽은 이의 초상 공간이라는 것은 그 위에 다시 사방을 빙 둘러 1자(30센티미터) 높이로 살로 만든 살방이라는 난간을 시설한 것에서 찾을 수 있다. 살방은 좌우의 두 짝은 길이가 8자(240센티미터)여서 이것이 살평상의 길이와 일치한다는 것을 알 수 있다. 그런데 이것의 앞뒤는 3자 6치(108센티미터)로 살평상보다 약간 크게 만들고, 살방의 네 모서리마다 철 고리를 달아서 살평상과 연접(連接)하는 곳에 걸어 맬 수 있게 한 것을 알 수 있다. 빙반이나 살평상 및 살방의 높이는 모두 3자이다.

이처럼 가장 아래쪽 빙반이 살평상보다 전후좌우로 각각 1자씩 30여 센티미터가 남고, 깊이 3자, 즉 90센티미터 높이까지 얼음을 쌓을 수 있다. 빙반의 안쪽으로 살평상을 놓고 살방은 그보다 2치가 넓어 그 외곽을 한 번 더 감싸는 구조이다. 이처럼 가장 외곽은 빙반, 그 안쪽에 살평상과 살방을 올리고 네 모서리의 철 고리를 걸어 튼튼하게 묶는다. 살평상 위에는 죽망을 깐 다음 대행왕이나 왕비의 시신을 옮겨 놓는다. 이제 대렴 때까지 5일간 시신의 부패를 막기 위해 빙반의 외곽으로 빙 둘러 얼음을 쌓는다. 살방을 살평상 옆으로 한 겹 더 쌓아 올리는 이유는 빙반에 쌓은 얼음이 평상 안쪽 시신으로 떨어지지 않게 하기 위해서이다. 아마도 요즈음의 냉동 영안실과 같은 기능을 했을 것이다.

이때 사용할 얼음은 어떻게 조달했을까? 얼음은 중춘(仲春, 음력 2월)이후부터 그 절후(節候)를 헤아려서 한강 등지에서 마련하였다. 신라 시대에 경주 월성에는 얼음 저장소가 있었고, 지금도 한강 변에 동빙고와 서빙고라는 조선 시대 지명이 남아 있는데 이곳 어딘가에 얼음 저장 창고가 있었을 것이다. 경복궁에도 내빙고가 있었다고 전해지나, 그 위치나 시설은 정확히 확인하기 어렵다. 이렇게 겨울에 미리 마련해둔 얼음으로 국상 때 시신의 부패를 방지하기 위해 사용하였던 것이다. 더운 여름에는 살평상의 아래와 사방으로 얼음을 쌓아 시신의 부패를 방지하고자 했고, 가을부터 이듬해 봄까지 그다지 덥지 않은 계절에는 전목반(全木槃)에 얼음을 담아서 평상 아래와 사면에 적당히 놓아두었을 것이다.

그렇다면 얼음을 넣어 시신의 부패를 방지하는 시설은 언제까지 사용하였을까?『대학』과『시경』의 기록을 보면, 얼음을 떠내는 집은 경대부 이상의 높은 신분에서나 가능하였다. 아울러 이러한 부패 방지 시설 또한 마찬가지였다. 그러면서 국왕이나 왕비가 승하한 국상 때 초상에서 대렴까지 얼음을 사용하였다. 세종 연간의 기록을 보면, 종친과 대신·공신의 예장에까지 빙반을 사용하고 있었는데, 초상에서 대렴까지는 날마다 얼음을 20정(丁)을 사용하였다. 다만 날씨가 쌀쌀한 5월 보름 이전까지, 그리고 날씨가 추워지는 8월 보름 이후에는 그 양을 반으로 감하게 하였고, 예장도감(禮葬都監)에서 검찰하여 아울러 빙반까지 주게 하였다. 게다가 이 법은 2품에게 확대되어, 5월 보름 이후 8월 보름 이전에 초상에서 대렴까지 역시 얼음을 쓰게 하여, 정2품은 매일 15정을 주고, 종2품은 매일 10정을 주게 하였다.

국가에서는 대행왕의 승하부터 시신을 대렴하는 5일까지 매일 얼음을 제공하여 쓰게 하였다. 초상은 고복부터 대렴까지 5일 동안 거행하는데, 이 기간 동안 얼음이 녹지 않게 하는 방법이 있었을까?『황명제서(皇明制書)』를 보면, 중국에서는 얼음을 채취하여 빙음(氷窨)에 저장하였는데, 이 빙음에는 신선한 볏짚과 갈대자리〔蘆蓆〕 등을 완비하였다고 한다. 그런데 우리나라에서 볏짚이나 갈대를 사용하였다는 기록이나 구전은 없는 듯하다. 과학적으로 보면, 볏짚이나 왕겨, 갈대 등을 덮어놓으면 얼음을 오래 보관할 수 있다고 한다. 전목반(全木槃)이나 유기(鍮器), 토롱(土籠)과 고만초(菰蔓草) 및 대나무를 사용하면 습기를 빨아들여 얼음을 잘 보관할 수 있다고 하는데 무엇을 사용했는지 알 수 없다. 또 속설에는 얼음이 녹지 않게 하려고 미역으로 쌌다고도 하는데 기록을 찾기 어렵다.

어쨌든 현재 빙반과 살평상 및 살방의 구조로 보면 5일간 얼음이 보관되었는지, 만약 녹았다면 얼음물은 어떻게 제거했는지, 얼음물을 제거하고 다시 얼음은 어떻게 채워 넣었는지 등은 확인되지 않는다. 구조상 얼음물이 든 빙반에서 얼음물을 퍼내는 것이 보다 효과적이다. 왜냐하면 살평상 위 시신은 이미 습 때 9칭, 소렴 때 19칭, 대렴 때 90칭의 옷을 입혀 묶었기 때문에 살평상에서 시신을 들어 옮겼다가 다시 얼음을 채우고 다시 안치한다는 것은 거의 불가능하기 때문이다. 어쨌든 5일간 얼음이 녹았다면 녹은 얼음물을 빙반에서 빼내고 얼음을 다시 채워 넣는 수고로움은 여러 차례 반복해야 했을 것이다.

이러한 빙반은 경종의 즉위년 이후로는 사용하지 않았다. 다만, 얼음이 담긴 그릇을 대렴해놓은 평상의 네 귀퉁이에 놓도록 하였다. 이런 방식으로 얼음을 사용함으로써 빙반과 살평상 및 잔방에 의한 설빙의 기능성은 최소화하고, 대행국왕의 시신 즉 육신의 부패를 방지한다는 상징성을 살리고자 했던 것이다.

2장 국왕의 승하와 초상

빈전(殯殿) 설치와 재궁(梓宮) 제작

빈전은 왕이 승하한 지 5일째 되는 날부터 왕릉으로 옮기는 5개월간 왕의 관(재궁)을 모시는 곳이다. 빈전은 대행왕의 시신을 모시는 곳이어서 국왕이 생전에 거처하던 궁궐의 편전에 정한다. 사대부가에서 '빈청'이나 '빈소'라고 부르는 것과 차별하여 '빈전'이라고 불렀다.

빈전으로 정해지면 편전의 중앙에 재궁을 봉안할 곽(찬궁)을 조성(成殯)하고, 그 내부에 각종 물품을 배설한다. 찬궁 앞에는 휘장 형태의 하얀 악장을 설치하고 그 남쪽에는 영좌를 배치하며 찬궁 동쪽에는 붉은 악장을 설치하여 영침(靈寢)을 배치한다. 영침 안에는 욕석과 병풍 및 세수 도구와 빗 등을 배설해놓는다. 영침 남쪽에는 고명안(告命案)을 설치한다.

빈전에서는 국왕의 혼과 백에게 드리는 하루 의례가 5개월간 반복된다. 새벽에 빈소의 내관이 세숫대야와 빗을 영침 곁에 두면 왕세자와 대군이 빈전의 문밖 동쪽에서 곡을 극진히 하는 것으로 대행왕의 하루 일과가 시작된다. 날이 밝으면 아침 음식을 올리고, 초를 켜고 향을 피우며, 혼백함을 영좌에 진설하고 술을 올린다. 날이 어두워지면 저녁 음식을 올리며 곡을 마치고 혼백함은 다시 영침으로 되돌려놓는다.

빈전이 유지되는 5개월 동안 여러 의례는, 국왕이 죽었지만 아직 혼과 백이 함께하는 것이어서 살아 있을 때와 별반 다르지 않았다. 정오에는 주다례를 올리고 죽은 이의 생일 같은 특별한 날에는 별다례를 올리기도 했다. 음력 초하루와 보름에는 삭망전을 올리거나 설날·한식·단오·추석 등의 절기마다 특별히 제사를 올리기도 했다. 이때의 음식은 매일 아침저녁으로 올리는 상식과 같으나, 특별한 제례이기 때문에 빈전 외정에 종친과 문무백관이 함께 자리하게 된다. 의례는 제례를 주관하는 관리들이 빈전 밖에 함께 자리하며 진행했다.

1. 편전에 빈전을 설치하다

1) 조선 전기의 빈전

조선 초기 태조부터 태종 때까지의 국장 때에는 일정한 형식 없이 이전 왕조의 관습에 의해 승하한 장소나 그 근처에 빈전이 설치되었다. 그러나 세종 대에 국장에 대한 의례가 정립되었다. 이것을 최초로 실천한 왕은 문종이다. 문종은 경복궁의 강녕전에서 승하하였고 빈전은 사정전에 설치되었다. 이때 비로소 국왕의 죽음은 침전(康寧殿)에서, 빈전은 편전(思政殿)에 설치하는 전례가 만들어진 것이다. 중종은 재위 말년 창덕궁에 머물렀는데 병환이 깊어지자 창경궁의 환경전(歡慶殿)으로 옮겨 죽음을 맞이하였고, 빈전은 통명전에, 혼전은 문정전에 설치하였다. 이후 빈전과 혼전을 설치할 때 궁궐의 편전을 전용하게 사례는 조선 시대 내내 이어진다.[55]

---

[55] 안경호, 「조선후기 빈전 건축에 대한 연구」, 명지대학교 박사학위 논문, 2007, 18~23쪽; 조재모, 「조선시대 국장의 절차와 공간 이용」, 『대한건축학회논문집 : 계획계』 Vol. 29, No. 2, 대한건축학회, 2013, 171~180쪽.

조선 전기 국왕과 왕비의 승하 일시와 장소 및 빈전

대	왕/왕후	승하 시기	승하 장소	빈전
1	태조	1408년(태종 8) 5월 24일	별전(광연루)	후별실청
	신의왕후	1391년(공양왕 3)	-	-
	신덕왕후	1396년(태조 5) 8월 13일	이득분의 집	옛 궁궐
2	정종	1419년(세종 1) 9월 25일	인덕궁 정침	인덕궁
	정안왕후	1412년(태종 12) 6월 25일	인덕궁	
3	태종	1422년(세종 4) 5월 10일	연화방 신궁	수강궁 정전
	원경왕후	1420년(세종 1) 7월 10일	수강궁 별전	명빈전
4	세종	1450년(문종 즉위년) 2월 17일	영응대군 사저	영응대군 사저
	소헌왕후	1446년(세종 28) 3월 24일	수양대군 재택	수양대군 서청
5	문종	1452년(단종 즉위년) 5월 14일	강녕전	사정전
	현덕왕후	1442년(세종 23) 7월 24일	자선당	창덕궁 의정부청
7	세조	1468년(예종 즉위년) 9월 8일	수강궁 정침	조계청
	정희왕후	1483년(성종 14) 3월 30일	온양	영순군 사저
8	예종	1469년(성종 즉위년) 11월 28일	자미당	충순당
	장순왕후	1461년(세조 7) 12월 5일	안기의 사저	안기의 사저
	안순왕후	1498년(연산 4) 12월 23일	-	-
9	성종	1494년(연산 즉위년) 12월 24일	창덕궁 대조전	대조전
	공혜왕후	1474년(성종 5) 4월 15일	구현전	광연전
	정현왕후	1530년(중종 25) 8월 22일	동궁 정침	자선당
11	중종	1544년(인종 즉위년) 8월 22일	환경전 소침	통명전
	장경왕후	1515년(중종 10) 3월 2일	경복궁 동궁 별전	
	문정왕후	1565년(명종 20) 4월 6일	창덕궁 소덕당	
12	인종	1545년(명종 즉위년) 7월 1일	창연루 소침	사정전
	인성왕후	1577년(선조 10) 11월 29일	경복궁 공익전	
13	명종	1567년(선조 즉위년) 6월 28일	경복궁 양심당	
	인순왕후	1575년(선조 8) 1월 2일	창덕궁 통명전	통명전

건국 초기의 사례를 보면 문종 이전까지는 상왕의 신분으로 거처하
던 장소에서 승하하는 경우가 많아 돌아가신 전각 근처에 빈전과 혼전

3장 빈전 설치와 재궁 제작

을 설치하였다. 세종 대에 예제를 정리한 이후 문종부터는 정침에서 승하하는 개념을 고수함과 동시에 편전에 빈전을 설치하고 혼전은 동궁에 설치하는 기준이 마련된다. 조선 전기의 전례는 임진왜란 이후 편전을 빈전이나 혼전으로 전용하는 데에 지대한 영향을 미쳤다.

2) 조선 후기의 빈전

임진왜란 후 1600년(선조 33년)에 승하한 의인왕후와 1608년에 승하한 선조는 궁궐이 지어지지 않은 상태여서 빈전 또한 궐내에 제대로 갖추지 못하고 정릉동 행궁에 설치되어 운영되었다. 이후 인목왕후는 1632년 인경궁 흠명전(欽明殿)에서 승하한 후 빈전은 경덕궁(慶德宮, 경희궁) 광명전(光明殿)으로 정하였다. 인조비 인열왕후는 1635년 산실청에서 승하하여 혼전은 창덕궁 숙녕전(肅寧殿)으로 정하였으나, 이듬해 1636년 병자호란이 일어나면서 의례가 절차대로 거행되지 못하였다. 이후 1649년에 승하한 인조의 국장 때부터 비로소 각종 의궤가 제대로 갖춰져 빈전에 대한 전말을 확인할 수 있다.[56]

인조는 침전인 창덕궁 대조전에서 승하하였고, 빈전은 편전인 창덕궁의 선정전(宣政殿)에 설치하였다. 1659년 효종과 1674년 현종도 침전에서 승하하여 빈전은 앞서와 마찬가지로 창경궁의 환경전이나 창덕궁의 선정전과 같은 편전에 설치하였다. 숙종의 경우 1720년 경덕궁의

---

56 장경희, 「조선후기 혼전 조성 목수 연구」, 『한국학연구』 Vol. 29, 고려대 한국학연구소, 2008, 290~292쪽.

조선 후기 국왕과 왕비의 승하 일시와 장소 및 빈전

대	왕/왕후	승하 시기	승하 장소	빈전
14	선조 의인왕후 인목왕후	1608년(광해군 즉위년) 2월 1일 1600년(선조 33) 6월 27일 1622년(인조 10) 6월 28일	정릉동 행궁 정릉동 행궁 인경궁 흠명전	정릉동 행궁 계림군집 대청 경덕궁 광명전
16	인조 인열왕후 장렬왕후	1649년(효종 즉위년) 5월 8일 1635년(인조 13) 12월 9일 1688년(숙종 14) 8월 26일	창덕궁 대조전 산실청 내반원	창덕궁 선정전 - 창경궁 환경전
17	효종 인선왕후	1659년(현종 즉위년) 5월 4일 1673년(현종 15) 2월 23일	창덕궁 대조전 경덕궁 회상전	창덕궁 선정전 창덕궁 융복전
18	현종 명성왕후	1674년(숙종 즉위년) 8월 18일 1683년(숙종 9) 9월	창덕궁 여차 저승전 서별당	창덕궁 선정전 창덕궁 선정전
19	숙종 인경왕후 인현왕후 인원왕후	1720년(경종 즉위년) 6월 8일 1680년(숙종 6) 10월 26일 1701년(숙종 27) 8월 14일 1757년(영조 33) 3월 26일	경덕궁 융복전 경덕궁 회상전 창경궁 경춘전 창덕궁 영모당	창덕궁 자정전 창덕궁 융복전 창경궁 환경전 창경궁 통명전
20	경종 단의왕후 선의왕후	1724년(영조 즉위년) 8월 25일 1718년(숙종 44) 2월 7일 1730년(영조 6) 6월 27일	창경궁 환취정 창덕궁 장춘헌 경덕궁 어조당	창덕궁 선정전 - 광명전
21	영조 정성왕후 정순왕후	1776년(정조 즉위년) 3월 5일 1757년(영조 33) 2월 15일 1805년(순조 5) 1월 12일	경희궁 집경당 창덕궁 관리합 창덕궁 경복전	창덕궁 자정전 경훈각 창경궁 환경전
22	정조 효의왕후	1800년(순조 즉위년) 6월 28일 1821년(순조 21) 3월 9일	창경궁 영춘전 창경궁 자경전	창경궁 환경전 창경궁 환경전
23	순조 순원왕후	1834년(순조 34) 11월 13일 1857년(철종 8) 8월 4일	경희궁 회상전 창덕궁 양심합	경덕궁 장락전 창경궁 환경전
24	헌종 효현왕후 효정왕후	1849년(철종 즉위년) 6월 6일 1843년(헌종 9) 8월 25일 1904년(고종 41) 1월 2일	창덕궁 중희당 창덕궁 대조전 경운궁 수인당	창경궁 환경전 창경궁 환경전 경운궁 홍덕전
25	철종 철인왕후	1863년(고종 즉위년) 12월 8일 1878년(고종 15) 5월 12일	창덕궁 대조전 창경궁 양화당	창경궁 환경전 창경궁 환경전
26	고종 명성황후	1919년(순종 12) 1월 21일 1895년(고종 32) 8월 29일	경운궁 함녕전 건청궁 곤녕합	경운궁 함녕전 경복궁 태원전
27	순종 순명황후 순정황후	1926년 4월 25일 1904년(고종 41) 11월 5일 1966년	창덕궁 대조전 경운궁 강태실 창덕궁 낙선재	창덕궁 선정전 경운궁 홍덕전 -

　　　　　　　　　　　　　　　3장 빈전 설치와 재궁 제작

침전인 융복전(隆福殿)에서 승하하여 빈전은 같은 궁궐의 편전인 경덕궁 자정전(資政殿)에서 설치하였다. 경종은 창경궁의 환취정(環翠亭)에서 승하하였지만 빈전은 창덕궁의 편전인 선정전에 설치하였다. 영조는 경희궁 집경당(緝敬堂)에서 승하하였고 빈전은 숙종 대와 마찬가지로 편전인 경희궁 자정전에 설치하였다. 정조는 창경궁 영춘헌(迎春軒)에서 승하하고 빈전은 창경궁 환경전에 설치하였으며, 순조는 경희궁 회상전(會祥殿)에서 승하하여 경덕궁 장락전(長樂殿)에 빈전을 설치하였다.

헌종은 창덕궁 중희당(重熙堂)에서 승하하여 빈전은 창경궁 환경전에 설치하였다. 철종은 창덕궁 대조전에서 승하하고 창경궁 환경전에 빈전을 설치하여 운영하였다. 이처럼 대체로 조선의 국왕이나 왕비는 창덕궁 대조전을 비롯한 침전에서 승하하였고, 사후에는 창덕궁 선정전을 비롯하여 창경궁 환경전 등 평시에 생활하던 편전에 빈전을 설치하여 운영하였다.

3) 빈전 내 의례 용품 배치

빈전에는 대행왕의 시신을 위한 새로운 집인 찬궁을 짓고 그 안의 재궁에 모시면, 죽었으나 아직 죽지 않았다고 여기기 때문에 망자에게 생시와 마찬가지로 음식을 올린다. 이를 위해 궁의 남쪽 앞에는 휘장을 두르고 영좌(靈座)와 제상, 향상(香床)과 촛대탁 등을 배치하여 망자에게 전(奠)을 올릴 의물을 함께 조성한다. 결국 빈전은 남북 방향으로 12자, 동서로 7자 5치 정도의 찬궁이, 그 앞으로 영좌와 제상, 향상 등을 배치

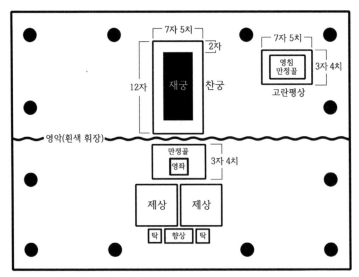

영악(흰색 휘장)

빈전 내 재궁과 찬궁 안치 개념도

하여 최소 30자 정도의 공간이 요구되었다. 궁궐의 편전처럼 넓고 여유 있는 공간을 빈전으로 선택해야 했던 이유이다.

성빈을 하려면 빈전으로 재궁을 옮긴 후, 찬궁의 동쪽 장지문을 열고 찬궁에 재궁을 안치한다. 찬궁의 동쪽에는 고란평상 위에 영침과 영침만정골(靈寢滿頂骨)을 둔다. 찬궁의 남쪽을 흰색 휘장으로 둘러쳐 외부에 국왕의 육신이 보이지 않게 공간을 구획한 다음, 찬궁 바로 앞쪽에 영좌를 놓는다. 붉은색 휘장으로 영좌만정골(靈座滿頂骨)을 설치한 다음 안치하는 영좌는 국왕의 영혼을 모시는 곳이다. 그 앞에는 제사를 드리기 위한 제상과 상탁을 배치한다.

찬궁의 동쪽에 위치하는 영침은 난간을 사방으로 두른 고란평상(高欄平床)과 그 위에 휘장을 올리는 만정골로 이루어진다. 고란평상의 형

　　　　　　　　　　　　　3장 빈전 설치와 재궁 제작

영침평상

악

고란평상

영좌　　출처 : 『국조상례보편』

태는 시신을 올려두던 평상이나 일상생활에 사용되는 평상과 크게 다르지 않다. 그 크기는 길이 7.5자, 너비는 3.4자이며 평상의 다리 높이는 0.6자, 난간의 높이는 1.1자가 된다.

　고란평상 안에는 만정골이 설치되는데, 만정골의 평상 길이는 6자이고 넓이는 3자이며 난간을 갖추고 있다. 만정골의 높이는 6자가 된다. 주홍칠이 된 소란평상 위에는 채색으로 문양을 넣어 짠 지의(地衣) 1부를 깔고 그 위에 다시 채화석 자리(席)를 간다.

　영침은 대행왕의 영혼이 머무는 곳이다. 빈전에서의 대행왕은 찬궁내 재궁에 육신이 모셔지고, 그의 영혼은 영침 안에 머문다고 여기는 것이다. 곧 양자가 별도의 공간에 위치하고 있지만 그럼에도 불구하고 빈전에 계신 대행왕은 영혼과 체백, 즉 혼백이 완전히 분리되어 있지 않다고 생각한 것이다. 그렇기 때문에 살아생전에 대행왕이 국왕으로서 앉아서 정무를 보던 편전에 그의 육신을 안치하고, 편전의 당가 아래 어좌와 마찬가지로 고란평상을 마련한 것이다. 그 바닥은 생시와 마찬가지로 채색 지의와 화문석을 깔고 그 뒤쪽에는 채색 모란병풍을 설치했다.

빈전 의례를 받기 위해 대행왕의 혼은 아침저녁으로 전을 드릴 때마다 재궁이 있는 휘장 안쪽 영침에서 일어나 휘장 밖 영좌에 나와 앉게 된다. 영좌에는 고란평상 위에 영좌만정골을 세운 후, 그 안에 혼이 앉는 영좌 교의를 올려놓는다. 이와 같은 교의의 형태는 현재 성균관 등지의 사당에서 사용하는 교의 유물과 크게 다르지 않다. 교의의 크기는 동서로 길이 2자, 넓이 1자 5치이다.

한편 이렇게 빈전에서 의례를 거행할 때 대행왕의 영혼은 신백(神帛)에 모셔지고, 이것을 신백함에 담아 교의에 모신다. 신백은 대행왕이 죽어 육신만 남았지만 아직 그 시신과 영혼(혼백)이 완전히 분리되지 않았다고 여겨 대행왕의 혼을 나무로 만든 신주에 담지 않고 가변적인 비단에 모신 것을 상징한다.

신백은 조선 초기에는 비단 1필을 둘둘 말아 백사로 묶은 속백(束帛)의 형태를 사용하였다. 그러다가 조선 후기 영조 대부터 속제라 하여 새로운 형식의 신백을 만들어 사용하였지만, 여전히 그 재료는 비단을 사용하였다. 영조 대의 신백은 흰색 비단으로 넓이 1자 2치, 길이 4자 8치로 만들었고 3겹으로 접어 높이 1자 2치, 나비 3치가 되게 했다. 넓이 1치, 길이 6치의 종이로 둘러서 띠를 만들고, 넓이 1치, 길이 1치인 종이로 가운데를 접어 꼭대기의 전후로 걸치게 한 다음 띠의 가운데에 부착

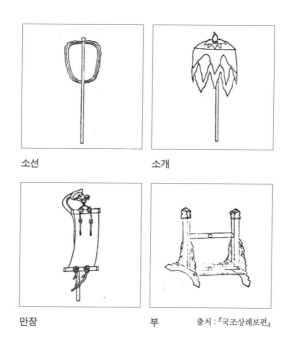

소선   소개

만장   부   출처 :『국조상례보편』

하고 전면에 '상(上)' 자를 써서 마감했다.

　이처럼 빈전의 북쪽에는 대행왕의 체백을 모신 재궁을 넣은 찬궁을
북쪽에 놓았다. 그 남쪽으로 휘장을 치고 영좌만정골 위에 영좌를 놓으
며 그 앞에 제상 2개를 마주 놓고, 그 앞 중앙에는 향을 피울 향상을 놓
았다. 촉대를 세울 촉탁(燭卓)과 향합 등을 놓을 탁자를 두었다. 영좌의
동쪽에는 '대행왕 재궁'이라고 쓴 명정을 세웠고, 소선(素扇)과 소개(素
蓋)를 세웠다. 비록 대행왕의 시신을 모신 곳이지만, 생시의 국왕에게
갖춰야 할 의장을 빈전에도 갖춘 것이다.

2. 내외 재궁의 제작

국왕은 즉위하는 해에 자신의 시신이 들어갈 관을 짰다. 한나라 광무제가 처음으로 살아생전에 무덤을 만들어 수릉(壽陵)이라고 불렀다. 여기에서 '수(壽)'는 장구하다는 뜻을 가지고 있는데, 이렇게 생전에 왕의 무덤을 미리 만들어 '수릉(壽陵)'이라고 했다. 생전에 시신에 입힐 옷을 만들면 '수의(壽衣)', 왕의 시신을 넣을 관은 '수기(壽器)'라고 불렀던 것과 마찬가지이다. 관(棺)에 '목숨 수(壽)'를 앞에 붙인 것에서 알 수 있듯이 옷이나 능이나 관을 살아생전에 미리 만들어둠으로써 오래오래 장수하기를 바라는 효자의 도리와 지극한 효성의 마음이 담겨 있다. 살아생전에 미리 만들어 흉사를 대비하는 것이 아니지만 국왕의 경우 언제 승하할지 예측할 수 없는 노릇이어서, 만일의 사태에 대비하자는 측면이었던 것이라 여겨진다.

1) 금강송 확보

국왕이 살아 있을 때 국왕의 관을 짜는 것은 『의례경전통해속(儀禮經傳

通解續)』에 나온다. 그 주(註)에, "천자의 곽은 황장(黃腸)으로 속을 하고 겉은 돌로 쌓는데, 잣나무 재목으로 곽을 만든다."라고 하였고, 제후에 해당되는 "군(君)은 소나무로 곽을 한다." 하고, 그 주(註)에, "군은 제후이니, 송장(松腸)을 써서 곽을 한다." 하였다. 이로 미루어 옛날부터 천자나 제후의 관곽은 잣나무나 소나무의 고갱이(황장)를 사용한 것을 알 수 있다.

관을 만드는 판재(棺板)인 황장목은 춘양목이나 적송이라 부르기도 하며 연륜이 오래되어 소나무 심재가 짙은 황색이 된 부분이다.[57] 나뭇결이 곱고 나이테 사이의 폭이 좁아 강도가 높고 잘 뒤틀리지 않는 소나무를 가리킨다. 옹이가 없으며 속은 노랗고 윤기가 나고 비바람에 잘 견디고 잘 썩지 않는 좋은 나무이다.[58] 이러한 소나무는 벌레가 먹지 않고, 송진이 있어 습기에도 잘 견디며, 나무의 속고갱이 부분이 누런빛을 띠기 때문에 황장목(黃腸木)이라고 부른 것이다. 국왕의 시신이 영원히 머물 재궁의 재료는 소나무 중에서도 속살이 금빛을 발하는 이 황장목을 사용했다.

우리나라에서 자라는 소나무 중에서 속이 금빛을 발하는 소나무는 금강송이다. 소나무 중에서 최고의 품질을 자랑한다. 조선 왕실에서는 최고급의 금강송(황장목)을 확보하기 위해 노력하였다. 조선 전기부터 국가의 재궁용으로 쓰였던 황장목을 보호하기 위해 강원도, 경상도,

---

57 『경종실록』 권10, 경종 2년(1722) 10월 20일.

58 서유구, 『임원경제지』.

전라도에 봉산을 정하고, 예조에서 수시로 관리하였다.[59] 특히 1746년에 간행된 『속대전』에는 국용 관곽재로 사용되는 황장목을 벌채할 분포지, 채취 규격, 채취의 시간적 간격, 산지별 용도 등이 규정되어 있다. 황장봉산은 경상도에 7개소, 전라도에 3개소, 강원도에 22개소가 봉해져 있었다. 강원도와 경상도의 황장목은 내재궁용으로, 전라도의 것은 외재궁용이었다. 옛 법식에 따라 베되, 필요한 목재의 양은 때마다 정하였다.[60] 왕실의 관곽이나 왕릉의 능실(陵室)을 조성하기 위해 국가에서는 민간의 산림 이용을 제한하고 경계선에 봉표를 설정하고 봉산을 두어 국가용 목재를 조달하였다.[61] 이를 위해 숲이 많은 강원도나 경상도 및 전라도의 여러 지역을 지정한 것인데 1746년 『속대전』에는 32읍, 1808년 『만기요람』에는 60곳이었다가 1864년 『대동지지』에서는 41곳이 되었다.

황장봉산의 시기별 분포

	『속대전』(1746년)	『만기요람』(1808년)	『대동지지』(1864년)
강원도	22읍	43처	32처
경상도	7읍	14처	6처
전라도	3읍	3처	3처
총계	32읍	60처	41처

59 『영조실록』 권4, 영조 1년 3월(계해).

60 『속대전(續大典)』(1746년).

61 오성, 「목재상인과 송금정책」, 『조선후기 상인 연구』, 일조각, 1989, 76쪽.

강원도 삼척에는 조선 태조 이성계의 5대조와 그의 부인 무덤인 준경묘와 영경묘가 있다. 이곳에는 빽빽하게 자란 금강송 원시림이 현재까지 유지되고 있다. 여기에서 벌목한 황장목은 왕의 체백을 안치하는 관곽인 재궁이나 현실(玄室)에 재궁을 안치하는 자리에도 사용되었다.

2) 재궁의 제작

국왕이 즉위하면 곧바로 여러 개의 재궁을 수기(壽器)로서 만들었으며, 이후 재위 기간 내내 해마다 옻칠을 하는 것이 관례였다. 이렇게 생전에 미리 관을 짜두면 장수한다는 믿음을 가지고 있었던 것이다. 이것은 시신에 입힐 수의를 미리 만들어두면 오래 산다는 민간 속설과 마찬가지이다. 『예기』「단궁(檀弓)」에 이르기를 "임금이 즉위하여 관을 만들어 해마다 한 번씩 칠을 올려 간직한다."라고 하였다. 중국의 기록을 보면 탕(湯)은 재위 기간이 13년이어서 관에 열세 차례 칠을 올렸고, 무왕(武王)은 재위 7년간 관에 일곱 번 칠을 올렸다.[62]

1724년 승하한 경종의 뒤를 이어 즉위한 영조는 장생전(長生殿)으로 하여금 자신의 관을 새로 만들도록 하였다. 그런데 당시 만든 재궁의 치수를 살펴본 결과 안쪽의 너비가 모자라 새로 하나를 더 만들게 되었다. 새로 마련한 재궁에는 옻칠을 백 번 했어야 하는데, 봉심해본 결과 세 번밖에 하지 않은 것으로 드러났다. 이에 재궁이 단단하게 마감되지 못하고 틈이 벌어질 것을 걱정하여 여러 번 가칠하도록 하였다. 이후

---

62 『현종개수실록』, 즉위년 6월 11일(경자).

국왕의 재궁은 백 번 칠하는 것을 규례로 만들었는데 혹시라도 틈이 벌어져 벌레나 습기의 피해를 입어 시신이 부패하는 등 만약의 사태를 대비하도록 한 것이다.

국왕의 관은 어디서 몇 개를 만들었을까? 조선 시대에는 국왕의 국상을 대비하여 각종 물품을 마련해두는 곳은 장생전이고, 이곳에서는 국왕의 재궁을 미리 짜고 글씨를 써서 표시해두었다.[63] 조선 후기에 이와 관련된 사례는 1623년 인조의 즉위 당시 '황(荒)' 자 재궁을 제작해둔 것인데, 이것을 9년 뒤 1632년(인조 10) 선조비 인목왕후의 국장 때 사용하였다. 1636년 병자호란 때 장생전에 소장되었던 '월(月)' 자와 '영(盈)' 자 재궁을 강도로 옮겨 비축하려 했는데 가던 도중에 파손되어 불에 태우기도 했다. 1649년 인조의 사후 내재궁은 1645년(인조 23) 5월 27일에 만든 '숙(宿)' 자 재궁을 사용하였는데, 이것은 1645년 4월 26일 사망한 소현세자의 '진(辰)' 자 재궁과 체제나 길이 및 너비를 동일하게 만든 것이었다

장생전에서는 국왕의 재위 시 미리 관을 제작해놓았고, 이 가운데 소렴 후의 치수를 기준으로 선정하여 사용하였다. 숙종의 국상 때를 보면 장생전에 소장되어 있던 여러 부의 재궁 중에서 3망(三望)을 해서 하나를 골랐다. 경종의 국상 때는 9부, 영조 4년에는 9부, 영조 32년에는 10부의 재궁이 있었다는 기록으로 미루어 장생전에는 약 10개 내외의 관을 비축하였던 것으로 보인다.[64] 또한 각 재궁에는 측자재궁(仄字梓

---

63 『육전조례(六典條例)』 권10, 「장생전(長生殿)」.

64 『승정원일기』, 숙종 46년 6월 8일(계묘); 『영조실록』 권4, 영조 4년 11월 17일(계해); 『승정원일기』, 영조 32년 윤9월 6일(신축).

　　　　　　　　　　　　　　　3장 빈전 설치와 재궁 제작

宮), 진자재궁(辰字梓宮), 동자재궁(冬字梓宮), 우자재궁(雨字梓宮) 등 그것
을 구분하는 여러 개의 고유 이름이 있어 사용되는 관의 이력을 알 수
있게 하였다.[65] 재궁의 수량이 처음에는 10부였으나 이후 5부로 줄어들
었다.

국왕 즉위 시에 제작하여 장생전에 비축한 재궁에는 글자를 써두었
고, 국왕(비)의 사후 비축된 재궁 중 단자(望單子)를 올려 그중에서 선택
하였다. 18세기까지 3망은 정례화되지 않았고, 2망이 대부분이었다. 19
세기 들어 1800년 정조의 승하 때 이후 3망 중 수망을 선택하였고, 이
후 국왕(비)과 세자(빈)의 재궁은 3개의 망단자 중에서 수망을 선택하
는 것이 일반화되었다.[66]

어쨌든 국왕이 즉위한 해에 장생전에서는 황장목으로 재궁을 만들
고 그 위에 100회의 옻칠을 하는 것은 영조 즉위 때 규례로 삼았다.[67] 재
궁은 황장목을 두께 2치의 판자로 잘라 벽돌(甓)처럼 단단하게 만드는
것은 1758년(영조 28년)에 편찬된 『국조상례보편』에서 발견된다.[68] 1800

---

65 『승정원일기』, 인조 23년 5월 25일(병오); 효종 즉위년 5월 25일(계미); 영조 32년 윤9
　　월 6일(신축); 『영조실록』 권54, 정조 24년 6월 29일(경진).

66 장경희, 「19세기 장생전의 황장목 수급실태 연구-『長生殿黃腸謄錄』의 분석을 통하
　　여-」, 『역사민속학』 제58호, 2021. 6, 205쪽 〈표 1〉.

67 『영조실록』 권1, 영조 즉위년(1724년) 9월 4일(갑진).

68 洪啟禧 增編, 『國朝喪禮補編』, 1758년, 규장각 소장. 규165, 규1010, 규7921; 국립문
　　화재연구소, 『국역국조상례보편』, 민속원, 2008; 한국전통지식포탈 https://www.
　　koreantk.com ; 본 연구자는 2014년부터 2019년까지 특허청에서 운영하는 한국전
　　통지식포탈에 고문헌 속 전통공예의 정보를 DB 구축하는 사업에 참여하여 『국조오
　　례의』를 비롯하여 『국조상례보편』 등의 관련 내용을 구축한 바 있어 참고가 된다.

연도	왕 연대	명문 재궁 *밑줄은 선택	제작	용도	출처 [의]:의궤 / [승]:승정원일기
1632	인조 10	황(荒)	1623	인목왕후	[의] 선조비의인왕후국장도감의궤
1637	인조 15	월(月), 영(盈)		태워버림	[승] 인조 15년 2월 22일 임진
1645	인조 23	측(昃), 진(辰)		소현세자	[승] 인조 23년 5월 25일 병오
1649	인조 27	숙(宿)	1645	인조	[승] 인조 27년 5월 10일 무진
1649	효종 즉	숙(宿)		인조	[승] 효종 즉위년 5월 25일 계미
1718	숙종 44	수(垂), 동(冬), 장(藏), 윤(潤), 성(成)		단의빈	[승] 숙종 44년 2월 7일 병술
1728	영조 4	왕(往)		효장세자	[승] 영조 4년 11월 17일 계해
1731	영조 7	여(女) 려(呂), 수(收), 장(藏) 족(足)	장(藏): 1695	경종계비 선의왕후	[승] 영조 7년 4월 13일 을사 [승] 영조 7년 4월 24일 병진 [승] 영조 7년 8월 17일 정미
1751	영조 27	동(冬)		효순현빈	[승] 영조 27년 11월 15일 정축
1757	영조 33	율(律), 서(暑)	서(暑):1665	인원왕후	[승] 영조 33년 2월 19일 신사
1776	영조 52	수(收), 운(雲)		영조	[승] 영조 52년 3월 5일 병자
1800	정조 24	우(雨), 로(露), 등(騰)		정조	[일] 정조 24년 6월 29일 경진
1821	순조 21	로(露), 려(呂), 등(騰), 장(藏)		수빈 박씨	[승] 순조 21년 3월 10일 경신
1830	순조 30	장(張), 서(暑), 로(露), 려(呂), 등(騰)	려(呂):1724	효명세자	[승] 순조 30년 8월 1일 병술
1846	헌종 12	장(張), 등(騰), 로(露)	장(張):1651	문조 천릉	[승] 헌종 12년 3월 12일 정묘
1849	헌종 15	등(騰), 로(露), 려(麗)	등(騰):1756	헌종	[승] 헌종 15년 6월 6일 임신
1878	고종 15	로(露), 금(金), 수(水)	로(露):1777	철인왕후	[승] 고종 15년 5월 12일 신유

년 정조의 재궁은 이후 19세기 때 국왕(비)의 재궁으로 사용코자 망단자에 오른 재궁의 치수는 외재궁과 내재궁이 각각 달랐다. 외재궁은 길이 7자 9치 8푼, 너비 3자 5치 2푼, 높이 3자 5치 7푼이고, 내재궁용의 것은 길이 7자 1치, 너비 2자 4치였다. 1800년 정조의 재궁은 길이 6자

19세기 재궁의 망단자에 오른 명문 재궁과 치수

연도	재궁	명문	겉 길이	겉 너비	겉 높이	안 길이	안 너비	안 높이
1758	국조상례 보편	외재궁	7자9치8푼	3자5치2푼	3자5치7푼			
		내재궁	7자1치	2자4치				
1800	정조	우(雨)	6자9치8푼	2자4치3푼	2자4치5푼	6자3치8푼	1자8치2푼	1자8치1푼
1821	수빈 박씨	장(藏)	7자1치	2자3치5푼	2자3치8푼	6자5치	1자7치5푼	1자7치5푼
1830	효명세자	여(呂)	7자1치	2자3치	2자3치	6자5치	1자6치5푼	1자7치1푼
1846	문조	장(張)	7자1치7푼	2자3치2푼	2자3치4푼	6자5치7푼	1자7치2푼	1자7치4푼
1849	헌종	등(騰)	7자	2자2치	2자2치2푼	6자4치	1자6치	1자6치
1878	철인왕후	노(露)	6자9치3푼	2자3치1푼	2자3치	6자3치3푼	1자6치9푼	1자6치7푼
-		서(暑)	7자1치8푼	2자3치	2자3치3푼	6자5치8푼	1자7치	1자7치
-		려(麗)	6자9치5푼	2자3치	2자3치	6자3치5푼	1자7치	1자7치
-		금(金)	7자1치7푼	2자2치2푼	2자2치7푼	6자5치7푼	1자6치2푼	1자6치7푼
-		수(水)	7자1치	2자2치	2자2치	6자5치	1자6치	1자6치

9치 8푼으로 규정보다 작은 편이다.[69]

19세기에 망단자에 오른 것은 내재궁으로서 법전에 규정한 대로 평균적으로 겉길이 7자 1치, 겉너비 2자 3치에 거의 근접했다. 이러한 규격은 재궁을 만들기 위해 강원도와 전라도 및 경상도에서 황장목을 벨 때 기준이 되었다. 장생전에 비축할 재궁의 수를 10부로 항례화하였듯이 사왕(嗣王)이 즉위한 원년에 새 재궁, 즉 내관(內棺)과 외곽(外槨) 각 10부에 드는 160닢을 마련토록 하였다.[70]

69 장경희, 「19세기 장생전의 황장목 수급실태 연구-『長生殿黃腸謄錄』의 분석을 통하여-」, 208쪽 〈표 2〉.

70 『승정원일기』, 영조 5년(1729) 윤7월 8일(경진).

앞서 밝혔듯 국왕이 즉위한 해에 짠 재궁에 100회의 옻칠을 하는 것을 규례로 삼았고, 옻칠이 끝난 뒤에는 해마다 한 번씩 옻칠을 하였다.[71] 격일로 100회에 걸쳐 옻칠을 하였는데 칠을 백 번쯤 하면 표면이 견고해져 관곽이 마치 벽돌과 같아진다. 원래 칠은 방충, 방부, 방습의 기능이 탁월하기 때문에 이렇게 단단해진 벽은 벌레나 습기 침투를 막아 시신을 해치지 못하게 하며 부패를 방지하기 때문에 시신을 온전하게 보존하고픈 효자의 마음에 딱 맞는 것이다.

벽돌처럼 단단해진 재궁을 부르는 또 다른 명칭은 벽(椑)이다. 벽을 만드는 방법은 『국조상례보편』에 자세하게 기록되어 있다. 벽은 소나무 중에서 황장목을 사용하여 두께 2치의 판재로 만드는데 머리 쪽은 넓고 발쪽은 좁은 사다리꼴 형태이다. 밑판과 양끝을 서로 맞붙이는 곳에는 칠을 한다. 외재궁의 규격은 길이 7척 9촌 8푼, 너비 3척 5촌 2푼, 높이 3척 5촌 7푼, 판 두께 4촌으로 제작하였다.

생시에 만든 재궁 안에는 붉은 팥을 넣어두는데, 여기엔 사악한 기운을 막기 위한 상징적 의미가 담겨 있다. 해마다 한 번씩 칠을 더했는데, 이것은 아직 완성하지 않은 것처럼 보이게 하기 위한 목적이 있었다.

국왕이 승하하고 나면 시신을 관(재궁, 벽)에 넣기 전에 관의 내부에 붉은 비단을 바르고 나무가 맞닿은 부분에는 녹색 비단을 바른다. 그러고 나서 관의 바닥에는 차조(秫)를 태운 재를 뿌리고 그 위에 칠성판을 놓는다. 칠성판(七星板)은 차조를 태운 재 위에 안치하는 것이다. 판의

---

71 『영조실록』 권1, 영조 즉위년 갑진(1724) 9월 4일(갑진).

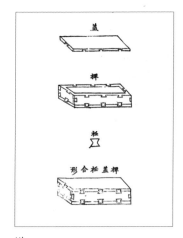

벽

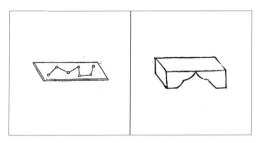

칠성판(왼쪽)과 등   출처 : 『국조상례보편』

길이와 넓이는 벽의 밑면 크기에 준한다. 두께는 5푼이고 북두칠성의 형상과 같이 7개의 구멍을 뚫는다. 이제 그 위에 붉은색 비단 요를 깔고 다시 돗자리를 깔고 나서 비로소 왕의 시신을 올려놓으면 되었다. 그런 다음 벽과 뚜껑을 맞붙이는 곳에 못을 박는데, 이것을 은정이라 부른다. 은정은 양쪽 끝이 크고 중앙이 작은 나비 형태로 되어 있으며, 나비 은정을 끼워 맞추면 마감된다.

재궁, 국립고궁박물관 소장

현재 국립고궁박물관에는 20세기 초 대한제국 시대에 제작하였다고 여겨지는 재궁과 칠성판이 소장되어 있다. 재궁의 크기는 길이 220센티미터, 폭 67×67센티미터이다. 이것은 창덕궁 의풍각(儀豊閣)에 소장되어 있던 것으로 황세손 이구(李玖)의 장례 때에 유존례(遺存例)가 알려져 이것을 사용하려 하였다. 그러나 국왕 즉위 시 미리 제작해둔 재궁이라는 사실과 대한제국 역사적 유물의 중요성이 알려져, 이것 대신 새로운 재궁을 만들어 제공하고 현존하게 된 것이다.

3. 찬궁에 재궁을 안치하다

국왕의 시신을 넣은 재궁을 빈전에 안치하는 의례가 성빈(成殯)이다. 시신을 넣은 재궁은 빈전의 중앙에 찬궁을 설치하고 이곳에 5개월 동안 봉안하는 것이다. 궁궐의 편전은 마룻바닥으로 된 시원한 곳이므로, 이곳에 찬궁을 설치하고 재궁을 넣어 2일에 1회씩 옻칠을 하면 시신의 부패를 늦출 수 있었다.

1) 찬궁과 재궁

궁궐 편전에 빈전을 조성한 다음 재궁과 찬궁을 안치하는 내용을 알아보기로 하자. 먼저 빈전의 중앙 북쪽에 재궁을 놓을 위치를 살핀다. 그 자리에 찬궁을 놓기 위해 전돌로 기단을 조성한다. 기단으로 사용할 전돌은 5치 정도를 쌓아 올리며 그 틈새는 석회로 발라 견고하게 만든다. 기단의 넓이는 재궁보다 조금 크게 사방으로 2자(60센티미터)씩 더하여 만든다. 평균적인 치수는 동서 7.5자(2.25미터)에 남북 12자(3.6미터) 정도면 된다. 전돌(方塼)의 바닥 위에는 찬궁을 올려놓으며, 찬궁 내부에서 재궁이 움직이지 않게 지의(地衣)에 해당되는 유둔(油芚)과 요 및 자리를 문지방과 같은 높이로 깐다. 찬궁 사방은 사방으로 나무 기둥을 세운 다음 들보를 얹고 지붕을 대나무를 얼기설기 엮어 형태를 만든다. 그 위에 대나무를 엮은 죽망을 덮고 휘장으로 씌우는 것이다.[72]

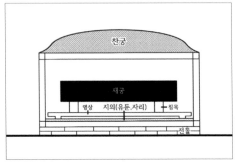

『정조국장도감의궤』의 찬궁 도설(왼쪽)과 찬궁 내 재궁 안치 개념도

숙종 당시에 빈전으로 사용한 선정전에는 재궁 바닥에 지의용으로 깔 유둔과 요 및 자리 등 21종을 장흥고(長興庫)에서 만들어 들였다. 빈전으로 사용할 궁궐의 편전(창덕궁 선정전) 좌우에는 곡을 할 수 있도록 보계(補階)를 설치하였는데, 이러한 시설들은 자문감(紫門監)에서 시행

---

72 신지혜, 「조선 숙종 대 왕실 상장례 설행 공간의 건축 특성」, 경기대 박사학위 논문, 2011.

3장 빈전 설치와 재궁 제작

하였다. 빈전 앞에 생포로 치는 차일 등 15종은 전설사(典設司)에서 들였다. 재궁을 넣을 찬궁 아래쪽에 깔았던 전돌을 비롯한 62종은 와서(瓦署)에서 들였다.

찬궁의 경우 4면에는 장지문을 설치하는데 남북에 2짝, 동서에 각각 4짝을 설치했다. 동쪽의 중간 2짝은 창호를 만들어 열고 닫을 수 있게 만들었다. 찬궁의 전체 높이는 6자(약 1.8미터) 이상이 된다. 이렇게 등신대 이상의 높이로 만들고, 장지문까지 설치하여 여닫을 수 있게 만든 이유는 국왕의 시신을 빈전에 모시는 5개월 동안, 그곳에서 빈전 의례를 거행하고, 재궁에 덧칠을 하기 위해서이다. 이 기간 동안 새로 즉위한 국왕(사왕(嗣王))이나 국장을 책임진 총호사를 비롯한 제조 그리고 내시들이 수시로 재궁의 안전을 확인하기 위하여 찬궁 안에 들어가 확인하였다. 찬궁에 재궁을 모신 후 장인들은 이틀에 1회씩 덧칠을 하러 재궁에 30회 이상, 두 달 이상을 들어가 작업했다. 재궁을 넣었다 빼는 일을 위해서도 사람이 들어가서 활동할 수 있는 최소한의 공간은 확보해야 했다. 이렇게 빈전 내부에 망자의 시신을 위한 하나의 집을 지은 것이 찬궁이 되는 셈이다.[73]

2) 찬궁 4면에 사수도 배치

빈전이나 찬궁이나 승하한 국왕의 시신이 모셔진 망자의 공간이다. 궁궐의 편전에 설치한 찬궁에 삿된 귀신이 침입하는 것을 막기 위한 상징

---

[73] 왕비의 내상에는 찬궁 대신 소략한 찬실을 조성하였고, 사신도를 붙이지 않았다.

적 장치가 필요하였다. 고구려 고분 이래로 망자의 공간에 사신도를 그리는 것이 전통이었다. 조선에서도 이러한 전통을 따랐으며, 조선 초기에는 무덤의 사면 벽을 흙벽으로 조성하고 동서남북의 방향에 따라 청룡·백호·주작·현무 그림을 그려 붙였다.

빈전 내 찬궁의 조성 기록이 남아 전하는 조선 후기 의궤에서도 이것이 확인된다. 1659년 인조의 빈전을 조성한 이후 찬궁의 사면에는 장지문에 창호를 달았고, 그 안팎에는 종이를 바르고 각 방향에 맞춰 사수도(四獸圖)를 그려 붙였다. 현존하는 의궤에 그려져 있는 사수도를 통해 이것을 확인할 수 있다.

빈전 찬궁에 그려 넣은 사수도는 종류에 따라 시기에 따라 도상이나 양식이 달라진 것을 알 수 있다. 우선 상상의 동물인 청룡이나 현무의 경우 17세기부터 20세기까지 거의 변화가 보이지 않는 것을 알 수 있다. 반면 호랑이나 주작은 도상이 변화하였을 뿐 아니라 화원들의 솜씨에 따라 달라졌다.

호랑이는 실제로 볼 수 있어서였는지, 1659년 인조의 찬궁에 그려진 것을 예로 들면, 17세기의 백호는 앉아서 뒤를 돌아보는 모습으로 그려졌다. 18세기부터 백호는 앞을 향해 으르렁거리며 달려드는 모습으로 변화하면서도 신의 형상으로 등 쪽과 다리에서 기가 날개처럼 솟아나고 있다. 1800년 정조의 찬궁에 그려진 것을 예로 들면, 19세기 이후 20세기의 호랑이는 이전 것처럼 앞을 향해 포효하지만 기세가 없는 현실의 호랑이로 그려지는 등 변화를 엿볼 수 있다.

한편 주작의 경우 고구려 고분벽화 등에서 보이는 형상이 아니었다. 17세기와 18세기의 주작은 머리가 셋 달리고 두 날개는 활짝 편 채 다

인조의 찬궁에 그려 넣은 청룡, 백호, 주작, 현무(1659년)(왼쪽부터)

숙종의 찬궁에 그려 넣은 청룡, 백호, 주작, 현무(1720년)(왼쪽부터)

순종의 찬궁에 그려 넣은 청룡, 백호, 주작, 현무(1926년)(왼쪽부터)

리 셋으로 서 있는 형상이다. 당시 민간에서 유행하던 부적에서 흔히 볼 수 있는 도상으로 그려져 있다. 그러나 19세기 이후에는 참새와 비슷하게 부리가 짧은 현실적인 모습이며, 당시 종묘 제기인 조이(鳥彝)에 새겨진 형상과 유사하다.

3장 빈전 설치와 재궁 제작

4. 재궁에 덧칠하는 치벽(治椑)

국왕이 승하하면 대행왕의 초상을 치르는 동안, 이렇게 미리 만들어놓은 재궁 중에서 빈전에서 사용할 것을 골랐다. 빈전도감의 제조와 낭청이 장생전에 회동하여 그곳에 소장하고 있는 여러 점의 내재궁을 봉심하고 나서 그중 3점을 선택하여, 세 가지 재궁의 이름을 써서 국왕에게 올리면 그중 하나를 국왕이 낙점해서 재궁으로 최종 결정하는 과정을 거쳤다.

재궁이 결정되면, 이후 재궁은 빈전에 옮겨지고 빈전에서는 2일에 1회씩 60일 이상 30여 회 이상 덧칠을 하고 그사이 국왕은 빈전에 친림하여 대행왕의 재궁에 먼지가 묻었는지 칠은 잘되었는지를 살폈다. 대행왕의 시신이 있는 바로 그곳에서 총호사를 비롯한 신하들과 정사를 논의하며 왕위의 정통성과 왕권 강화가 이루어지게 하였다.

찬궁에 넣은 재궁은 대행왕의 시신이 담긴 내재궁이다. 여기에 2일에 1회씩 옻칠을 하여 벽돌처럼 단단한 벽(椑)으로 만드는 것을 치벽이라 한다. 이렇게 방부, 방습, 방충의 효과가 있는 옻칠을 수십 번 하여 목재 관은 돌처럼 단단하게 굳어 시신의 부패를 늦출 수 있었다.

국왕이 승하하여 대행왕의 시신을 넣을 내재궁을 선택하고 덧칠하는 과정을 경종이 승하했을 당시를 예로 들어 살펴보기로 하자.

경종 승하 당시 장생전에는 8부의 내재궁이 만들어져 있었다. 이것들 중에서 빈전도감의 제조를 비롯한 관리들은 '우(雨)' 자, '노(露)' 자, '등(騰)' 자가 쓰여 있는 재궁 3개를 선택하여 영조에게 올렸다. 이에 영조는 3개(3망) 중 '우' 자 재궁을 낙점하여, '우' 자 재궁이 대행왕(경종)의 내재궁으로 결정되었다.

당시 빈전도감의 제조와 낭청 3인은 장생전에서 '우' 자가 쓰여 있는 재궁을 꺼내서 빈전으로 선택한 창덕궁 선정전 안 찬궁 안(土宇)에 봉안하고 소합주(蘇合酒)로 반듯하게 만들었다. 다음 날부터 제조와 낭청이 전체를 살핀 다음 재궁에 덧칠을 하기 위해 필요한 여러 물품을 각 관청으로 하여금 납입하게 하였다. 당시 제용감(濟用監)에서는 재궁 안쪽에 바를 대홍운문필단 등 28종을 들였고, 상의원에서는 재궁 위에 '상(上)' 자를 쓸 이금(泥金) 등 25종을 들였다.

장생전에 보관 중이었던 재궁의 크기가 항상 같은 것은 아니었고, 내외의 길이와 너비, 높이에 약간씩 차이가 있었다. 국왕의 즉위 시에 재궁을 제작하더라도 실제 국왕의 몸을 재서 만든 것은 아닌 듯하다. 게다가 국왕마다 신장에 차이가 있을 뿐 아니라 염습을 거치면서 시신에는 여러 벌의 옷을 입히게 마련이다. 시신에 습의 9벌과 소렴 19벌을 입혀 소렴이 끝나고 나서야 시신의 치수를 쟀다. 그때 재궁의 치수가 작을 경우에는 부판을 대어 늘리기도 했다. 예컨대 1659년 효종의 시신에 습의를 입히고 소렴도 모두 끝난 후 선택된 내재궁의 치수를 재어보니 사방의 치수가 부족하여 재궁을 다시 만든 사례가 있다. 물론 다른 국왕과 달리 효종은 덩치가 거대했다고 한 것으로 미루어 진작부터 재궁의 크기가 작았을 것이라 여겨지지만, 여기에 더하여 습의를 입힌 후 시신의 크기가 더 커지는 바람에 재궁에 넣을 수가 없어 나무판을 덧대어 재궁을 완성하였던 것이다.

재궁이 선택되면, 대행왕의 시신을 재궁에 넣고 나비장처럼 생긴 은정(銀釘)으로 박는다. 이렇게 못을 박으면 대행왕의 육신은 다시는 이승으로 나와 햇빛을 보지 못하게 된다. 그래서 가칠할 때에는 2품 이상과 육조 양사 장관, 승지, 사관 등이 입시했으며, 백관은 빈전 뜰에 모여 곡을 했다. 은정 위에는 칠포(漆布)를 바른 다음 여러 번 칠했다. 현종의 국상 때에는 칠포를 사용하지 말도록 조처를 취하기도 했다. 숙종 10년에는 재궁을 튼튼히 하기 위해 다시 쓰도록 하였으나 영조 연간에 다시 쓰지 못하도록 했다. 이후 재궁은 격일마다 칠을 하고 하루 동안 말리고 그다음 날에는 표면을 갈아낸 후 다시 칠하는 방식이 두 달 이상 계속되었다.

조선 후기 국상 때마다 재궁에 덧칠을 했지만 덧칠한 기간과 횟수 및 참여자는 일정하지 않았으며, 대체로 60일 내지 90일간 30번 이상 실시되었다. 일례로 1659년 효종의 재궁에 가칠한 것을 보면, 5월 12일부터 시작하여 2~3일 간격으로 매번 재궁의 바깥쪽에는 세 번, 안쪽에는 네 번 덧칠하여 8월 1일까지 99일간 총 32회를 가칠하였다.[74] 당시 가칠할 때에는 총호사, 빈전도감 제조, 장생전 제조 각 1명이 입참하였

---

74 김윤정, 「인조-숙종 대 재궁가칠(梓宮加漆)의 시행과 의미」, 『민속학연구』 47, 국립민속박물관, 2020, 120쪽.

으며, 장인은 칠장 김복, 유득민, 이영, 황애일 등 4명이었다. 한편 1674
년 현종의 재궁에 가칠할 때에는 8월 24일부터 10월 3일까지 총 40일
간 34회를 칠하였다.

　1720년 6월 8일 경덕궁 융복전(隆福殿)에서 숙종이 승하하고, 빈전
인 경덕궁 자정전에서 재궁에 가칠한 것은 6월 12일부터 8월 26일까
지 99일간 총 24회였다. 당시 은정 위에 가칠한 것은 10회(6월 12, 15, 18,
21, 23, 25, 27, 30일, 7월 3, 5일)였다. 은정을 칠포로 덮은 뒤 가칠한 것도
10회(7월 8, 13, 17, 20, 25, 28일, 8월 3, 8, 12, 15일)였다.[75] 또한 전체적으로 3
회(8월 19, 22, 26일)를 가칠하였다. 하지만 가칠을 한 마지막 단계가 되
어 칠색에 흠이 발견되어 다시 한 차례 더 칠하였다. 당시 무더운 여름
철이어서 습기에 칠이 눅눅해지는 것이 문제였다. 곧 재궁을 만드는 나
무와 재궁 아래에 까는 요와 그 위에 까는 자리, 그리고 가칠할 때 발에
괴는 침목 등이 습기에 훼손되어 사용하지 못하게 되면서 다시 마련하
였다. 당시의 날씨는 비가 많이 오고 날씨가 추워 가칠하기에는 열악한
상황이었다. 그해 8월 5일에는 일방 하인들의 처소에 까는 가마니가 비
에 젖어 부패하였기 때문에 다시 깔았고, 8월 이후에는 날씨가 빈번하
게 추워져 곡을 하고자 바닥에 깐 가마니나 자리가 얇아 추가로 더 들
이도록 했다. 그래서 습기를 말리기 위해 온돌에 불을 지폈으며 여기에
필요한 땔감의 양을 늘렸다. 이렇듯 날씨에 따라 재궁을 칠하는 조건이
달라졌음을 알 수 있다.

---

75 김윤정, 「18세기 梓宮加漆 의례의 시행과 成文化」, 『大東文化硏究』 제112집, 성균관
　　대학교 대동문화연구원, 2020, 383~384쪽.

1724년 8월 25일 경종이 창경궁 환취정(環翠亭)에서 승하하자 영조는 대행왕인 경종의 대렴이 끝난 후 빈전으로 정한 창덕궁의 선정전으로 경종의 시신을 옮겨 재궁에 넣었다. 그런데 이때 재궁의 판자 크기가 작고 협소하여 현종 대의 전례를 따라 부판을 덧대어 만들기로 하였다.[76]

재궁을 보수한 다음부터 가칠하는 일정은 관상감에서 길일로 정하였다. 그리하여 9월 1일부터 11월 7일까지 99일간 격일로 총 32회를 덧칠하였다. 1724년 9월 1일부터 11월 7일까지의 재궁 가칠이 끝나고 이틀 뒤인 11월 9일에는 재궁을 묶었다.[77] 총호사 이광좌를 비롯하여 빈전도감의 제조 이외에도 우의정 조태억, 전성군 이곤 등이 재궁 옆에 입시하였다. 조태억은 재궁을 닦았고, 닦기를 마치자 유금(襦衾)과 홍전(紅氈)으로 쌌다.

경종 재궁의 가칠을 좀 더 자세히 살펴보자. 재궁은 시신이 들어갈 내재궁과 그것을 넣어 왕릉에 납입할 외재궁으로 나뉜다. 당시 내재궁은 창덕궁 선정전 내 찬궁 안에서 덧칠하였고, 외재궁은 장생전에서 가칠하였다. 특히 내재궁에 덧칠하는 빈전, 곧 창덕궁 선정전에는 영조가 2일에 1회씩 반드시 참여하였다. 당시 영조는 경종에 대한 독살설과 함께 왕세제로서 즉위함으로써 왕위 계승의 정당성에 의심을 받던 시기였다. 그래서인지 영조는 경종의 시신을 담은 재궁을 앞에 두고 덧칠하는 날마다 회의를 주관하여 자신의 떳떳함을 경종의 시신 앞에서

---

76 『경종실록』, 경종 4년 8월 26일(병신).

77 김윤정, 「18세기 梓宮加漆 의례의 시행과 成文化」, 388~392쪽.

당당하게 드러내며 왕위 계승의 정당성을 인정받고자 하였다. 이틀에 한 번씩 재궁 앞에는 총호사 이광좌를 비롯하여 빈전도감 당상 심단(沈檀)·이진검(李眞儉)·이명언(李明彦), 장생전 당상 심수현(沈壽賢)·유중무(柳重茂), 좌승지 여필용(呂必容), 기사관 민기(閔圻)·조적명(趙迪命)이 입시하였다.

영조는 빈전에서 이틀에 한 번씩 의례를 거행하였다. 영조는 최복(衰服)을 입고 여차(廬次)에서 보계로 제일 먼저 걸어 나왔다. 최질을 입은 임금이 경종의 시신이 모셔진 북쪽을 향해 엎드려 곡을 하면, 여러 신하들 또한 최질을 갖추어 입고 돈례문(敦禮門) 밖에 이르러 지팡이를 들고 종종걸음으로 들어와서 보계 최하층에 이르러 곡을 하였다. 임금이 슬픔을 다해 곡을 한 다음 곡을 그치고 지팡이를 짚고 빈전인 선정전에 들어가 찬궁의 서편에 서서 동쪽을 향하여 서 있으면 총호사 이하 신하들이 찬궁에 들어가 재궁에 옻칠하는 것을 확인하고 감독하였던 것이다.

이렇게 내재궁이 빈전에서 격일마다 덧칠되는 동안, 장생전에서도 격일마다 외재궁에 덧칠을 하였다. 내재궁에 가칠하지 않는 나머지 날에 장인들은 장생전으로 출근하여 격일로 외재궁을 칠한 것이다. 경종의 국장 당시 외재궁의 규격은 길이 7자 9치 8푼, 너비 3자 5치 2푼, 높이 3자 5치 7푼, 판의 두께는 4치였다.

재궁에 깔아놓은 깔개는 장인들이 밟고 다닐 수 있는 물건이 아니므로, 옻칠을 할 때 장인이 들어와서 작업할 때에는 도감으로 하여금 다른 깔개를 들여와 그 위에 펴게 한 후 작업하게 하였다. 이미 세 차례나 가칠하였으니, 그다음으로 숫돌로 갈아낸 뒤에 옻칠을 하였다. 천판(天

板, 재궁의 윗면)에는 당초부터 자국이 있었던 것 같은데, 서쪽 부분의 나뭇결이 단단한 까닭에 줄질을 할 때 자국이 생긴 듯하다. 이 불그스름한 자국은 당일 재궁을 내릴 때에 날이 저물어 촛불을 켰다가 그만 촛농이 떨어졌던 부분으로, 칼로 깎아내고 옻칠을 하였기 때문에 옻칠 색깔이 그곳만 진해져서 이런 자국이 생긴 것이다. 오래도록 칠을 하면 이 자국을 없앨 수 있다.

영조 때부터 재궁에 가칠할 때 모든 관원이 격일로 회곡(會哭)하는 것은 너무 번거로운 일이어서, 2품 이상, 삼사(三司)의 장관(長官), 시종신(侍從臣)들만 와서 회곡하도록 허락하는 것이 좋겠다고 하여 고쳤다. 가칠이 끝나면 젖은 깔개를 펼쳐놓은 다음에야 칠을 말릴 수가 있으니, 그 전에 펴놓았던 깔개를 걷지 말고 그대로 펴놓도록 하였다. 이에 젖은 깔개를 펴놓고 소금저(素錦褚)를 씌우고 그 위에 젖은 장막을 덮은 다음 찬궁의 문호를 닫고 내외의 장막을 드리웠다. 상이 여차로 돌아가자 신하들이 차례로 물러 나갔다.

당시 경종의 내재궁에 가칠한 일시는 1724년 9월 1, 4, 6, 8, 10, 12, 14, 17, 19, 21, 23, 25, 27, 29일, 10월 1, 3, 5, 7, 9, 11, 13, 15, 17, 19, 21, 23, 25, 27, 29일, 11월 1, 3, 5, 7일까지 33회였다. 10월 21일에는 내재궁의 가칠은 28회만 하고, 다시 생칠은 다섯 번 하도록 하였다. 칠포 위에는 일곱 번을 하였다. 이때 빈전도감에서 칠을 한 장인(칠장)은 실록에는 나오지 않으나 『빈전도감의궤』에 의하면 고계한(高季漢), 임논선(林論善), 이인로(李仁老), 김산이(金山伊)였다.[78]

---

78 『경종빈전도감의궤』, 규13567, 1725, 별공작 공장질.

1776년 영조가 승하한 후 그의 시신을 담은 재궁에 대한 가칠은 정조가 맡아 하였다. 가칠한 날짜는 1776년 3월 10일부터 5월 10일까지 60일간 총 25차례였다. 3월 10일부터 3월 28일까지 한 차례는 은정을 박은 후에 덧칠하였고, 3월 30일부터 4월 21일까지 열 차례는 칠포를 덮은 후에 덧칠하였으며, 4월 27일부터 5월 10일까지는 전체를 다섯 차례 덧칠하였다. 이렇게 옻칠을 가칠할 때에는 빈전도감의 총호사, 제조, 낭청과 장생전의 도제조 등이 최복을 입고 장인을 통솔하였다. 가칠이 진행될 때 총호사 등은 빈전 계단 아래서 부복하였다가 끝나면 곡하면서 나왔다. 5월 6일 명정에 정조가 친서하였고, 5월 15일에는 재궁에 상하를 표시하기 위해 '상(上)' 자를 썼고, 5월 19일에 재궁을 끈으로 묶었다. 당시 국장도감 이방에서 칠을 한 장인으로는 김용수(金龍秀), 이해빈(李海彬)이 훈련도감에서 징발되었고, 남수성(南壽星)과 정흥복(鄭興卜)은 사장으로서 동원된 경우였다.[79]

1800년 정조, 1834년 순조, 1849년 헌종, 1863년 철종의 재궁에 가칠하는 것은 모두 1776년 영조 때 재궁에 가칠한 것을 전례로 삼아 시행되었다. 가칠할 길일을 잡은 이후 격일로 은정에 10회 덧칠을 하였고, 다시 격일로 재궁에 칠포를 바른 후 10회를 덧칠하였다. 그런 다음 3일마다 전체에 가칠 5회를 더 해 완성하였다.

---

79 『영조국장도감의궤』, 규13581, 1776, 이방 공장질.

연도	대상	시작일	마지막 날	날짜	가칠 횟수		비고
					내재궁	외재궁	
1659	효종	5월 12일	8월 1일	99일	32회	70회	재궁 바깥 3회, 안쪽 4회
1674	현종	8월 24일	10월 3일	40일	34회	40회	격일
1720	숙종	6월 12일	8월 30일	99일	24회	60회	2~3일, 10회 이후에는 전체 3회
1724	경종	9월 1일	11월 7일	99일	32회	50회	격일
1776	영조	3월 10일	5월 10일	60일	25회	40회	은정 10회, 칠포 10회, 전체 5회[80]
1800	정조	7월 1일	8월 28일	60일	25회	40회	은정 10회, 칠포 10회, 전체 5회[81]
1834	순조	10월 1일	12월 24일	60일	25회	40회	은정 10회, 칠포 10회, 전체 5회[82]
1849	헌종	6월 11일	7월 12일	60일	25회	40회	은정 10회, 칠포 10회, 전체 5회[83]
1863	철종	12월 13일	1월 12일	60일	25회	40회	은정 10회, 칠포 10회, 전체 5회[84]

1863년 철종의 사후 12월 11일 대렴이 끝난 시신을 빈전인 창덕궁
환경전으로 모셔 와, 13일부터 재궁의 은정, 27일부터 칠포 위에 가칠
을 했다. 찬궁 안 재궁 위에는 먼지를 막기 위해 소금저를 씌웠다. 소금
저는 두꺼운 기름종이를 사용하여 아랫부분이 터진 상자 모양으로 만
들었다. 그러나 겨울철이라 날씨가 추워 칠이 잘 마르지 않자 소금저

80 『영조국장도감의궤』, 규13581, 1776, 이방 공장질.

81 『정조빈전혼전도감의궤』, 빈전도감 1방, 1800, 규13637.

82 『순조빈전혼전도감의궤』, 빈전도감 1방, 1834, 규13672. 순조 34년 갑오(1834) 11월
17일(무인).

83 『헌종빈전혼전도감의궤』, 빈전도감 1방, 1849, 규13788.

84 『철종빈전혼전도감의궤』, 빈전도감 1방, 1863, 규13847.

위에 다시 두툼한 홍전(紅氈) 두 개를 만들어 위아래에 각각 하나씩 씌웠다. 재궁을 묶을 때에는 '등(凳)'이라는 발 받침대를 모두 3개를 만들어 사용하였다. 등은 시신을 염할 때 쓰고, 다른 하나는 재궁을 묶을 때 사용하였으며, 나머지 하나는 윤상(輪床)을 잇는 데 사용하였다.

이처럼 내재궁은 빈전 안에서 국왕이 친림한 가운데 가칠하였으나 외재궁은 장생전에서 재상이 참여하여 실시하였다. 외재궁 또한 내재궁과 마찬가지로 격일로 가칠하되 횟수는 시대에 따라 달랐다. 1659년 효종의 외재궁 가칠은 애초에 40번 가칠하고자 했으나 내재궁의 치수가 작아 부판을 대고 다시 짜야 했다. 이 때문에 즉위 이후 백 번의 칠을 하고 다시 매년 칠하던 것이 생략되었다고 여겨 그 위에 30번을 덧칠하여, 총 70번의 가칠을 하였다.

재궁의 나비장 은정과 전체에 옻칠을 덧칠하여 돌처럼 단단하게 만든 것을 '벽'이라고 불렀다. 국왕의 시신을 모시기 전에 벽의 안쪽 사방에는 홍색 비단(紅綾)을 붙이고, 네 모퉁이는 녹색 비단(綠綾)을 붙였다. 이렇게 재궁에 홍색 비단을 바르고 녹색 비단으로 장식하는 것은, 가구의 내부나 건물 내부에 도배하는 것과 마찬가지이다. 국왕의 시신을 모신 재궁임에도 불구하고 국왕 생전의 궁궐 전각처럼 내부를 도배해 꾸민 것이다.

재궁의 바닥에는 출미(秫米)를 태운 재(秫灰)를 4치 내지 5치의 두께로 깔았다. 그리고 숙종 46년에는 출회의 두께를 1치 1푼 더 늘려 깔았다. 재를 깐 위에는 칠성판을 올려놓은 다음 소두(小豆) 곧 붉은팥을 오색낭(五色囊)에 담아 재궁의 네 모서리에 넣어두었다. 사특한 기운을 물리치고자 하는 뜻이었다.

그렇다면 영조 이후 재궁의 가칠이 중요해진 이유는 무엇일까? 대행왕의 시신이 들어 있는 재궁은 도대체 어떤 상징을 갖는 걸까? 이것은 재궁에 가칠하는 시간과 그 공간과 연관되어 정치적 의미를 갖는다. 국상이 치러지는 5개월은 대행왕이 죽어 시신이 되었지만 그 영혼과 아직은 완전히 떨어지지는

소금저　　출처:『국조상례보편』

않아 혼백이 같은 빈전의 공간에 머물러 있는 과도기적 기간이며, 대행왕의 시신이 영혼과 완전히 떨어져 영원히 묻힐 왕릉을 조성하는 기간이기도 했다.

게다가 이 기간은 대행왕에서 사왕(嗣王)으로 왕권이 완전히 이행되기 전 과도기였다고 볼 수 있다. 비록 사왕이 국왕의 죽음으로 인해 왕위는 계승하였지만 아직도 사왕의 정치력이나 권위는 아직 확보되지 않은 상태였다. 이때 사왕은 대행왕의 시신과 함께함으로써 그의 권위에 힘입어 국사를 처리할 수 있게 되었던 것이다. 때문에 대행왕의 시신을 넣은 내재궁은 비록 목재로 만든 물품임에도 불구하고 대행왕이 그곳에 모셔져 있기에 바로 대행왕 자신을 상징했다고 보는 것이다. 사왕은 대행왕의 재궁에 덧칠하는 기간 동안 왕릉을 짓는 일부터 국가의 중대한 일을 대행왕과 함께 결정한 것이다.

빈전에서 5개월여 기간 동안 국왕은 덧칠하는 현장에 친림하여 총호사를 비롯한 여러 신하들과 국사를 논하였다. 선왕의 장례를 치르기 전 시신을 앞에 둔 빈전 내 찬궁에서의 기간은 사왕이 왕위 계승의 정당성을 인정받는 기간이면서, 아직은 미흡한 사왕 자신의 권위에 도전

하는 정적을 제거할 뿐 아니라 중요한 국사를 처리하여 정치력을 강화하고 국왕으로서의 자신감을 키우는 중요한 시기였던 것이다. 예컨대 영조는 발인 전에 자신의 왕위 계승에 최대 장애였던 이들을 숙청하기 시작하였는데, 이러한 모든 일이 빈전에서 결정되었다. 빈전에서 재궁에 덧칠하는 일이 끝난 다음, 이미 유배하였던 김일경을 12월 4일부터 국문하고, 12월 8일에 목호룡까지 잡아들여 친국하였다. 당시 영조는 상복을 입었을 때는 친국하지 않는 관행을 무시하고 최복을 입은 채 친국하였고, 김일경과 목호룡에게 참형(斬刑)을 내렸다. 영조 스스로 인산(因山) 전에 그들의 음흉한 정절(情節)을 캐내어 대행왕인 경종의 시신이 모셔진 빈전에서 이러한 내용을 고한다는 명분을 밝힌 것이다.[85] 이렇게 자신의 왕권을 공고히 한 영조는 정적을 처단한 이후 빈전에서 경종의 시신을 발인하여 왕릉에 안장하였다.

이것은 정조 또한 마찬가지였다. 1776년 영조의 발인을 20여 일가량 앞둔 7월 5일 자신의 즉위를 방해하였던 홍봉한 등을 사사하라고 명령하고 옥사를 마무리지었다. 새로 국왕으로 즉위한 이후 왕권이 미약한 초기 정국에서 사왕이 주도권을 확보하는 데에는 대행왕의 시신이 든든한 후원자였다고 할 수 있다.[86]

---

85 『영조실록』권2, 영조 즉위년(1724) 12월 8일(정축).
86 『정조실록』권1, 정조 즉위년(1776) 7월 5일(갑술).

인산(因山), 백성들로 인해(人海)를 이루다

국왕의 장례 절차는 그의 시신을 영원히 모실 산으로 가는 인산(因山)에 있다고 볼 수 있다. 국장 절차 가운데 대행왕의 시신을 왕릉에 안치하기 위해 이동하는 의식인 발인(發靷)은 망자의 입장에서 보면 생의 공간을 떠나는 마지막 순간이고, 산 자들의 마지막 배웅을 받는 의식이었다. 이때 산자는 망자에 대해 극대화된 상징적 의식으로 애통한 마음을 표현하고 마치 살아 있는 사람을 멀리 떠나보내는 것과 같은 의식을 순차적으로 진행했다.

인산일(因山日)은 승하한 지 5개월 만에 국왕의 국장이 거행되는 날이다. 국왕이 승하한 다음 대행왕의 시신은 빈전 내 재궁에 모셔져 있고, 혼은 영침 평상 위에 속백으로 모셔져 있어 대행왕의 혼과 백은 아직 완전하게 분리되지 않은 상태이다. 궁궐 내 빈전을 떠난 재궁을 대여(大輿)에 싣고 그가 생전에 살았던 궁궐을 벗어나 왕릉에 안장되는 순간 완전히 혼과 백이 분리되는 것이다.[87]

---

87 안희재, 「조선시대 국상의례 연구」, 국민대 박사학의 논문, 2009, 78쪽.

시신을 모신 대여를 끌고 가는 행사를 발인이라고도 한다. 발인 의식은 시간의 흐름에 따라 조조의(朝祖儀), 견전의(遣奠儀), 발인의(發引儀), 노제(路祭), 천전의(遷奠儀) 등의 순서로 진행되었다. 궁궐에 있던 빈전에서 도성을 지나 왕릉이 위치한 산까지 이동하는 발인 행렬은 길 위에서 이뤄져 국왕의 국장은 백성들과 시각적으로 공유되었다.

이 글에서는 발인에 해당되는 의례보다는 그 의례를 위해 그려지는 발인반차(發靷班次)에 구성되는 물적인 요소, 대여와 견여, 방상씨(方相氏), 죽안마와 죽산마, 각종 깃발과 의물의 종별을 통해 그것들의 상징성을 찾아보고자 한다.

1. 발인(發靷), 반차도(班次圖)를 그리다

『예기』「증자문」에서 '인(靷)'이란 영구(靈柩)가 길을 떠나 하관하는 것까지를 가리키며, 『주자가례』의 발인은 영구를 모시고 가는 행위를 일컬었다. 『국조오례의』의 발인 의례는 빈전에서 재궁을 순(輔)에 싣는 순간부터 왕릉에 도착하여 재궁을 영장전에 보관하는 의식 일체를 말한다.[88] 이러한 모든 절차는 대행왕의 혼과 백이 함께 이동하는 과정인 것이다.

인산을 위해 재궁을 빈전에서 궁궐 밖 대여에 옮길 때까지 크고 작은 마차와 수레 및 상여 등 여러 운반 용구가 사용되었다. 재궁을 순에 올리면 영좌 위에 있던 혼백도 함께 이동하는 것이다. 백을 안치한 재궁은 길의 상태와 공간의 대소에 따라 순과 대여를 옮겨 타고 혼백은 요여(腰輿)와 거를 옮겨 타며 산릉을 향해 이동한다. 산릉에 도착할 때까지는 혼이 인도하고 백이 뒤따르는 형식으로 혼과 백은 함께 있고 아직 분리되지 않은 상태이다.

88 『국조오례의』, 흉례, 발인의(發靷儀).

이러한 발인을 극대화하기 위한 요소는 무엇일까? 생시의 국왕이 궁궐을 출입할 때에는 주변을 경계하여 동정을 살피고 존엄을 갖추어야 한다는 인식 아래 의장을 갖추었다. 이렇게 생시의 국왕 행차를 노부(鹵簿)라 하는데,[89] 이것은 죽은 시신을 왕릉에 모실 때에도 마찬가지였다.

1) 노부(鹵簿)의 개념

노부란 천자의 경호에 사용되는 커다란 방패(大盾)을 의미하는 '노(鹵)'와 행렬의 순서를 기록한 장부라는 의미의 '부(簿)'가 결합된 말이다.[90] 한나라에서는 천자가 행차할 때 백관의 마차와 수레가 차례로 가마를 따르는 것을 노부라고 하거나, 백관의 마차와 수레는 '노', 갑옷과 방패로 무장한 병력이 행렬 밖에 늘어서 호위하는 것을 '부'라고 구분하기도 하였다. 이렇게 천자가 거동할 때 도로에는 노부와 고취를 배치하였고 여러 신하가 의물을 갖추고 그 뒤를 따름으로써 위의를 갖추는 것은 곧 천자의 존재와 위엄을 널리 알리고자 함이었다.

노부와 의장은 비슷한 의미로 통용되나, 『조선왕조실록』을 비롯한 조선 시대 기록에서는 노부와 의장이 구분되어 사용되었다. 노부가 국왕의 권위를 드러내는 행렬의 큰 개념이라면, 의장은 그 노부를 구성하는 세부 요소에 해당되었다. 이러한 노부는 봉건사회의 위계질서를 드

---

89 김지영, 「조선후기 국왕행차에 관한 연구」, 서울대 박사학위 논문, 2005, 20쪽.

90 백영자, 『조선시대의 어가행렬』, 한국방송통신대학교 출판부, 1994, 2쪽.

러내는 표현 수단으로 제도화되어, 의례나 행차 때 주인의 존재를 부각시키는 역할을 했다.[91]

중국의 고대 노부 제도는 당 현종 대에 편찬된 『대당개원례(大唐開元禮)』에 완비된 모습으로 정리되었다. 이후 북송대에 노부 규정이 정비되면서 각종 시각 자료까지 제작되었다. 이들 문물이 고려에 수용되어 고려와 조선에 영향을 미치게 되어 조선 전기 『세종실록 오례』와 『국조오례의 서례』를 편찬하는 데 다양하게 활용되었다.[92]

조선의 노부 제도는 세종 대에 정리된 모습으로 체계화되었고, 『국조오례의 서례』에는 국왕이 거둥할 때 사용하는 의장을 사용 목적에 따라 규모를 달리하여 대가(大駕), 법가(法駕), 소가(小駕)로 차등하여 규정하였다. 대가 노부는 165개의 의장의물을 사용하여 사직이나 종묘 등에 제사를 드리는 경우의 가장 규모가 큰 의장이다. 법가 노부는 왕이 문소전이나 선농, 문선왕에 제사 지낼 때와 문무과전시(文武科殿試)에서 활쏘기를 할 때 사용하였으며, 총 110자루이다. 소가 노부는 능행을 하거나 사대문 밖으로 거둥(門外行幸)할 때의 의장으로 총 56자루이다.

이와 관련하여 노부에 대한 시각 자료는 세 가지 형식으로 정리할 수 있다. 첫째, 배반도(排班圖) 형식은 의식을 거행할 때 각 반열의 위치를 글자로 표시한 것이다. 중국 북송의 자도(字圖)와 같은 유형이며, 보통 도식(圖式)이라고 일컫는 것이다. 국왕의 어좌와 연여(輦輿)를 비롯

---

91 김지영, 「조선후기 국왕 행차에 대한 연구」, 서울대 박사학위 논문, 2005, 346쪽

92 제송희, 「조선시대 의례 반차도 연구」, 한국학중앙연구원 박사학위논문, 2013. 6, 12~17쪽.

하여 백관의 자리와 의장 166자루 및 기복의 내용을 글로 써서 부기하였다. 둘째, 의장기와 연여의 모양과 제작 방법을 그림과 글로 해설하여 제시한 도설(圖說) 형식이다. 이것은 북송대의 『삼례도집주(三禮圖集注)』에서 보이는 도기(圖記) 형식과 마찬가지이다. 『세종실록 오례』에는 노부 다음에 의장기와 의장물 63건, 왕의 연여 3종, 왕비 연여 2종, 왕세자연 1종이 수록되어 있다.[93] 『국조오례의 서례』에서는 '노부도설'이라 하여 독립하였으며 보다 완비된 체계를 갖추었다.[94] 셋째, 왕의 거둥 행렬을 감상용의 행행도로 제작한 경우이다. 조선 전기에는 이것이 계회도(契會圖) 형식으로 그려지나 이러한 행렬도가 거의 보이지 않다가 조선 후기에는 널리 그려지게 되었다.

이처럼 노부는 군사와 함께 '진열한다' 혹은 '인도한다'는 의미가 있다. 발인 노부의 경우 국왕이 죽어 시신이라 할지라도 아직 영혼과 체백이 분리되지 않은 상태여서 생시와 마찬가지로 장엄하게 펼쳐지도록 했다. 발인반차(發引班次)에 포함되는 노부는 의장물의 수량과 규모가 가장 큰 대가 노부이다. 종묘와 사직의 제례와 마찬가지로 중요하게 인식하였던 것이다.

2) 국왕의 〈발인반차도〉

조선 초기에 태종은 태조와 정종 및 원경왕후의 국상을 치른 경험을 토

---

93 『세종실록 오례』, 가례 서례, 노부.
94 『국조오례의 서례』 권2, 가례, 노부도설.

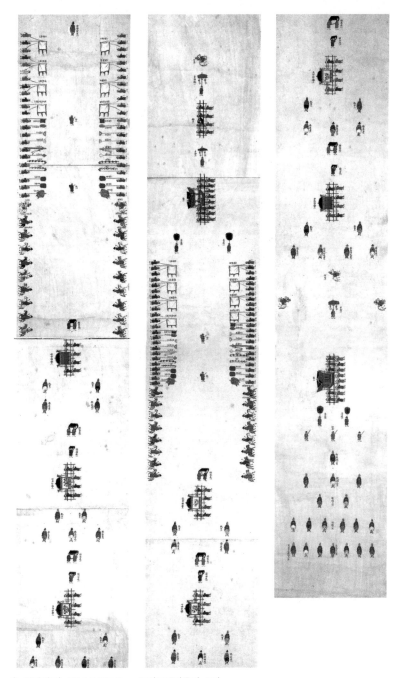

〈노부반차도〉, 39.0×620.0cm, 국립고궁박물관 소장

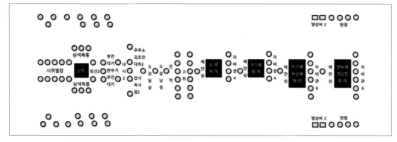

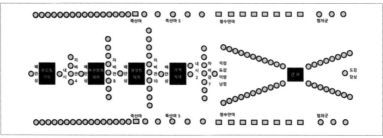

〈발인반차도〉 개념도

　　　　　4장 인산, 백성들로 인해를 이루다

대로 국왕의 국상에 대가 노부를 동원하여 국상의 위엄을 확립하고자 하였다. 조선 왕실에서는 국왕의 생시에 왕권의 위엄을 보이고자 거둥하거나 신하들의 조하를 받을 때에 노부를 배설하여 군주의 존엄함을 드러내었던 것처럼, 국왕의 국장 시에 국왕의 시신에 대한 발인을 통해 돌아가신 왕의 존엄함을 드러내기 위한 절차를 마련하였다. 가장 대표적인 사례가 바로 세종이 태종의 국장을 치르면서 발인 행렬의 반차를 의주(儀註)로 마련한 것이다. 태종의 승하 이전에 있었던 정종의 국장때에는 발인배반(發靷排班)이라는 내용으로 정리되었는데, 길흉 의장을 배설하고 혼백거(魂帛車)와 유거(柳車)에 재궁을 태우고 산릉으로 향하는 발인 행렬의 구성이 『세종실록 오례』에 수록되어 있다. 이렇게 세종이 확립한 내용을 토대로 문종 및 예종의 국장 때에도 〈발인반차도〉를 예람하였다.

흉례에 관한 의식 절차와 의장 제도, 시위군에 대한 의전 등은 『세종실록 오례』 '발인반차'에 수록하였고, 이후 『국조오례의』에서 정비되었다.[95]

대가 노부는 국왕이 타는 가마〔御輦〕를 호위하는 군사와 배종 관원이 따른다. 이것을 통칭하여 어가 행렬이라 한다. 행렬은 크게 도가대, 의장대, 어가대, 후행대의 네 부분으로 분류된다. 발인반차에서도 마찬가지이다. 발인의 목적이라 할 수 있는 승하한 국왕의 영혼이 담긴 신백연(神帛輦)과 체백이 담긴 대여를 중심으로 하는데, 대가 노부와 기본구성은 같다. 좀 더 세분하면 첫째 도가, 둘째 선상시위군인 좌상군사

---

95 『국조오례의 서례』 권7, 흉례, 발인반차(發引班次).

와 사대, 셋째 길의장(吉儀仗)을 앞세운 혼백거 행렬, 넷째 흉의장(凶儀仗)을 앞세운 대여 행렬, 다섯째 국왕의 호종 행렬, 여섯째 후상 시위군 행렬이다. 살아 있는 국왕의 거둥이 아니어서 가마의 앞뒤에는 시위군이 배치되지 않고 혼백거 행렬과 대여 행렬로 구성되는 것이다.

행렬의 의장의물은 모두 대행왕이 평상시에 쓰던 최고 등급의 대가 노부의 의장을 배설한 것이어서, 사자의 체백이 아직 혼과 분리되기 이전에 예우를 극진하게 하는 것을 의미한다. 혼을 모시는 이들은 상복을 입고 있으며, 그들이 들고 간 길의장에서 망자의 지위를 상징하던 책보는 재궁을 현궁에 내린 뒤 다시 망자의 혼령을 담은 신주와 함께 되돌아서 궁궐의 혼전에 모셔졌다.

빈전에서 산릉으로 향하는 대여(大轝) 행렬을 그린 〈발인반차도〉가 제작된 이유는 무엇일까? 그것은 조선 왕실 의례 중 가장 많은 인원이 동원되는 데다가 선왕의 국장을 치르면서 왕권의 교체가 이뤄졌기 때문에 흉례 절차를 정밀하게 정비한 결과라고 생각된다.[96]

이것을 조선 후기 국왕의 〈발인반차도〉가 그려진 의궤 10종을 통해 살펴보자.

10종의 〈발인반차도〉를 보면 1800년 정조의 국장 때부터 『국장도감의궤』의 책 수도 4책으로 늘고, 장수도 700장으로 불어나며 반차도의 면수도 40장으로 대폭 늘어난 것이 확인된다. 특히 〈발인반차도〉가 늘어난 이유는 대여 앞의 부장품 가마의 수가 달라져 행렬의 규모에 차이가 났던 데 있다.

---

96 이범직, 『조선시대 예학 연구』, 국학자료원, 2004, 71쪽.

조선 후기 국왕의 〈발인반차도〉가 실려 있는 조선 왕실 의궤 10종

의궤명	승하 연도	즉위 국왕	책 수(장수)	반차도 면수
『인조국장도감의궤』	1649	효종	1책(320장)	30면
『효종국장도감의궤』	1659	현종	2책(471장)	26면
『현종국장도감의궤』	1674	숙종	2책(467장)	24면
『숙종국장도감의궤』	1720	경종	2책(459장)	32면
『경종국장도감의궤』	1724	영조	2책(652장)	32면
『영조국장도감의궤』	1776	정조	2책(623장)	32면
『정조국장도감의궤』	1800	순조	4책(743장)	40면
『순조국장도감의궤』	1834	헌종	4책(708장)	64면
『헌종국장도감의궤』	1849	철종	4책(677장)	70면
『철종국장도감의궤』	1863	고종	4책(682장)	72면

1720년 숙종의 발인 시에는 사기궤(沙器櫃), 목노비궤(木奴婢櫃), 악기궤(樂器櫃), 유의칭가자(遺衣稱架子), 목기궤(木器櫃), 복완(服玩), 증옥증백(贈玉贈帛)을 실은 7개의 가마〔彩擧〕가 섰다. 이후 1776년 영조 발인 시에는 소궤(筲櫃), 사기궤, 악기궤, 변두궤(籩豆櫃), 궤장가자(几杖架子), 유의칭가자, 복완함표신궤(服玩函標信櫃), 증옥증백을 담은 7개의 가마가 섰다. 당시 영조는 사치를 줄이고 비용 절감을 위해 이전의 반차도에서 흔히 보이던 망촉(望燭)이나 송명거(松明炬)와 같이 불을 밝히는 것들이 그려지지 않았다. 그와 더불어 목노비가 사라지는 등 부장품의 종류와 규모 및 내용에서 시대에 따른 변화가 엿보인다. 이후 19세기 1834년 순조의 〈발인반차도〉에서는 18세기의 것에 어제궤(御製櫃)를 실은 가마〔彩輿〕가 하나 더해져 8개의 가마를 세웠다.

이러한 반차도의 내용은 결국 5개월에 걸친 국왕의 국상을 마치면

『철종국장도감의궤』의 대여(大轝) 부분, 1863년, 장서각 한국학중앙연구원 소장

서 궁궐에서 왕릉까지 국왕의 시신을 담은 대여가 이동하며 대행왕이
국왕으로서 백성과 마지막으로 만나는 것이어서 가장 장엄한 행렬을

구성한다. 이것을 한 치의 실수 없이 거행하기 위해 누가 어느 위치에 무엇을 가지고 어떻게 서는지에 대한 것을 그려 넣은 것이라고 할 수 있다.

〈발인반차도〉에서는 빈전에 모셔져 있던 혼백함과 재궁을 혼백거와 대여에 봉안하여 산릉에 이르는 행렬을 그렸는데, 무엇보다도 국왕의 혼백을 위호하기 위해 길의장과 흉의장을 배설하였기 때문에 그 행렬이 매우 길다. 길의장 행렬은 산릉에서 재궁을 묻고 입우전(入虞典)을 치른 다음 우주와 함께 혼전으로 모셔 오는 시책(諡冊)이나 시보(諡寶) 류로 구성되며, 흉의장 행렬은 재궁과 함께 부장하거나 의식 후 불태우는 물품들로 이뤄져 있다.

1724년 경종의 국장 때 영조는 발인 행렬을 따라 산릉까지 친림하였다. 이 일을 계기로 영조는 『국조오례의』의 '노부' 규정이 현실적이지 못함을 깨닫고, 법가 의장과 대가 의장 및 소가 의장을 『국조속오례의』의 '노부'에 명문화시켰다.[97] 영조는 발인반차 중 행렬의 외곽을 밝히던 송명거와 망촉을 없애고 대여의 구조를 바꾸거나 명기(明器)의 수를 줄이는 등 비용을 절감하기 위한 방책을 강구하였다. 일반적으로 발인 행차는 주로 자시(0시경)부터 축시(2시경) 사이에 발인하므로 어두운 밤에 행렬이 시작되어 1,000명의 인원을 동원하는 데 어려움이 있었다. 이에 영조가 백성들의 민폐를 줄이고 의례를 간소화하려는 의지로 불을 밝히던 망촉과 송명거 및 명기의 수를 줄여 『국조상례보편』에 수록하였다. 특히 대행왕의 체백을 모시고 가는 대여는 지나치게 무거워 매우

---

97 제송희, 「18세기 행렬반차도 연구」, 『미술사학연구』 273호, 2012. 3, 108쪽.

위험하였다. 대여의 무게를 줄이기 위해 장강(長杠, 멜대)의 구조를 바꾸고, 대여 위의 유함도 목함으로 바꾸었다. 발인에 사용되는 각종 의장 의물의 수를 대폭 줄이고 사용하던 것을 수리하여 쓰도록 하였다. 교명(敎命)과 옥책(玉册)을 하나의 요여에 싣게 하거나 목노비는 순장의 폐단으로 여겨 삭제하여 절용과 실용을 실천한 것이다.

이러한 변화 양상을 토대로 1800년 정조 국장 시 〈발인반차도〉를 분석해보면, 대체로 총 26개의 요소로 구성되어 있다.

구성요소	1	2	3	4	5	6	7	8	9	10	11	12	13	14	15	16	17	18	19	20	21	22	23	24	25	26
	도가	선상	길의장	책봉시책보	존숭시책보	시책보	신여	향정자	전부고취	신연	후부고취	흉의장	만장	부장품채여	애책채여	견여	향정자	화철등롱	대여·삽	만장	시위관원	도감관원	곡궁인	금군	동서반	후상근비

먼저 도가와 선상군이 위치하고, 국왕이 평상시에 사용하던 의장이 길의장으로서 그다음에 위치한다. 이렇게 길의장이 앞장서는 이유는 대행왕의 혼을 모신 신연(神輦)이 위치하기 때문이며, 신연 앞에는 책봉 시, 존숭 시, 승하 시에 받은 여러 책보를 실은 요여나 채여 등이 서게 된다. 정조의 경우에는 후부고취(後部鼓吹)가 없었다.

신연의 뒤로는 산릉에 부장할 각종 의물을 실은 채여가 늘어서고 그 좌우로 흉의장과 만장이 늘어선다. 흉의장을 앞세운 대여 행렬에서 흉의장의 선두에는 방상씨거 4채, 대나무로 만든 죽산마(竹散馬) 2필과 죽안마(竹鞍馬) 2필, 청색과 자색으로 수놓아 장식한 안장마 10필씩을 좌우에 세웠다. 현궁에 국왕의 시신과 함께 넣을 각종 부장용 명기 궤짝

(소궤, 사기궤, 목노비궤, 악기궤, 목기궤)을 담은 요여, 애책요여(哀冊腰輿), 복완요여가 배치되었다.

다음으로 재궁을 받들어 대여에 올릴 때 사용하는 견여(肩輿, 輴), 흰 거위털로 행렬을 인도하는 우보(羽葆), 붉은 비단에 '대행왕 재궁'이라 고 쓴 명정(銘旌), 그리고 재궁을 모신 대여가 나아갔다. 대여 좌우에는 보삽(黼翣)과 불삽(黻翣) 및 화삽(畵翣) 각 2개씩 세워 주위를 가렸다. 이 어 만장 48개가 좌우에 섰다.

이러한 발인 행렬이 산릉에 이르면 영악전(靈幄殿)에 재궁을 모시고 빈전에서와 마찬가지로 영좌와 영침 등을 배설하고, 그 위에 혼백함을 비롯하여 고명과 시책과 시보 및 애책 등을 진설하였다. 길의장과 흉의 장과 명기 및 복완요여는 영악전 문밖 좌우에 늘어세웠다. 이어 천전 의식을 행한 후 길의장과 혼백거는 길유궁(吉帷宮)으로 모시고, 흉의장 과 대여는 능 위 현궁 문밖 악장을 향하여 갔다. 혼령과 체백이 분리되 는 순간이다. 악장에 이르면 재궁은 대관에 안치되고, 방상씨가 퇴광으 로 가서 창으로 네 모퉁이를 쳐서 악귀를 몰아내고 죽산마와 죽안마 등 흉의장과 애책, 명기 및 복완 등은 현궁 문밖에 차례로 늘어세웠다. 악 장에서 대관을 봉한 후 관의를 덮고 그 위에 다시 명정을 놓은 다음 대 관은 현궁 내 탑 위에 안치하였다. 이어 애책과 증옥과 증백함을 재궁 서쪽에 차례대로 올린 다음 보삽과 불삽 및 화삽을 양옆에 세웠다. 명 기와 복완은 그 앞 적당한 위치에 놓고 현궁의 문을 닫았다. 지석은 능 남쪽 석상의 북쪽에 묻었다.

발인 시 의장은 조선 전기와 마찬가지로 두 부분으로 나뉜다. 전반 부는 길의장으로서 대행왕의 영혼을 모시는 부분에 해당된다. 여기에는 고명요여, 시책요여, 시보요여로 시작하여 국왕을 상징하는 수정장(水晶杖)과 금월부(金鉞斧), 홍양산(紅陽繖)이 뒤따른다. 혼백요여(魂帛腰輿)와 혼백거 뒤에는 청선(靑扇), 현무기(玄武旗)와 후전대기(後殿大旗) 등이 뒤따른다.

후반부는 흉의장으로서 대행왕의 체백을 실은 부분이다. 여기에 참여하는 이들은 모두 백의와 최복을 착용한다. 화철롱(火鐵籠) 40개가 좌우에 늘어서고, 부정한 기운을 몰아내는 벽사의 의미를 가진 방상씨 4명과 그가 타는 거가 좌우에 각 2대씩 있다. 그 뒤로 신하들이 국왕의 승하를 애도하는 글을 쓴 만장이 이어지는데 대여의 앞뒤로 각각 48축씩 나눠 선다. 죽산마와 죽안마가 좌우로 늘어서고 청수안마(靑繡鞍馬)와 자수안마(紫繡鞍馬)가 선다. 다음으로 명기요여(明器腰輿) 5대와 애책요여가 선다. 바로 이어 견여 혹은 순(輴)이라고 하여 대여보다 작은 상여가 선다. 이것들은 궁궐 안처럼 좁은 공간이나 성문을 통과할 때, 산릉의 유문을 들어가거나 현궁을 올라갈 때 포함된다.

견여의 뒤를 이어 명정, 향정자(香亭子), 우보를 앞세운 대여가 배치된다. 행차 중 가장 많은 인력이 동원되고, 대여 바로 옆에는 보삽, 불삽, 화삽을 배치하여 재궁이 이동할 때 부정한 기운을 가린다. 이것들은 재궁과 함께 현궁에 그대로 부장된다. 삽의 밖으로 요령을 든 시마(緦麻) 16인이 좌우로 늘어선다. 대여 뒤로 궁인 20여 명이 곡을 하며 따라가고 수릉관, 국장도감, 빈전도감의 관원들이 그 뒤를 쫓는다.

이처럼 발인반차에서 의식이 끝나면 대여와 견여, 죽산마와 죽안마 등 흉의장은 대행왕의 시신을 모신 것들이어서 사자를 현궁에 안치한 이후 그와 함께 그를 기억하며 그곳에 영원히 머물라는 의미로 모두 불태웠다.

2. 길의장, 생시처럼 장엄하다

발인이 시작되면 국왕의 혼령이 앞장서고 국왕의 체백이 그 뒤를 따르는 형국으로 행렬이 구성된다.

국왕의 상징물로서 명으로부터 받은 고명을 비롯하여 묘호가 새겨진 시책과 시보 및 애책을 각각 요여에 안치하고, 향로와 향합을 향정자에 놓고, 혼백함을 요여에 안치하고 그 뒤에 우주궤(虞主匱)를 놓는 것이다. 국왕의 시신을 실은 재궁은 순에 올리고 소금저를 덮은 뒤 충의위(忠義衛)가 삽으로 가려 궁궐의 외문에 도달한다. 외문에 마련된 혼백거(후기에는 신연)에 혼백함을 놓고, 재궁을 순에서 대여로 옮긴다. 이때 윤여(輪舉)를 이용하여 옮긴다. 신연 앞에는 길의장을 나열하고 대여 앞에는 흉의장을 나열한다. 빈전에서 재궁을 대여에 옮겨 싣고 떠나기 직전에 조전의를 행한다. 그리고 먼 길을 떠나기 전에 도로의 신으로 여겨지는 중국 황제의 아들 누조(累祖)에게 제사를 올려 무사하기를 기원하였다. 또 영좌에 애책을 올리는 견전의를 행하고 발인한다.

1) 왕의 상징물을 모신 가마

왕의 상징물을 담은 각종 가마는 조선 전기와 조선 후기가 달랐다. 예 컨대 대행왕의 혼백을 실은 혼백거의 경우를 살펴볼 수 있다. 조선 전 기『국조오례의 서례』에 따르면 아청색 저사로 지붕을 씌우고 홍색과 녹색 및 흑색의 저사로 염의(簾衣, 주렴)와 낙영(落纓, 술)을 드리운 수레 를 사용하였다. 이러한 혼백거의 형태는 물건을 실어 나르는 수레와 다 름없는 형태여서 불경스럽게 여긴 데다가, 수레가 우리의 지형에는 맞 지 않아 실제 의식에서는 사용되지 않았다.

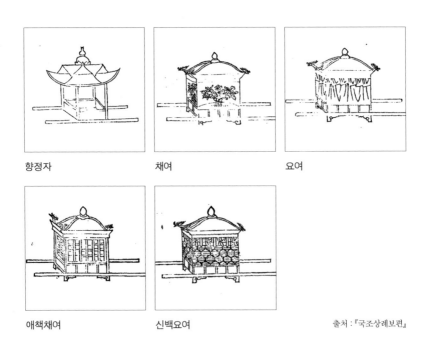

향정자 채여 요여

애책채여 신백요여 출처:『국조상례보편』

4장 인산, 백성들로 인해를 이루다

조선 후기 〈발인반차도〉를 보면 국장 시 혼백거라는 명칭은 보이지 않는다. 혼백거 대신 신연이나 신백요여로 바뀌었다. 국왕의 상징물을 실은 가마 또한 요여에서 채여로 바뀌었다. 영조는 1721년 왕세제 책례 때에 교명이나 죽책(竹冊) 및 옥인(玉印)을 실은 요여와 생전에 다섯 번의 존호를 받은 책보를 요여 5부에 실었다. 원래 이러한 연여를 제작하는 것은 국장도감 일방(一房)이었다. 이전까지는 도감에서 국장을 위해 따로 가마를 만들었는데, 조선 후기가 되면 이것을 만들지 않고 왕이 평상시에 타던 채여를 사복시에서 받아서 수보하여 썼다.[98] 따라서 조선 전기와 달리 후기에는 수레 대신 연이라는 용어를 사용하였고, 길의장의 경우 국왕이나 왕비가 생시에 타고 다니던 것을 국장에 사용하였음을 알 수 있다.

길의장 행렬에서 의물을 봉안하는 가마가 늘어났다. 숙종 국장을 예로 들면 숙종의 책봉 당시 죽책과 교명 및 옥인이 있었는데, 1713년 즉위 40주년을 기념하여 존숭할 때 올린 옥보와 옥책이 추가되면서 요여가 하나 더 늘어났다. 여기에 증옥과 증백함을 담은 채여도 따로 마련되었다. 기존에는 재궁에 안치한 뒤 영의정이 국왕 대신 올리던 증옥과 증백함을 복완채여에 함께 실었기 때문에 따로 채여를 두지는 않았다. 경제적인 폐단을 걱정하여 의물을 한꺼번에 담아 가마의 수를 줄이는 것은 구차하고 맞지 않는다고 보아 채여를 하나 더 마련한 것이다. 숙종을 발인할 때 의물의 성격에 따라 가마를 달리하여 국가 의례로서 예모를 갖추었던 것이다.

---

98 『인조국장도감의궤』 권1, 일방(一房).

2) 길의장의 종류와 수량

국상 시의 길의장은 국왕의 노부 의장 가운데 가장 큰 의장인 '대가 의
장'이다. 길의장이 서는 이유는 돌아가신 대행왕의 혼을 모신 혼백연 10
개, 곧 신연이 있기 때문이다. 신연의 위치는 평상시 국왕이 거동할 때
국왕의 연이 서는 위치와 같다. 신연의 앞에는 평교자, 부연, 세자로 책
봉될 때의 교명, 죽책, 옥인을 담은 요여 및 채여 4개, 시책요여, 시보요
여 6개, 혼백함을 실은 혼백요여 7개 등이 서게 된다. 따라서 생전에 존
호를 받은 일이 없는 국왕은 길의장이 선도하는 행렬의 길이가 그만큼
줄어들게 된다. 신연의 앞뒤로는 전부고취 9인과 후부고취 11인이 서
게 된다.[99]

조선 후기에는 도가대 750명, 길의장대는 발인반차에서만 사용되며
깃발과 의물, 악기와 장마 등으로 구성된다. 깃발은 20종 37개, 의물은
32종 115개, 장마 16필과 어마 2필, 취각인 6명, 금고악기 각 4개씩이다.
가장 외곽은 500명이 햇불을 들고, 의장 가까이에는 망촉을 500명이 든
다. 햇불과 망촉은 날이 밝으면 끄고 시위는 그대로 한다. 영조 때에는
52년간 네 번의 국장과 세 번의 예장을 치렀다. 영조는 이러한 경험을
토대로 1758년 『국조상례보편』을 편찬하여 국가 의례를 정비하는 한
편 과도한 사치와 낭비를 줄여 백성의 부담을 덜고 실용을 추구하고자
하였다. 가장 대표적인 것이 영조의 국장에서는 맨 바깥 행렬에서 의식

---

99 김지영, 「조선후기 의궤 반차도의 기초적 연구」, 『한국학보』, Vol. 31, No. 1, 2005,
90~91쪽.

행사 때 불을 밝히던 봉거군(捧炬軍) 500명과 망촉군(望燭軍) 500명을 없애 1,000명을 줄인 것이다.

길의장은 국장도감 이방(二房)에서 제작한다. 그중 정조의 국장 때 제작한 길의장은 5종류 30건 165점이다. 크게 분류하면 군권과 산선시위(繖扇侍衛), 의장기, 의장물, 기물의 5가지로 구분되었다. 군권에는 둑과 교룡기가 있다. 산선시위에는 소금월부(小金鉞斧) 1, 수정장(水精杖) 1, 홍양산(紅陽繖) 1, 청양산(靑陽繖) 2 홍개(紅蓋) 4, 청개(靑蓋) 2, 청선(靑扇) 2가 배치되었다. 의장기로는 주작기(朱雀旗) 2, 황룡기(黃龍旗) 1, 가구선인기(駕龜仙人旗) 2, 벽봉기(碧鳳旗) 2, 천하태평기(天下太平旗) 1, 군왕천세기(君王千歲旗) 1, 홍문대기(紅門大旗) 2, 청룡기(靑龍旗) 1, 백호기(白虎旗) 1, 현무기(玄武旗) 2, 정축기(丁丑旗) 1, 정미기(丁未旗) 1, 정묘기(丁卯旗) 1, 정사기(丁巳旗) 1, 정유기(丁酉旗) 1, 정해기(丁亥旗) 1, 백택기(白澤旗) 2, 백학기(白鶴旗) 1, 현학기(玄鶴旗) 1, 삼각기(三角旗) 2, 각단기(角端旗) 2, 용마기(龍馬旗) 2, 후전대기(後殿大旗) 2, 영자기(令字旗) 2, 고자기(鼓字旗) 1, 금자기(金字旗) 1이다. 의장물에는 봉선(鳳扇) 8, 작선(雀扇) 10, 용선(龍扇) 2,주작당(朱雀幢) 1, 청룡당(靑龍幢) 1, 백호당(白虎幢) 1, 현무당(玄武幢) 1, 금월부(金鉞斧) 4, 은월부(銀鉞斧) 4, 금장도(金粧刀) 2, 은장도(銀粧刀) 2, 금립과(金立瓜) 2, 은립과(銀立瓜) 4, 금횡과(金橫瓜) 2, 은횡과(銀橫瓜) 4, 금등자(金鐙子) 10, 금작자(金斫子) 4, 은작자(銀斫子) 4, 표골타(豹骨朵) 6, 웅골타(熊骨朵) 6, 가서봉(哥舒棒) 10, 한(罕) 1, 필(畢) 1, 모절(旄節) 4, 정(旌) 4, 금(金) 4, 고(鼓) 4이다. 기물은 주칠교의(朱漆交椅) 1, 주칠각답(朱漆脚踏) 1, 은교의(銀交椅) 2, 은각답(銀脚踏) 2, 은관자(銀灌子) 1, 은우자(銀盂子) 1, 마궤(馬机) 1이다. 총 165점의 길의장을 들기 위

해 239명의 원군과 89명의 여군 등 총 328명이 동원되었다.

대한제국 명성황후의 국장 때는 60종 260개로 조선 국왕의 국장 때 길의장보다 3배 이상 증가하였다.[100] 인산 때 사용한 산개류에도 조선 국왕의 산개는 청홍색을 주조색으로 봉선과 작선을 사용한 데 비하여, 대한제국 명성황후의 산개류는 황색으로 용봉을 그려 사용하였으므로 색상과 문양 및 표현 기법이 서로 달랐다. 의장물의 경우에도 국왕의 것보다 황후 때가 품종이나 수량이 많았다. 황후 때에 품종이 달라졌고, 기법 면에서는 왕후 때 금 또는 은으로 각각 2쌍씩 만들던 것을 황후 때에는 금으로 도금하여 3쌍씩을 만들었다.

---

100 장경희, 「高宗時代 哲仁王后와 明成皇后의 國葬儀物 比較研究」, 『미술사의 정립과 확산』, 사회평론, 2006.

3. 국왕의 상징인 책보와 함께하다

인산일에 발인할 때 각종 의장물 중 국왕을 상징하는 대표적인 의물은 책보이다. 대행왕의 혼을 모신 신연 앞에는 세자로 책봉될 때, 국왕으로서 존숭을 받을 때, 특히 승하하고 시호를 받을 때 받은 시책(諡冊)과 시보(諡寶)를 함께 실은 채여를 앞세웠다.

주지하다시피 국왕이 승하하면 왕위를 이은 사왕(嗣王)은 돌아가신 선왕에게 묘호, 능호와 함께 시호를 정하여 올렸다. 국장도감 삼방에서는 옥간으로 엮어 시호의 좋은 내용을 기록한 시호옥책[諡冊]과 금으로 만든 시호금보[諡寶]를 만들고, 이것들을 넣을 내함(內函)과 보록(寶盝) 등을 만들고, 이것들을 함궤에 넣고 싸는 봉과식(封裹式)을 하였다. 그리고 이것을 임금께 올리는 상시책보의(上諡冊寶儀)를 치렀다. 시호를 정하고 그것을 책보로 만들고 함궤에 넣고 싸서 올리는 의식은 그것의 역할과 의미의 중요성을 말해준다. 인산일에 발인할 때에는 이렇게 만든 시책과 시보를 채여에 싣고 왕릉까지 가게 되는 것이다.

1) 시호

조선 시대에 국왕을 부르는 호칭은 묘호, 능호, 전호 등 여러 가지가 있다. 그중 시호는 국왕 사후에 그의 일생의 공덕을 평가하고 그것을 칭송하기 위해 짓는 호칭이다. 죽은 국왕의 일생을 평가하고 공덕을 기리기 위해 문자로 표현한 것이다. 이와 같은 아름다운 명칭은 국왕의 공덕을 칭송하는 상징적인 의미로서 그 가치가 있다. 시호를 올리는 의식은 『세종실록 오례』에 상세히 기록되어 있고, 책보를 올리는 의식도 마찬가지이다.

국장도감에서 시호를 논의할 때 글자의 뜻을 매우 신중히 고려하고 여러 의견을 존중해서 세 가지 시호를 올려(三望) 결정하였다. 시호에 사용하는 글자 수는 정해져 있는데, 『주례(周禮)』의 시법에는 28자, 『사기(史記)』의 시법에는 194자, 세종 20년(1438년) 봉상시(奉常寺)에서 사용하던 글자도 194자였다. 하지만 글자 수가 부족하여 증보할 것을 아뢰어, 집현전에서는 『의례』, 『경전통해속(經傳通解續)』, 『문헌통고(文獻通考)』 등을 참고하여 새로 107자를 첨가하였다. 이런 과정을 거쳐 시법에 쓸 수 있는 글자는 모두 301자로 확정되었다.

인조는 1649년 5월 8일에 창덕궁 대조전의 동침에서 승하했다. 당시 세자였던 효종은 5월 13일 왕위에 올랐으며, 5월 15일에 신하들과 의논하여 인조의 시호를 '헌문열무명숙순효(憲文烈武明肅純孝)', 묘호는 '열조'로 정하였다. 이 시책문의 내용은 선왕인 선조의 뜻을 계승하여 광해군의 악정을 바로잡고 모후인 인목대비를 극진히 모셨음을 강조하는 내용이며 10첩으로 되어 있다.

숙종 시책은 1720년 경종이 '장문헌무경명원효(章文憲武敬明元孝)'라는 시호와 '숙종(肅宗)'이라는 묘호를 함께 올리며 제작한 옥책이다. 옥책문의 내용은 숙종의 뛰어난 덕(德)과 인정(仁政), 여러 업적을 찬양하는 것으로, 시호 및 묘호 추상(追上)의 배경과 동기를 밝혔으며, 14첩으로 되어 있다.

영조 시책은 1776년 영조가 승하한 후 정조가 '익문선무희경현효(翼文宣武熙敬顯孝)'라는 시호와 '영종(英宗)'이란 묘호를 올리면서 제작한 옥책이다. 영조라는 묘호는 고종 때 바꾸었다. 옥책문에는 증자(曾子)와 민자(閔子)를 본받은 효행, 학문의 강마(講劘)와 검소함, 종묘제향의 정성과 대보단 증축, 그리고 조경묘 건립, 친경례 거행, 균역법과 어염세 견감 등 영조의 여러 치적들을 언급하였으며 12첩으로 되어 있다.

정조 시책은 1800년 정조가 승하하고 순조가 '문성무렬성인장효(文成武烈聖仁莊孝)'라는 시호와 '정종(正宗)'이라는 묘호를 올릴 때 제작한 옥책이다. 정조라는 묘호는 고종 36년에 개칭하였고 16첩으로 되어 있다.

헌종 시책은 헌종이 1849년 승하하고 철종이 '경문위무명인철효(經文緯武明仁哲孝)'라는 시호와 '헌종(憲宗)'이라는 묘호를 올리며 제작한 옥책이다. 그 내용은 도덕이 있고 견문이 넓으며, 대업(大業)을 보전하고 위공(偉功)으로 안정시키고, 사방을 굽어 잘 보살피고, 어짊을 베풀고 의로 복종하게 한다는 의미를 지녔으며 12첩으로 되어 있다.

2) 시보와 보통 및 보록의 제작

시보   보통

보록   호갑   출처 : 『국조상례보편』

　시호가 정해지면 종친이나 고위 관리 중에서 전서체의 글자(篆字)를 잘 쓰는 사람을 선택하여 보전문 서사관(寶篆文書寫官)을 정하였다. 서사관이 혹시라도 글씨를 쓸 수 없는 상황을 예상하여 예비 명단(예차)까지 두었다.

　서사관이 정해져 국왕 시보에는 '시호(8글자)+대왕지보(4자)'를 쓴 것을 알 수 있다. 글씨체는 대전(大篆)이라 불리는 전서체로 쓰며, 구첩전(九疊篆)의 양식을 주로 사용하였다. 구첩전은 당나라 관인에 처음 사용된 것으로서 균형과 통일을 기하기 위해 필획이 적은 글자를 구불구불 휘어서 보면(寶面) 전체에 가득 차게 쓴 것이다.

조선 후기 국왕의 시호와 보전문 서사관의 목록

대	승하년	국왕	시호	보전문 서사관	예차(預差)	소장 번호
17	1659	효종	宣文章武神聖顯仁	右承旨 金壽恒	兵曹佐郎 呂聖齊	규13527
18	1675	현종	純文肅武敬仁彰孝	福昌君 李楨	副司直 洪錫龜	규13539
19	1713	숙종	章文憲武敬明元孝	副護軍 金雲澤	京畿都事 金濟謙	규13548
20	1724	경종	德文翼武純仁宣孝	吏曹參判 李世最	行副司果 李徵夏	규13566
21	1776	영조	翼文宣武熙敬顯孝	奉朝賀 洪鳳漢/領府事 金相福	議政府右參贊 朴相德	규13581
22	1800	정조	文成武烈聖仁莊孝	左議政 李時秀	行議政府左參贊 金文淳	규13634
23	1835	순조	文安武靖憲敬成孝	領中樞府事 李相璜	永明尉 洪顯周	규13669
24	1849	헌종	經文緯武明仁哲孝	領敦寧府事 洪在龍	行漢城府判尹 趙冀永	규13784
25	1863	철종	文顯武成毅仁英孝	永明尉 洪顯周	行大護軍 成原黙	장2-3022

인조 시보, 1649년, 憲文烈武明肅純孝,
높이 7.2센티미터 / 3.47킬로그램

숙종 시보, 1720년, 章文憲武敬明元孝,
높이 7.5센티미터 / 3.96킬로그램

경종 시보, 1724년, 德文翼武純仁宣孝,
높이 7.7센티미터 / 4.13킬로그램

영조 시보, 1776년, 翼文宣武熙敬顯孝,
높이 9.4센티미터 / 4.75킬로그램

정조 시보, 1800년, 文成武烈聖仁莊孝,
높이 9.6센티미터 / 4.91킬로그램

순조 시보, 1835년, 文安武靖憲敬成孝,
높이 9.8센티미터 / 5.26킬로그램

헌종 시보, 1849년, 經文緯武明仁哲孝,
높이 9.6센티미터 / 5.24킬로그램

철종 시보, 1863년, 文顯武成獻仁英孝,
높이 7.9센티미터 / 3.69킬로그램

서사관이 정해지면 보장을 비롯한 장인들을 동원하여 시보를 제작
한다. 시보의 재료는 황동에 도금을 하며, 크기는 사방 3치 5푼, 거북 손

잡이〔龜鈕〕 1치 5푼이다. 무게는 6근 반 정도이다. 시보에는 보수(寶綬)
라는 다회끈을 매다는데, 홍진사로 길이 2자에 실 무게 2냥으로 만들었
다. 이러한 조선 후기 시보의 제작도 1757년에 편찬된『국조상례보편』
의 영향을 받아 이전까지의 재료가 변화되어, 시보는 숙동에 함석으로
합금하고 다회는 비단실 대신 융모사로 대체되기도 했다.

조선 후기 시보의 재료와 크기 및 보수

대수	연도	국왕	재료	방(方)	귀고(龜高)	중(重)	영자수아(纓子綬兒) 재료	장(長)	중(重)	소장 번호
17	1659	효종	연황동, 도금	3치 5푼	1치 5푼	6근 반	홍진사	2자	2냥	규13527
18	1675	현종	연황동, 도금	3치 5푼	1치 5푼	6근 반	홍진사	2자	2냥	규13539
19	1702	숙종	연황동, 도금	3치 5푼	1치 5푼	6근 반	홍진사	2자	2냥	규13548
20	1724	경종	연황동, 도금	3치 5푼	1치 5푼	6근 반	홍진사	2자	2냥	규13566
	1757	국조상례편	황동, 도금	3치 5푼	1치 5푼	8푼				
21	1776	영조	동철(銅鐵), 도금	3치 5푼	1치 5푼	6근 반	홍진사	2자	2냥	규13581
22	1800	정조	숙동함석(熟銅合錫), 도금	3치 5푼	2치 1푼	6근 반	홍융모사(紅絨毛絲)	2자	2냥	규13634
23	1835	순조	숙동함석, 도금	3치 5푼	1치 5푼	6근 반	홍융모사	5자		규13669
24	1849	헌종	숙동함석, 도금	3치 5푼	2치 1푼	6근 반	홍융모사	5자		규13784
25	1863	철종	숙동함석, 도금	3치 5푼	2치 1푼		홍융모사	5자		장2-3022

완성된 시보는 두석으로 주조한 보통(寶筒)에 담고, 인주는 같은 크
기와 형태의 주통(朱筒)에 담는다. 보통이나 주통을 제작하는 방법은 통
형과 거북형 손잡이를 각각 만들어 붙인 것이다. 통은 황동 3~5밀리미
터의 판재를 사용하되, 네 면을 붙일 때는 목공예의 백골을 짜맞추듯

숙종 시보(오른쪽), 보통(가운데), 보록(왼쪽), 1702년, 국립고궁박물관 소장

이 사개짜임, 주먹장사개짜임, 맞짜임, 사개짜임과 주먹장짜임으로 접합하였다. 보통은 5치 내지 5치 9푼의 크기에, 높이는 3치 4푼 내지 6치이고, 뚜껑의 높이는 1치이다. 무게는 5근 9냥이다. 통은 위쪽 모서리를 접어 율각형(栗角形)으로 처리하였다. 보통의 안쪽에는 홍색 비단이나 명주를 배첩한 다음 붙이고, 바닥에는 흰색 모직물을 깔아 소중한 시보를 안전하게 보관하도록 배려했다.

시보와 보통은 다시 보록(寶盝)에 담고, 인주를 넣은 주통은 주록에 담는다. 보록과 주록의 제작은 잣나무로 백골을 짜고 그 위에 자색 수달피(紫獺皮, 밍크류)로 싼 보록에 넣은 다음,[101] (왜)주홍으로 칠을 한다. 보록의 크기는 가장자리를 모죽임(율각형)한 뚜껑까지이며 7치 7푼이

101 국립고궁박물관,『가죽문화재 식별 분석 공동연구서』, 2020, 53~56쪽.

4장 인산, 백성들로 인해를 이루다

다. 보록의 뚜껑 위에는 거북 손잡이(귀뉴)는 밀납 모형으로 주조한 후 세부는 정으로 쪼이질을 하여 무늬를 만들고, 통의 뚜껑 윗면에 고정시킨다. 거북 손잡이까지 합친 전체 높이는 8치~8치 5푼이다.

보록은 나무 위에 가죽을 씌운 가장자리를 보강하기 위해 황동에 도금을 한 장석으로 모서리를 박는다. 안쪽에는 홍색 비단이나 명주를 바른다. 보록을 여닫는 열쇠는 명주실로 다회를 꼰 끈을 사용하고, 열쇠집 주머니는 홍색 비단으로 만든다.[102]

시보와 그것을 넣는 보통(주통) 및 보록(주록)은 가죽으로 만든 호갑(護匣)에 각각 넣어 운반하게 된다. 넓은 면의 가죽은 검은 곰가죽(黑熊皮), 흰 말가죽(白馬皮), 청색과 자색 수달피 가죽을 사용하였다.[103] 이것의 가장자리를 감싼 것은 홍색 사슴가죽(紅鹿皮)와 부레풀(魚膠)로 붙이고, 가죽의 뒷부분에 배접한 것은 흰 삼베(白正布)를 아교 가루로 붙였다. 가죽의 표면을 매끈하게 윤색한 것은 밀납이고, 꿰매는 것은 초록 진사와 홍진사를 사용하였다. 끈으로 사용한 가죽은 흰색 쇠가죽이었고, 참기름으로 연하게 만들고 흰색 명주실로 꿰맸다.

현재 국립고궁박물관에는 보통과 보록, 주통과 주록이 다수 소장되어 있다.

102 『국조상례보편』, 1757, 규13734, 「도설(圖說)」.
103 국립고궁박물관, 『가죽문화재 식별 분석 공동연구서』, 2020, 45~52쪽.

현존하는 조선 국왕 시보 및 보통 현황, 국립고궁박물관 소장

제작 연도	대	국 왕	명칭	내용	재 료	보 통	주 통	보 록	주 록	소장처 유물 번호	의궤 소장 번호
1683	1	태조	태조추상시호금보	추상시호	금보	○	○	○	○	고박5	규14927
1681	2	정종	정종추상시호금보	추상시호	금보	○	○	○	○	고박7	규13243
1450	4	세종	세종상시호금보	시호	금보	○	○	○	○	고박8	
1452	5	문종	문종상시호금보	시호	금보	○	○	○	○	고박9	
1698	6	단종	단종상시호금보	시호	금보					중박신수212	규13503
1495	9	성종	성종상시호금보	시호	금보	○	○	○	○	고박12	
1545	11	중종	중종상시호금보	시호	금보	○		○		고박13	
1545	12	인종	인종상시호금보	시호	금보	○		○		고박14	
1705	13	명종	명종상시호금보	시호	금보	○	○	○	○	고박15	규14948
1608	14	선조	선조상시호금보	시호	금보	○		○		고박17	규14861
1649	16	인조	인조상시호금보	시호	금보	○		○		고박20	규13521
1720	19	숙종	숙종상시호금보	시호	금보	○		○		고박24	규13548
1724	20	경종	경종상시호금보	시호	금보	○	○	○	○	고박28	규13566
1776	21	영조	영조상시호금보	시호	금보	○		○		고박31	규13581
1800	22	정조	정조상시호금보	시호	금보	○		○		고박55	규13634
1835	23	순조	순조상시호금보	시호	금보	○		○		고박60	규13669
1849	24	헌종	헌종상시호금보	시호	금보	○		○		고박88	규13784
1864	25	철종	철종상시호금보	시호	금보	○		○		고박94	장2-3022
1919	26	고종	고종상시호옥보	시호	옥보					고박96	
1926	27	순종	순종상시호옥보	시호	옥보					고박101	

4장 인산, 백성들로 인해를 이루다

3) 시책과 내함 및 외궤

국왕의 국장 때 왕의 공덕을 찬양하는 시책(諡冊)과 함께 그 죽음을 애도하는 글을 새긴 애책(哀冊)을 함께 만들기 때문에 보통 때보다 옥역(玉役)이 많은 편이다. 국장도감 삼방(三房)에서는 시책을 만들기 위해 가장 먼저 서둘러 감조관(監造官)의 지휘하에 좋은 옥을 구하는 옥장(玉匠)을 확보하는 일을 서둘렀다.

시책은 국왕의 사후 묘호와 시호를 올리고 그 내용을 기록한 옥책이다. 옥책의 책문은 대제학, 병조판서 등 문장을 잘 쓰는 사람이 제술관(製述官)으로 임명되어 지어 올렸다. 글씨를 잘 쓰는 서사관(書寫官)이 글을 쓰고, 이것을 사자관이 베껴 쓴 것을 옥간 위에 붙이면 글씨를 새기는 각수(刻手)나 각자장(刻字匠)이 동원되었고, 화원이 이금(泥金)으로 글씨를 메워 완성하였다. 옥책으로 제작한 시책과 애책의 제작 과정 중 시책은 옥에 새긴 글자를 금색으로 메꾸고[塡金] 애책의 경우 주홍색으로 메꾸는[塡紅] 점과, 전자는 발인이 끝난 후 종묘에, 후자는 왕릉에 모셔진다는 점이 다르다.

조선 후기에 들어 국왕이 승하하면 국장도감에서는 변려문을 잘 짓는 능력이 있는 고위 문신을 시책 제술관으로 선정하여 시책문을 짓게 하였는데, 실제 글을 지은 실차 1명과 예비로 예차 1명씩 2명을 정하였다. 책문 서사관으로 글씨를 잘 쓰는 이로 실차와 예차 1명씩 2명을 선발하였다.

시책의 첩 수는 옥간을 쪽으로 엮어 책처럼 만든 것으로, 옥책의 첩 수는 보관의 편리성을 위해 모두 짝수 첩으로 만드는 것이 특징이다.

대	연대	국왕	도감	제술관	서사관	첩	옥간	극항	행	글자 수	소장 번호
16	1649	인조	국장	大司憲 趙翼	左副承旨 申翊全	10	6	12	63	482	규13521
17	1659	효종	국장	上護軍 趙絅	吏曹判書 宋浚吉	12	6	12	71	575	규13521
18	1675	현종	국장	行司直 姜栢年	同知中樞府事 南九萬	12	6	12	71	564	규13539
19	1720	숙종	국장	禮曹判書 李觀命	行漢城府判尹 趙泰耈	14	6	12	75	660	규13548
20	1724	경종	국장	戶曹判書 趙泰億	京畿監司 徐命均	14	6	12	84	765	규13566
21	1776	영조	국장	行司直 李福源	奉朝賀 李最中	12	6	12	72	720	규13581
22	1800	정조	국장	左副承旨 金祖淳	京畿觀察使 徐鼎修	16	6	12	95	984	규13634
23	1835	순조	국장	左議政 洪奭周	行戶曹判書 金逌根	12	6	12	68	686	규13669
24	1849	헌종	국장	戶曹判書 金學性	戶曹參判 金輔根	12	6	12	68	672	규13784
25	1864	철종	국장	行知中樞府事 尹致義	行知敦寧府使 尹致定	14	6	12	81	794	규13669

국왕의 시책은 전체적으로 정연한 형식을 유지하고 있는데 1첩의 옥간의 수가 6간인 점, 극항은 12자인 점, 중항은 11자, 평항은 10자인 것이 그것이다. 이렇게 국왕의 시책이 6간인 것은 중전을 책봉하거나 국왕이나 왕비에게 존호존숭을 올렸을 때 5간을 사용하였던 것과 비교된다. 시호옥책보다 수량이 많은 것은 존호옥책인데, 고종 대에 들어서 신정왕후 조대비에게 가상존호를 올리거나 추상시호를 올릴 때 7간을 사용했던 것과도 비교된다.[104]

시기마다 시책문의 글자 수는 변화하였다. 17세기에 해당되는 인조

---

104 서준, 「국립고궁박물관 소장 옥책의 내용과 현황」, 『조선왕조 어책 5』, 2018, 243~244쪽.

것은 가장 적은 482자이고, 이후 효종 것은 575자, 현종 것은 564자였다. 18세기 들어 숙종의 것부터 불어나 660자, 경종 것은 765자, 영조 것은 720자였다. 19세기에는 정조의 것이 가장 많아 984자였고, 이후 순조 686자, 헌종 672자, 철종 794자였다.

대행왕의 시책에서의 첩 수는 결국 제술관이 쓴 책문의 다과에 따라 결정되었다. 17세기에는 10첩 내지 12첩, 글자 수가 증가하는 18세기에는 14첩이었고, 가장 많은 글자 수에 해당되는 정조의 것은 16첩이지만 대체로 12첩으로 제작하였다. 제술관의 책문은 글씨를 잘 쓰는 서사관이 정서를 하였고, 이것을 국왕이 어람하고 나면 10여 명의 사자관을 동원하여 베껴 쓰게 한 다음, 옥간의 글자대로 칸을 나누어 해서체로 쓰면 이것을 오려서 옥장이 만든 옥간 위에 붙여 각수가 새기게 된다.

시호옥책은 국장도감의 삼방에서 제작하였다. 20여 명의 옥장이 표면을 매끈하게 만들면, 30명 내외의 각수가 새김칼로 글자를 새긴다. 각수의 끝은 단단한 옥 위에서 금세 무뎌지기 때문에 동일한 수의 도자장이 새김칼을 벼리는 역할을 하게 된다.

옥책은 남양청옥이며, 매 간에는 12자(極行十二字, 中行十一字, 平行十字)를 새기고 이금(泥金)으로 메웠다. 상하의 가장자리는 붉은 비단으로 장식하고 도금을 한 구리 변철로 'ㄷ'자처럼 감쌌다. 각 첩은 둥근 고리를 사용하여 연결하였으며, 처음과 끝 첩의 바깥 면에는 붉은 비단으로 짠 직금단(織金緞)을 사용하여 마감하였다. 옥첩과 옥첩을 접었을 때 부딪쳐 깨지는 것을 방지하기 위해 다홍문단(多紅紋緞)에 솜을 넣은 격유복(隔襦袱)을 끼웠다.

시호옥책은 17세기 국장도감의 삼방에서 각수의 수가 52~54명으로

조선 후기 국장도감 삼방의 옥장과 각수 및 도자장 수

연대	의궤명	각방	옥장(玉匠)	각수(刻手)	도자장(刀子匠)	소장 번호
1649	인조	三房	金莫男 등 22명	申得男 등 52명	金善云 등 10명	규13521
1659	효종	三房	金莫男 등 20명	李忠民 등 54명	文得己 등 10명	규13527
1675	현종	三房	金莫男 등 24명	李秀一 등 32명	文得起 등 15명	규13539
1720	숙종	三房	金泰徵 등 21명	黃自先 등 17명	朴從先 등 14명	규13548
1724	경종	三房	金泰徵 등 21명	黃自顯 등 27명	朴春文 등 18명	규13566
1776	영조	三房	李喜福 등 19명	韓壽大 등 14명	任順才 등 15명	규13581
1800	정조	三房	李大得 등 31명	李瑞興 등 18명	池順才 등 15명	규13634
1835	순조	三房	鄭在寬 등 52명	李世豊 등 18명	田應昌 등 18명	규13669
1849	헌종	三房	金光釆 등 35명	朴春根 등 17명	崔卜允 등 17명	규13784
1864	철종	三房	方喜文 등 2명	朴春根 등 4명	李世九	장2-3022

가장 많았고, 그다음이 옥장 20~24명, 도자장은 10명이었다. 옥 위에 끌과 망치만을 가지고 글자를 새기는 것은 쉬운 일이 아니어서 각수가 가장 많았음을 알 수 있다.

18세기 국장도감 삼방에서는 장인들이 적을 때는 옥장 19~21명, 각수 17~27명, 도자장 14~15명이었다. 이를 통해 17세기에는 각수, 옥장, 도자장의 순서로 수가 많았으나, 18세기에는 옥장, 각수, 도자장의 순서로 옥장의 수가 더 많아 시기에 따라 장인의 수도 차이가 있음을 알 수 있다.

19세기 국장도감 삼방에서는 이전 시기와 달리 옥장의 수가 1.5배 내지 2배로 현격하게 증가하여, 35명 내지 52명이었다. 각수의 수는 17~18명이었고, 도자장의 수도 17~18명이었다. 각수와 도자장의 수가

1대 1로 협업하는 것이 확인되었다.

조선 후기의 시책이 체계를 갖추게 된 것은 1757년(영조 33년) 『국조상례보편』에 의해서이다. 당시 옥편 하나의 길이는 9치 7푼이고, 넓이는 1치 2푼이며, 두께는 6푼이다. 6개의 간(簡)을 묶어서 1첩으로 만들고 매 간마다 최대 극항 12자를 새긴 후 금니로 채웠다. 첩(貼)과 첩은 경첩으로 연결하였다. 영조의 책문은 전체 12첩이며, 1첩은 6개의 옥편으로 되어 있다.

시책이 완성되면 첩의 크기로 접어서 보관하며, 첩과 첩 사이에는 솜보(隔襦袱)를 넣어 마찰이나 충격을 방지하였다. 이것을 잣나무판으로 만든 왜주홍칠 내함에 넣고 풀솜으로 공간을 메운 후 의향 두 봉지를 넣고 자물쇠로 채운다. 이 내궤를 다시 보자기로 싸고 끈으로 묶어서 흑진칠 외궤에 넣은 다음 자물쇠로 잠그고 보관한다.[105]

옥책의 시대 양식과 관련해서 주목되는 것은 옥책을 매는 방법의 변화이다. 17세기의 옥책에는 둥근 고리를 사용하여 매는 원환연첩을 사용하였으나 18세기 말에는 경첩으로 연결하는 접첩으로 바뀌면서 시대적인 차이를 보였다.

옥책을 경첩으로 연결하는 수법이 18세기 말부터 확연하게 달라져 양식적으로 변화된 모습은 현존하는 256점의 옥책에서도 확인된다. 17세기에는 둥근 고리가 달린 원환연첩이던 것이 1744년 『국조상례보편』에서 원환을 사용하지 말고 접첩을 하도록 한 것을 따른 것이다. 1759년 정조를 왕세손으로 책봉할 때에도 원환 대신 돌쩌귀(�迪耳)로 접첩

---

105 『국조상례보편』, 1757, 규13734, 도설(圖說).

하게 되었다.[106] 이 때문에 1772년 이후에는 경첩으로 연결되어 있었다.

17세기의 연첩 대신 18세기 말에는 경첩을 사용한 접첩으로 바뀌듯이, 옥책을 꾸밀 때 사용한 비단의 종류도 시간이 지나면서 무늬 없는 국산 재료로 바뀌었다. 이처럼 비단의 색깔은 홍색으로 일치하지만 그 종류는 무늬 있는 비단[錦段] 대신 무늬 없는 비단으로 대체되었다. 곧 영조는 앞서 보자기를 제작할 때와 마찬가지로 색깔만 선례를 지키고 비단의 재료는 값싼 국내산을 사용하여 검소하고 절약하는 모습을 백성들에게 보이려 하였던 것이다.[107]

내함은 시책을 담는 것이다. 함의 재료는 백자판(柏子板)을 썼다. 길이와 넓이는 시책에 준하되, 조금 여유 있게 했다. 국왕의 내함은 왜주칠을 했는데, 이것은 왕비의 것도 같았다. 그러나 왕세자의 국상[小喪] 때는 흑진칠(黑眞漆)로 만들었다. 이것은 곧 국왕을 상징하는 색은 주칠이고, 왕세자를 상징하는 색은 흑색이어서 함을 만드는 옻칠의 색에 있어서도 차등을 둔 것이다.

내함은 바로 선왕이 모셔진 일종의 궁실과 같은 개념을 지녔다. 왜주홍화금내함(倭朱紅畫金內函) 1부는 잣나무판을 사용하고 안에는 벽지처럼 명주[紅方紬]를 바른 것에서 알 수 있다. 이렇게 상자나 궤의 안쪽을 비단으로 바르는 것은 궁궐의 전각을 도배하는 것과 마찬가지의 개념인 것이다. 뚜껑 위에는 이금(泥金)으로 쌍룡과 구름을, 좌우에는 해마(海馬)를, 앞뒤에는 세호(細虎)를 그렸다. 세자의 국상 때는 용 문양

---

106 『정조왕세손책례도감의궤』, 1759, 규13103, 일방의궤(一房儀軌).

107 『국조상례보편』, 「청시종묘(請諡宗廟)」, 시책(諡冊).

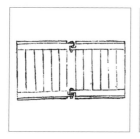
시책

책함   출처 : 『국조상례보편』

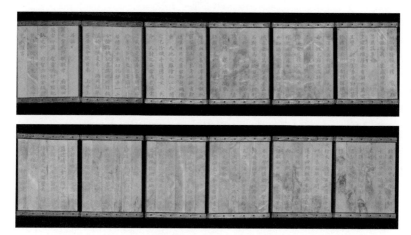

영조 시호옥책 12첩, 청옥, 26.9×255.1㎝, 1776년, 국립고궁박물관 소장

영조 왕세제 죽책 일습, 죽책 6첩, 24.8×92.7㎝, 1720년, 국립고궁박물관 소장(왼쪽)
영조 왕세제 흑진칠 내함, 26.8×41×27㎝, 1720년, 국립고궁박물관 소장(오른쪽)

을, 왕세자빈의 국상 때는 봉황 문양을 그렸다. 국왕과 세자의 문양은 용 문양인 데 비해, 왕비와 왕세자빈의 것에는 차등을 둔 것이다. 세자와 왕비 및 왕세자빈의 내함 좌우에는 난초를 그리고 앞뒤에는 매죽을 그렸다. 국왕의 문양은 세자나 왕비 및 왕세자빈 등과 구별하여 국왕의 권위를 상징하는 것이 확인된다.

함을 잠그는 자물쇠와 열쇠도 동철에 도금해 장식했고, 끈은 홍진사 다회(多繪)로 만들고 방울을 달았다. 열쇠집은 홍광적(紅廣的)으로 주머니를 만들고, 끈은 홍진사 세겹바(三甲所)로 매듭을 만들었다.[108] 그런데 금속제 장식의 경우 왕세자의 것은 두석(豆錫)을 사용하여 왕과 차별화했음을 알 수 있다.[109]

이처럼 국왕의 사후 제작되는 시책을 담는 내함의 색상과 문양 및 재료 등에서도 국왕의 권위와 위엄을 드러내었다.

한편 궤의 기화(起畫)에 화원이 참여한 기록은 1687년 책보도감에서 교명궤(敎命櫃)에 기화를 한 것이 가장 이른 예이지만, 대부분의 경우 19세기부터 국장도감에서 시책내궤(諡冊內櫃)의 기화를 화원들이 작업하였다. 19세기 들어서 김득신과 허용은 1800년 정조대왕(1752~1800)의 국장도감과 1805년 정순왕후(1745~1805)의 국장도감에서 시책내궤의 기화에 참여하고 있었다.[110] 이 중 김득신은 1816년의 상례도감에서

---

108 『영조국장도감도청의궤』, 1776, 규13581, 「삼방의궤(三房儀軌)」, 각양물건조작질(各樣物件造作秩).

109 『국조상례보편』, 청시종묘(請諡宗廟), 내함(內函).

110 정순왕후는 영조의 계비로서 영조 35년(1759)에 왕비로 책봉되어 영조 48년(1772)

도 같은 일에 종사하여 한 업무에 한 화원이 계속 참여하고 있는 사례
라 하겠다.[111]

에 '예순(睿順)'을 비롯하여 1804년까지 '성철(聖哲)' 등의 존호(尊號)를 받았다.

111 『정조국장도감의궤』, 1800, 규13634; 『정순왕후국장도감의궤』, 1805, 규13592; 『헌
경혜빈상례도감의궤(獻敬惠嬪喪禮都監儀軌)』, 1816, 규13608.

4. 흉의장으로 국왕의 체백을 호위하다

국장 행렬의 큰 상여〔大輿〕 주변에서는 특별히 흉의장이라고 부르는 의
장을 사용했다. 신연의 뒤로 산릉에 부장할 각종 의물을 실은 여러 채
의 채여가 늘어서고 채여들의 좌우로 흉의장 12개와 만장 13개가 섰다.
국장 시의 흉의장 중 주목할 것이 방상씨, 죽산마, 죽안마, 청색과 자색
으로 수놓은 안장마, 우보와 삽선(翣扇) 등이다. 부장용 채여는 그릇을
담은 초궤를 실은 채여를 비롯하여, 자기궤 채여, 악기궤 채여, 변두궤
채여 등이 늘어섰다. 그 뒤로는 애책문을 실은 애책채여가 따르고, 그
뒤에는 80명 내외의 여사군(輿士軍)이 메는 견여와 200명이 메는 대여
의 행렬이 이어졌다. 대여의 좌우에는 재궁을 가리기 위한 보삽과 불삽
과 화삽이 늘어서고 그 뒤를 초롱이 늘어서며 후미의 좌우에는 만장이
뒤따랐다. 궁인〔哭宮人〕 20명이 휘장을 둘러친 안쪽에서 곡을 하면서 뒤
를 이었고 그다음으로 승지와 사관, 국장도감과 빈전도감의 당상과 낭
청 및 병조와 도청부의 당상과 낭청, 동서반관과 후상군병들이 뒤를 이
었다.

4장 인산, 백성들로 인해를 이루다

1) 흉의장을 이끄는 방상씨

흉의장의 앞을 이끄는 것은 악귀를 쫓는 4명의 방상씨(方相氏)였다. 붉은 칠을 한 가면을 쓰고 황금색 눈이 4개이며, 검은 웃옷과 붉은 치마 차림으로 곰 가죽을 둘러쓰고, 오른손에는 창을 쥐고 왼손에는 방패를 쥐었다. 『문헌통고(文獻通考)』에서 방상씨는 대상에서 재궁보다 앞서가는데, 그로 하여금 사악한 것을 없애기 위해서였다.

국왕의 국상 때 흉의장으로 세우는 방상씨 4명은 수레 4채에 각각 나눠 탔다. 방상씨가 타는 수레는 보통 수레와 같으나 조금 작았다.

방상씨는 이미 중국의 주대(周代)부터 관리를 지칭했는데, 신분 계급이 없어 서민 중에서 차출하여 무당(巫師)보다도 낮은 노예에 가까운 신분이었다. 그래서 예복과 관등이 없어 예복을 입지 않고 미치광이처럼 곰 가죽을 입었던 것이다.

그들의 역할은 역귀(疫鬼)와 산천의 악귀를 쫓는 일이었다. 국왕의 국상과 같은 대상(大喪) 때에는 무서운 모습으로 분장을 하고 영구 앞에 서서 가고 무덤에 이르러서는 광중으로 들어가 창으로 사방 모퉁이를 치며 악귀를 몰아내었다. 이러한 방상씨는 이미 한나라 묘실 벽화에도 모습이 그려져 있고, 산동성 기남(沂南)의 한나라 화상석에서도 〈행구나귀도(行驅儺鬼圖)〉 및 호북성 증후(曾侯)의 묘에서 출토된 목관에 그려진 칠화(漆畵)에서도 확인된다.[112]

이러한 방상씨에 대해 송대의 정현은 방상씨를 황금빛 네 눈에, 귀

112 강춘애, 「儺禮와 方相氏의 고찰」, 『연극학보』 26-1호,

에 귀걸이를 걸고 곰의 가죽을 뒤집어쓰고, 검은 옷과 붉은 치마를 입은 무섭고 공포스러운 모습으로 설명하고 있다. 그와 더불어 방상씨의 역할이 귀신을 물리치는 구나(驅儺) 이외에도 군사적 역할을 맡은

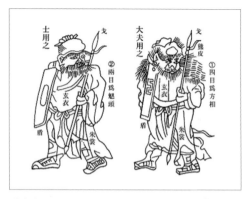

방상씨

출처: 『사계전서』

관직이라는 것이다. 신격으로 분장하여 역귀를 몰아내는 임무를 수행한다는 것이다. 그러기에 방상씨는 왕릉에 이르러서는 현궁에 들어가 사방을 창으로 치고 방량을 몰아내었던 것이다. 무엇보다도 중국의 경우 방상씨를 쓰지 않았으나 조선 왕실의 국장에서는 500년 동안 내내 지속되어왔다는 점이 중국과 다른 점이다.[113]

흉의장은 국장도감의 이방(二房)에서 방상씨 4, 죽산마 2필, 죽안마 4필, 안롱 6부, 거자 6량, 둑 1, 둑기 1좌, 청행로 4부, 화철초롱 40부, 홍저의 40건, 예비의 5건, 행유장 2부, 청색 수안마 4필, 자색 수안마 4필, 안롱 8부 등 총 14종 131개를 제작하여 사용하였다.

방상씨의 도상은 『주례정의(周禮訂義)』에 나오는데, "방상씨는 곰의 가죽을 뒤집어쓰고 황금빛의 네 눈에 검은 저고리(玄衣)와 붉은 치마(朱裳)를 입고, 창·도끼·방패를 들고서 대상 때에는 앞에서 영구를 인

---

113 정원지, 「方相氏의 특성재론」, 『중국인문학회 학술대회 발표 논문집』, 2017, 86쪽.

도한다."라고 하였다. 곰은 용맹하고 위엄이 있어 모든 짐승이 두려워하기 때문에 곰 가죽을 뒤집어쓰는 것은 위엄을 보이기 위해서였다. 금(金)은 양을 상징하는 것으로 모든 것을 제압할 수 있어서, 네 눈을 금으로 그린 것은 강하고 밝아 사방을 잘 살필 수 있고 전염병이 있는 곳까지 다 살필 수 있어서였다. 검은색은 북방의 색깔로 천사(天事)의 무(武)이고, 붉은색은 남방의 색깔로 지사(地事)의 문(文)이다.

이렇게 방상씨가 검은색 저고리를 입는 것은 무를 숭상하는 것이고, 붉은 치마를 입는 것은 무를 문으로 보완하는 뜻이다. 창을 들고 찌르고 도끼와 방패로는 스스로를 보호하여 흉사(凶事)에 틈을 타고 들어오는 사특한 기운을 막으라는 의미를 가지고 있다.

『가례집람(家禮輯覽)』의 도설을 보면, 방상씨가 가장 앞서고 있다. 그 뒤를 명기를 실은 가마와 명정 및 신연(혹은 영거), 공포(功布), 그리고 영구를 실은 대여, 그리고 만장의 순서로 개념화되었다.

2) 부장품을 담은 채여

부장품을 담은 채여의 경우 시기에 따라 품목이나 수량에서 차이가 있다.

1720년 숙종의 국장 때에는 사기궤, 목노비궤, 악기궤, 유의칭가자, 목기궤, 복완채여, 증옥증백채여 등 7개의 가마가 섰다.

영조의 국장 때에는 소궤채여(筲櫃彩輿), 자기궤채여(磁器櫃彩輿), 악기궤채여(樂器櫃彩輿), 변두궤채여(籩豆櫃彩輿), 궤장가자(杖櫃架子), 유의칭가자(遺衣稱架子), 복완함표신궤채여(服玩函標信櫃彩輿), 증옥백채여(贈

玉帛彩轝), 8개가 섰다. 정조 국장 때에는 소궤채여, 자기궤채여, 악기궤 표신궤채여(樂器櫃標信櫃彩輿), 변두궤연갑함채여(籩豆櫃硯匣函彩輿), 유의칭가자, 복완함궤장궤채여(服玩函几杖櫃彩輿), 증옥증백구의명정함채여(贈玉贈帛柩衣銘旌函彩輿), 7개의 가마가 섰다.

순조 국장 때에는 여기에 어제궤채여(御製櫃彩輿)를 보태어 8개였다. 1863년에 거행된 철종 국장 때에는 소궤채여, 어제궤와 자기궤를 함께 실은 채여, 악기궤와 표신궤를 함께 실은 채여, 변두궤와 연갑합을 함께 실은 채여, 유의칭가자, 복완함과 궤장궤를 함께 실은 채여, 증옥백채여, 애책채여, 8개의 가마가 섰다.

영조가 목노비를 만들지 말고 각종 부장품을 적게 만들도록 한 이후 부장품의 규모와 내용은 많이 변했지만 국장 행렬의 가마는 전혀 줄지 않았다. 이렇게 부장품의 가마는 줄어들지 않고 행렬 중 존호를 받을 때의 책보 수가 늘어 가마는 더 불어났다. 예컨대 영조의 국장에서는 책보가 많아 책보 가마가 5개였다.

왕후의 국장에서는 이러한 경향이 더 뚜렷하다. 1730년에 치러진 선의왕후의 국장 때 신연 앞뒤의 가마는 총 14부였는데,『국조상례보편』이후 1757년 정성왕후 국장 때에는 12부의 가마가 사용되었다. 인원왕후의 경우 신연 앞 가마는 12부였고, 명기 등 부장품을 실은 가마는 6부로 총 18부나 되었다. 마찬가지로 1805년 정순왕후의 국장 때에도 18부의 가마를 사용하였다. 영조가 국상 때 사치를 금지하고 절약을 강조하면서『국조상례보편』을 편찬했음에도 불구하고, 국가 의식이나 행렬

의 규모는 오히려 늘어나는 모순된 경향을 보인다.[114]

방상씨의 수레를 끄는 사람은 56명, 예비군이 17명, 횃불을 든 사람이 5명, 죽산마를 끄는 사람은 108명이었다. 죽산마와 죽안마는 같은 제구로 4필이다. 이것들은 모두 두꺼운 널로 정(井) 자와 같이 길게 틀을 만들고 틀의 네 귀퉁이에 구멍을 파서 말굽을 만들어 박고 그 발굽에 다리를 만들어 맞추었다. 몸체는 마른 풀을 엮어서 8자로 만들며, 그 위에 자리와 생포를 바르고 다시 종이를 발라 만들었다. 말총으로 갈기와 꼬리를 만들고 눈앞은 움직이게 만들어 두 바퀴가 달린 수레 위에 세워놓고 여사군이 끌고 갔다.

국왕의 발인 시 의장으로 죽산마와 죽안마를 동원한 점이 주목된다. 죽안마의 경우 앞서 죽산마를 만든 것과 제도는 같으나 백색 2필과 적색 2필을 만든 위에 안장을 올린 것이다. 안장은 대나무로 엮어 만들고 돗자리로 싸고 종이를 바른 뒤에 황색의 물을 칠했다. 장니(障泥)는 돗자리로 만들고 종이로 싼 다음 주칠을 하고 운룡을 그렸다. 나머지 잡다한 장식은 길의장에 사용되는 말과 동일하게 만들어낸 것이다. 한편 철종 때부터는 수안마까지 동원되었다.

3) 보삽과 불삽 및 화삽

대여는 흉의장을 앞세워 우보와 명정 및 삽을 벌려 세우고 산릉으로 출발한다. 우보는 거위 털로 만든 의물로 대여의 가장 앞에서 흉의장을

---

114 김지영, 앞의 논문, 91~92쪽.

상징하며, 명정은 재궁의 주인의 이름을 적은 깃발의 형태로 재궁 앞에 서서 나아간다.

삽은 나무로 틀을 만들고 그 위에 흰 천을 씌우고 문양을 그린 것이다. 이것은 그려진 문양에 따라 도끼 문양의 것은 보삽(黼翣), 궁(弓) 자 모양이 서로 등을 대고 있는 것은 불삽(黻翣), 구름무늬를 그린 것은 운삽(雲翣, 畫翣)이라고 한다. 삽의 숫자와 그리는 문양은 신분에 따라 달라져, 조선 시대 사대부의 경우 아자형 불삽과 구름무늬의 운삽을 쌍으로 4개를 사용하고, 국왕의 국장에는 도끼 문양의 것을 추가하여 세 종류를 쌍으로 해서 6개, 황제의 국장에는 8개를 사용하였다.

국장 때 보삽 1쌍. 불삽 1쌍, 운삽(화삽) 1쌍 등 총 6개를 사용하였다. 대부(大夫)는 불삽 1쌍과 운삽 1쌍을, 사(士)는 운삽 1쌍만을 사용할 수 있었다. 이로 미루어 도끼 문양을 그린 보삽은 역시 국왕의 권위를 상징하는 의물임을 확인할 수 있다.

이러한 삽선은 발인할 때 상여의 앞뒤에서 들고 갔던 흉의물이다. 백저포(白苧布)에 주사(朱砂)로 보불(黼黻)과 운문(雲紋)을 그린 보삽과 불삽 및 화삽을 각각 2부씩, 총 6부를 세웠다. 이러한 삽선은 화원을 동원하여 그렸다. 삽선은 첫 번째 습의 때까지는 산릉에 배열해두었다가 하관한 뒤에는 모두 불에 태워버리는 것이 전례였다. 이는 삽선을 태움으로써 죽은 자의 넋이 귀인의 보호를 받아 무사하게 명부(冥府)에 인도된다는 속설에 따른 것이다.[115]

삽의 형태는 보삽과 화삽에서 시대적 변화를 엿볼 수 있다. 조선 전

115 『한국민족문화대백과사전』 11권, 삽(翣)조, 정신문화연구원, 1991, 453쪽.

4장 인산, 백성들로 인해를 이루다

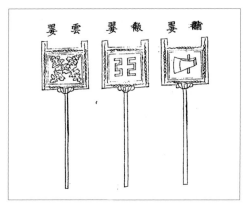

삽선(왼쪽부터 운삽, 불삽, 보삽)　　　　출처 : 『국조상례보편』

기 『세종실록』에 그려진 보삽은 도끼의 날이 아래를 향하게 그려진 반면, 조선 후기 『국조상례보편』을 비롯한 『국장도감의궤』에 그려진 보삽은 도끼날이 좌우로 향하게 그려진 것이다. 한편 화삽의 경우 조선 전기의 것은 마치 여의두운(如意頭雲)의 모양처럼 아래쪽에 구름의 머리가 있고 위로 꼬리가 날려 올라가는 모습인데, 조선 후기의 구름은 X자형으로 구름의 머리가 가운데에 있고 사방으로 꼬리가 날리는 모습이다. 이러한 구름의 표현은 종묘 제기 중 덮개로 사용되는 멱(冪)에 그려진 것과 양식적으로는 일치하는 것이다.

　대여의 좌우 국장 행렬은 종묘 앞에 이르러 잠시 머물렀다가 다시 진발(進發)하고, 궁문과 성문에서 50신위에게 제사하며, 교량과 명산대천에게 제사를 올렸다. 이와 같이 발인 행렬이 지나가는 경로에서 주요한 다리와 산, 강 등에게 제사를 올리는 행위를 노제(路祭)라 하며, 멈추어 제사 올리는 위치를 노제소라 하여 미리 재궁과 혼백을 임시 봉안할 곳을 마련해두었다. 또 왕릉까지 이동하는 동안 잠시 쉬어 갔던 곳을 주정소(晝停所)라 한다.

이렇게 대여가 왕릉으로 이동하는 동안 백성들은 대행국왕의 마지막 가는 길을 함께 따라가며, 살아생전의 그를 기억하고 국왕과 서로 이별을 고했던 것이다.

5. 대여(大轝)에 올라 궁을 떠나다

발인(發靷)은 대행왕이나 대행왕비의 시신을 모신 재궁을 실은 영가(靈駕)가 빈전에서 출발하여 산릉으로 옮겨 가는 과정이다. 이때 재궁을 안전하게 모시고 이동하기 위해 대여를 비롯한 여러 의례 도구들과 의식 절차들로 구성되어 1,000여 명 이상의 대규모 국장 행렬을 조직하여 행해졌다.

『국조오례의』를 비롯하여 『국조상례보편』에는, 발인하기 하루 전날 빈전에서 찬궁을 열어 재궁을 옮기는 계빈의(啓殯儀)에 이어, 종묘에 가서 재궁이 조상신에게 하직 인사를 올리는 조조의(朝祖儀)까지 거행하는 절차가 수록되어 있다. 대행왕의 체백이 마지막으로 종묘에 가서 조상을 알현하고 하직 인사를 올리는 의례를 거행한 것이다. 같은 날 사직에서는 발인 시 날이 밝기를 기원하는 기청제(祈晴祭)를 올렸다.

그러나 시신을 담은 재궁을 빈전에서 종묘까지 이동하는 데 따르는 어려움 등으로 인해 조선 시대 국장에서 실질적인 조조의는 행해지지 않았다. 재궁은 빈전의 외전에 모셔두었고, 대신 대행왕의 혼이 깃든 신백(神帛)을 모신 가마(신백연)만이 종묘에 나가 인사하는 방식이었다.

그러나 이렇게 신백만 종묘에 나아가 하직하고 실제 대행왕의 시신(재궁)은 종묘에 가지 않는 방식은 고례와 어긋난다는 이유로 문제가 되었고, 결국 영조의 의도와는 달리 실행되지 않아 전례로 남게 되었다.[116] 계빈을 하고 나면 이때부터 발인할 때까지 곡이 끊이지 않고 이어진다.

발인을 하기 위해 시신을 옮길 수레인 순(輴)과 요여(腰輿), 향정(香亭)을 빈전 중문 밖에 남향으로 대령하고, 혼백거와 대여(大輿)를 외문 밖에 대령하였다. 혼과 백을 운반하는 의장은 길흉의 개념으로 구분하였다. 혼이 담긴 혼백을 옮길 혼백거 앞에는 길의장을 세웠고, 백(시신)이 담긴 대여 앞에는 흉의장을 나열하였다.

1) 시신을 옮길 연여

발인하는 날이 되면 시신을 옮길 연여를 동원했다. 조선 초기까지는 『통전』 등 중국의 예서를 따라 순(輴)과 유거(柳車)를 사용했다. 그런데 유거는 수레 형태로 되어 있어 물건을 이동하는 수단처럼 보여 국왕의 품격에는 맞지 않았다. 뿐만 아니라 우리나라는 길이 험하고 좁아서 수레로 이동하기에 여간 불편한 것이 아니었다. 이에 세종은 『주자가례』에 의거하여 수레 형태의 유거 대신 여사군이 어깨에 짊어지고 가는 대여를 선택하였다. 1446년 소헌왕후의 발인 때 망자의 재궁을 실어 운구하는 유거가 길이 험하고 좁은 조선의 사정에 맞지 않는다는 것을 알게 되어 200명의 여사군이 어깨에 메는 상여 형식의 대여로 바꾼 것이다.

---

116 『국조상례보편』 권2, 조조의(朝祖儀).

대여를 옮기려면 200명 이상의 인원이 동원되었으나 국왕의 품격에 어울리고 예에도 맞았을 것으로 여겨진다. 이러하여 세종 대 이후부터 견여(肩轝)와 대여(大轝)로 바뀌었다. 일부 관리가 국장 때 대여는 대행왕의 시신을 산릉까지 옮기는 인산에 사용된 후 불사르는데 지나치게 사치하다고 지적하기도 하였다. 휘장의 경우에도 이전에는 모시와 베만 사용하였는데, 채단으로 화려하게 장식하므로 이것을 능견으로 대신하도록 건의하기도 하였다.

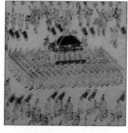

유거(왼쪽)와 대여   출처:『국조상례보편』

『철종국장도감의궤』의 철종 대여, 1863년

견여나 대여는 국장도감의 일방(一房)에서 만들었다. 이러한 견여나 대여는 조선 전기보다 조선 후기에 들어 본체도 약간 커졌을 뿐 아니라 장강이 대폭 길어졌다. 대여나 견여의 장식물에 사용된 직물류는 점점 고급화되고 다양해졌다. 『국조오례의』에는 초(綃)나 저사(紵紗) 등이 보이는 반면, 조선 후기 『정조국장도감의궤』에는 단(緞), 주(紬), 사(紗) 등 다종다양한 비단 직물이 기술되어 있다. 이렇게 견여나 대여의 크기나 길이가 길어진 것은 그것을 운반할 여사군이 더 많이 동원된 때문이며 더 장식적이고 화려해진 것은 조선 후기로 가면서 대행왕의 시신을 모신 대여를 통해 왕실의 안정적 계승이나 국왕의 권위를 대내외에 과시하려는 성향이 강해졌기 때문이다.

국상 때 국장도감에서 하는 중요한 역할은 궐문에서 산릉까지 대여가 지나가는 경로를 따라서 미리 도로와 교량, 여사군의 교대 장소, 그들이 머물 숙소 등을 점검하고 확보하는 일이었다. 대행왕의 체백을 모신 대여 행렬이 안전하게 왕릉까지 갈 수 있는지 확인하였다. 도난 사고에 대비하여 외부인의 출입을 통제하였고 별도의 군사로 하여금 출입구를 지키게 하였다. 화재에 대비하여 금화직(禁火職) 군사 10여 명을 배치하였고, 혹시라도 모를 대여의 안전사고나 장강이 부러질 것을 대비하여 장횡강(長橫杠) 3개와 단횡강(短橫杠) 4개를 준비하기도 하였다. 예를 들어 대여가 지나갈 모든 길의 너비를 측량하였다. 성문이나 인가가 밀집된 지역을 피하였으며, 통로가 좁거나 강이나 다리를 건널 때에는 대여의 강(杠)을 길이가 짧은 것으로 바꿔 들기도 하였다. 숭례문을 지날 때, 수원 화성의 성문을 지날 때, 노량진을 건널 때 단횡강을 사용한 것이다.[117]

국장의 모든 준비가 되면 빈전에서 현궁까지 재궁을 운반하는 과정은 크게 3단계로 나뉜다. 첫 번째 단계는 빈전에서 궁궐의 외문 밖까지, 두 번째 단계는 궁궐의 외문에서 산릉 입구까지, 마지막 단계는 산릉 입구에서 능상 위의 현궁까지이다. 이중 첫 번째와 세 번째 단계는 순이나 견여를 이용해도 되지만, 두 번째 단계는 유거나 대여를 사용하였

---

117 박종민, 「조선시대 국장용 견여와 대여의 변화 양상」, 『고궁문화』, 42~43쪽.

다. 결국 국장에서 임금의 재궁을 운반할 때는 공간의 넓고 좁음에 따라 대여와 견여로 구분하여 사용했음을 알 수 있다.

다시 정리해보자면, 순과 요여, 향정은 빈전 중문 밖에 남향으로 대령하고, 혼백차와 대여를 외문 밖에 대령한다. 혼백차 앞에는 길의장을 나열하고 대여 앞에는 흉의장을 나열한다. 빈전에서 재궁을 대여에 옮겨 싣고 떠나기 직전에 조전의를 행한다. 그리고 먼 길을 떠나기 전에 도로의 신으로 여겨지는 중국 황제의 아들 누조(累祖)에게 제사를 올려 무사하기를 기원하였다. 또 영좌에 애책을 올리는 견전의를 행하고 발인한다.

총호사인 좌의정이 재궁관과 더불어 재궁을 순(상여)에 옮기는데, 빈전으로 사용하는 전각을 나와 상여가 있는 데까지 연속해서 난간과 평상을 놓아 그 위로 옮긴다. 상여가 외문 밖으로 나오면 재궁을 대여로 옮긴다.

2) 국왕의 시신을 옮길 대여와 여사군

조선 시대 국장 행렬에는 군인, 상여꾼, 왕과 신료 등 1만 명의 대규모 인원이 참여했다. 예컨대 행렬의 맨 앞에 800명 정도의 군사가 세 부대로 나뉘어 섰다. 왕을 상징하는 각종 깃발을 든 150명의 기수가 그 뒤를 이었고, 고명이나 시책과 시보 및 만장을 든 210명 정도의 행렬이 그 뒤를 따랐다. 발인 행렬에서 큰 상여를 메기 위해 800여 명의 상여꾼이 동원되며, 이들은 200명씩 4교대로 번갈아 상여를 멨다.

조선 초기 『세종실록』에 보이는 대여의 여사군은 800명으로 4조로

고종 인산 당일의 대여와 여사군들, 『고종황제국장사진첩』, 1919년

나누어 1조에 200명씩이었고, 백의에 백건을 착용하였다. 이후 문종의
국장 때에도 200명씩 4조로 나누어 총 800명의 여사군이 백의에 백건
을 착용하고 산릉으로 운반하였다. 이때 사용한 대여는 선대 세종이 제
시한 원칙을 준수하면서 제작하였다.

예를 들어 효종의 국장에 동원된 인원을 보면 방상씨 수레는 인예군
(引隷軍) 14명이, 죽산마와 죽안마 12필은 16명의 예군이 끌었다. 가마
꾼은 예비군을 포함하여 명기요여는 15인, 복완요여는 20인, 애책요여
는 30인, 견여 140인, 대여 800인으로 규정되어 있었다. 실제 효종의 국
장 때에는 채여와 요여는 각 10인씩, 견여는 65인, 대여는 232인의 담
배군(擔陪軍)이 들었다. 효종 국장 때 양주의 영릉까지 대여는 2,360명

4장 인산, 백성들로 인해를 이루다

이 10조로 나누어 운구하였고, 견여는 195인이 3조로 운구하였다.[118] 이들 외에 곡궁인(哭宮人), 시릉관(侍陵官), 수릉관(守陵官) 및 총호사, 국장도감과 빈전도감의 관원, 그리고 문무 관원들이 동반과 서반으로 나뉘어 호종하였기 때문에 효종 국장 때에 동원된 인원은 대략 6,400명, 교체 인원까지 포함하면 연인원 9,000명이 동원되었다.[119]

이들은 정해진 순서와 차례에 의해 질서 정연하게 움직였다. 국장 시 발인 행렬이 어떻게 구현되었는지를 시각적으로 보여주는 것은 각종 『국장도감의궤』에 실려 있는 〈발인반차도〉이다.

1800년 정조의 발인 당시 신련과 대여를 시위하는 이들은 금군 100명, 여사군 300명, 협연여군 200명이었다.[120] 대여 앞뒤의 상군은 장용영의 시위군병 500명이 하도록 하였다. 이들은 어가 시위를 하던 군인들이었으나 대여 바로 뒤에 위치해야 할 곳을 잘 몰라 잘못 섰다. 어쨌든 막상 〈발인반차도〉에는 훈련도감과 장용영을 중심으로 이뤄진 전후 시위 상황이 제대로 그려지지 않아 사도세자를 현륭원에 안장하는 발인 행렬보다 소략해졌다. 이렇게 정조의 발인 행차가 소략하면서 특이한 모습을 보이는 것은 그의 갑작스러운 죽음, 그리고 수렴청정한 대왕대비 정순왕후와 노론 벽파 측에 의해 정국이 경색되어 국장이 허술하게 치러진 데서 비롯한다는 해석도 있다.[121]

---

118 『효종국장도감의궤』 상, 494~501쪽.

119 제송희, 앞의 논문, 45~46쪽.

120 국립문화재연구소 편, 『국역 『정조국장도감의궤』』, 민속원, 2005, 209쪽.

121 오수창, 「세도정치의 성립과 전개」, 『한국사 32』, 국사편찬위원회, 1997, 243~249쪽.

순종 대여 행렬, 『순종국장기념사진첩』, 1926년

　순조 때에는 영조의 발인 때처럼 훈련도감에서 선후상군 800명을
차출하였다. 이 때문에 반차도는 정조 때보다 대폭 늘어났다. 선후상군
은 각각 고초기(高招旗)와 당보기(塘報旗)를 앞세우고 방위색에 따른 세
가지로 복색을 갖추었고 천총과 파총이 지휘하는 체계였다. 각 인원은
훈련도감의 오-대-초-사-영의 편제로 되어 있었다. 이들은 홍색, 남
색, 흑색, 백색의 신기(神旗)와 고수(鼓手) 외에 주장(朱杖)과 영기(令旗)
및 곤장(棍杖)을 든 군사들을 좌우에 세우고 행진하였다. 이러한 군대의
배치는 순조의 친영 행렬에 반영된 실제 군대 편성 모습으로 국왕의 발
인 행렬에 반영되었다.
　이러한 과정은 순조의 국장 이후 헌종이나 순종의 국장 때에도 그

유릉 앞에 세운 큰 홍살문을 지나는 순종 황제 대여와 의장의물, 『순종국장기념사진첩』, 1926년

대로 이어졌다. 대행왕의 체백이 든 재궁을 현궁에 내리고 나면 대여와 견여 등 모든 물품을 태웠다. 그 의미는 다음과 같다. 첫째, 견여와 대여는 상서롭지 못한 물건이므로 흉사가 발생할 우려를 미리 대비하고자 함이다. 둘째, 대행왕의 국상에 사용하였던 물품을 백성들이 가져다가 활용할 가능성을 미리 차단시키고자 함이다. 그러나 무엇보다도 견여나 대여와 관련된 모든 물품을 불에 태운 이유는 그것을 태워 체백과 함께 영원히 그 자리에 함께하길 바랐기 때문이다.

현궁(玄宮)을 만들고 산처럼 쌓다

조선 시대에 임금이 즉위하자마자 하는 가장 중요한 첫 번째 임무는 선왕의 장례를 치르는 일이었다. 국왕으로서 대행왕의 시신이 영원히 묻힐 왕릉을 5개월간 조영해야 한다는 중대한 과제가 있었던 것이다. 검소하면서도 절제하여 국왕의 국장을 치르려는 유교적인 명분은 돌아가신 부모를 살아생전과 다름없이 극진하게 모시려는 인정(人情)이나 왕실의 위엄을 드러내고자 했던 것과 서로 충돌하기 마련이었다. 이에 조선 왕실에서는 중국의 황제들이 살아생전에 자신의 무덤을 만드는 수릉(壽陵) 제도를 채택하지 않고, 송의 예제를 연구하여 국왕이 승하하면 그때부터 왕릉을 5개월간 만들었다. 무덤을 만드는 데 있어서는 이전까지의 전통을 잘 유지하는 경향이 강한데 조선 왕릉도 마찬가지였다. 다만 왕릉의 입지, 왕릉의 구조나 부장품 등에서 약간씩 시대적 차이를 엿볼 수 있다. 예컨대 신라 왕릉은 평지에 산처럼 큰 무덤을 만들었는데, 고려 왕릉은 풍수설에 입각하여 산 위에 만들되 규모는 작아졌다. 이러한 전통을 수용한 조선 왕릉은 풍수설에 입각하여 산도 아니고 들도 아닌 곳에 왕릉을 조성하였다.

1. 명당(明堂)을 찾아내다

조선 왕릉을 조성할 때에는 무엇보다 먼저 신경을 쓴 것은 승하한 국왕의 시신을 묻을 명당을 찾는 것, 곧 왕릉의 입지를 어디로 정할 것인가이다. 망자의 시신을 영원히 안치하는 무덤 공간에는 내세관이 반영되기 마련이다. 중국에서는 한나라 때부터 조상의 묘가 후손에게 영향을 끼친다고 믿어왔기에, 좋은 자리를 찾아 장례식을 후하게 지내는 것이 효도하는 길이라고 생각했다. 이러한 중국의 풍수사상이 우리나라에 영향을 끼친 것은 10세기경 신라 시대 말에 당나라에서 유학하고 온 선승들에 의해서였으며, 음양오행설과 결합되어 유행하였다. 이후 고려를 거쳐 조선에서도 왕릉을 조성할 때에는 풍수를 반드시 고려하였다.

조선 시대에 왕릉은 주변의 산세, 다른 능역과의 거리, 접근성, 사후 관리 등을 고려하여 대체로 도성인 한성으로부터 멀리 떨어지지 않은 곳에 정하고자 하였다. 이렇게 명당을 찾기 위해 당대의 저명한 풍수가들이 대거 투입되었고 국왕과 사대부 간에 미묘한 긴장감을 형성하였으며, 이 문제는 논쟁으로까지 치열하게 전개되기도 하였다.[122] 국왕은 인정상 대행왕의 국상을 성대하게 치르고자 하였으나 사대부들은 국왕의 그러한 행위를 달갑게 여기지 않았다. 어쨌든 국왕의 입장에서 대행왕의 국상은 훗날 정사를 함께할 신하를 선정하는 과정이기도 하여, 국상이 끝나면 여기에 관여한 신하들에게 논공행상을 하기도 했다.

1) 태조와 태종의 수릉

조선 왕릉은 한양으로부터의 거리, 방위, 주변 산세 등과의 관계를 신중하게 고려하여 결정하였는데, 입지는 자연의 지세를 존중하는 자연 조화적인 조영 기법을 따랐다.

조선 태조는 계비 신덕왕후 강씨가 1396년 9월 15일 승하하자 도성 안, 현 덕수궁 옆에 왕후릉의 터를 정하였다. 이곳은 조선 최초로 조영한 왕비의 능인 '정릉(貞陵)'이었기 때문에 현재 이곳이 '정동(貞洞)'이라고 불린다. 이성계가 이곳에 함께 묻히려 하지는 않았던 것 같다.[123] 조선 초기 실록을 보면 태조의 건원릉을 선정한 과정은 소략하여 태조가 정릉에 묻히려 했는지는 명확하지 않다.

그렇다면 태조가 영원히 묻힌 건원릉의 능지는 언제 누가 선정한 것

---

122 이재영, 「조선왕릉의 풍수지리적 해석과 계량적 분석 연구」, 동방대학원 박사학위 논문, 2010, 32쪽; 이덕형, 「조선왕릉의 택지와 산론」, 한성대 박사학위 논문, 2013, 40~41쪽.

123 이상태, 「조선 초기의 풍수지리사상」, 『사학연구』 제39호, 1987, 204~205쪽.

일까? 이와 관련하여 주목되는 자료가 있다. 그것은 태조 이성계가 신하들과 함께 현재 동구릉이 위치한 망우령 근처에 나가서 돌아보는 〈태조 망우령 가행도(太祖忘憂嶺駕幸圖)〉라는 그림이다. 이 그림의 발문을 보면, 의령 남씨 남재(南在, 1351~1419)가 자신의 장지로 준비해둔 곳을 태조의 수릉(壽陵)으로 헌상하게 된 것을 영광으로 여기고 그것을 기념하여 그림을 제작하였음을 밝히고 있다. 곧 건원릉의 자리는 원래 남재의 장지로 정해둔 곳이었다. 언제인지는 알 수 없으나 이곳을 지나던 이성계가 자신의 육신이 영원히 머물 곳으로 결정하고, 남재에게는 다른 곳을 마련해주었다. 이렇게 군신인 이성계와 남재가 모두 영원히 묻힐 무덤〔壽地〕을 갖추어 근심을 잊을 만하다〔忘憂〕며 잠시 머물렀던 것이다. 결국 태조는 살아생전에 스스로 자신이 묻힐 수릉을 정하였고, 그림 속의 망우령은 건원릉으로 가는 길목이었다.

그림을 살펴보면 가운데 부분의 넓은 곳에 빈 교의가 그려져 있는데 이것은 태조 이성계가 현재 존재하고 있음을 의미한다. 일반적으로 중국과 달리 우리나라 회화에서는 왕의 모습을 그리지 않는 전통이 있기 때문에, 왕의 자리는 빈 교의 등을 놓아둠으로써 그 존재를 확인할 수 있다. 교의의 좌우에는 한 쌍의 홍산과 한 쌍의 부채를 비롯하여 월부나 수정장 등 국왕의 위엄을 드러내는 의장물을 갖추어 배치하고 있다. 그리고 태조를 호위하는 무장과 신하 등 국왕의 노부를 그렸다.

이후 태조가 승하하자 1408년(태종 8년) 6월 12일 태종은 하륜으로 하여금 이성계 스스로 찾아낸 건원릉 자리를 보게 하였다. 곧이어 1408년 6월 28일 김인귀가 자신이 사는 검암에 길지가 있다고 하여 하륜 등이

나가서 보고 와서 결정하였다.[124] 결국 태조 건원릉은 이성계 스스로 선정한 수릉지에 조영한 것을 알 수 있다.

한편 태종은 상왕으로 재위하면서 그 또한 자신의 수릉을 조영하기로 하였다. 이를 위하여 광주 대모산을 산릉지로 정하였다가 부인인 원경왕후 민씨가 승하하자 이곳에 헌릉을 조성하였다. 다음의 기록을 살펴보자.

"광주 대모산에 천광하는데 깊이가 12자 3치이니, 주척으로 계량한 것이다. 흙의 빛이 번지르르하고 윤택하여 물기는 없었다. 상왕이 일찍이 이양달을 시켜 수릉을 살펴보았다가 이 땅을 얻은 것이다. 또 진산부원군 하륜과 지산사 유사눌을 시켜 살펴보게 하였던 것이다. 이날에 이르러 상왕이 선지로 이르기를, 조금 동쪽으로 하고 그의 오른편을 비어두어서 나의 백세 뒤에 쓰게 하라."[125]

위 기록을 보면 헌릉 자리는 태종 자신과 이양달이 대모산을 선정하였고, 풍수를 잘 아는 하륜과 풍수가 유사눌로 하여금 살펴보게 하였다. 헌릉에는 태종과 원경왕후 민씨를 합장하였는데, 광 중의 가장 중요한 정혈은 태종 자신을 위해 남기고 원경왕후는 그보다 동쪽으로 치우쳐 묻게 한 것이다.

이처럼 조선 초기의 태조와 태종은 스스로 자신이 묻힐 수릉지를 선정하고 그곳에 안장되었다.

---

124 『태종실록』 권16, 태종 8년 6월 12일, 6월 28일.
125 『세종실록』 권9, 세종 2년 7월 10일.

2) 풍수에 맞는 입지

송대 주자학의 영향을 받아 유교 국가를 표방한 조선에서는 왕릉을 선택하는 것 또한 유교적 예를 행하는 데 있었다. 대행왕의 시신이 묻힌 곳이지만 왕릉의 위치는 다음에 즉위한 국왕이 능행을 하고 능제를 행하는 데 있어서 불편함이 없는 곳이어야 했다. 그래서 왕릉의 명당을 한양에서 100리 이내에 위치한 곳에서 찾도록 『경국대전』에 규정한 것이다.[126]

물론 조선에서 왕릉을 선정할 때 명당의 조건은 풍수지리와 관련된 것이다. 일반적으로 왕릉의 택지는 세(勢), 형(形), 혈(穴)이라는 3가지 조건으로 결정된다. 입지와 지형적 형태는 바람, 물, 불, 나무, 흙에 의하여 발생될 수 있는 화(禍)가 생기지 않는 곳이어야 하고, 뒤에는 주산이 위치하고 앞쪽에 물이 흐르는 배산임수의 지형을 갖고 있어야 한다. 그리고 청룡과 백호를 상징하는 산맥이 좌우로 감싸고 있으며, 안산(案山)과 조산(祖山)이 봉분(封墳) 맞은편에 위치하여 마주 보고 있는 형태를 찾았다. 능역의 구성은, 봉분을 조성하여 능역에 들어서는 사람들로 하여금 시각적으로 아래에서 위를 바라보게 하는 것이었다. 이러한 구조는 고려 태조 왕건의 시신이 묻힌 현릉에서 처음 나타난 것이다. 또한 봉분이 위치하는 방향과 바라보는 방향 또한 매우 중요하게 여겨서 명당을 찾았다.

그렇다면 조선 시대에 왕릉의 입지를 선택할 때 이용된 풍수서는 무엇일까? 그것은 형세론을 언급한 『청오경(靑烏經)』보다 『금낭경(錦囊經)』

---

126 장영훈, 『왕릉풍수와 조선의 역사』, 대원사, 2002, 25쪽; 이덕형, 「조선왕릉 택지와 산론」, 한성대 박사학위 논문, 2013, 96쪽.

이었다. 『금낭경』은 산천의 모양과 현황에 대해 구체적인 형과 세를 조목조목 나열하는 풍수학의 경전인데, 전자와 달리 방위와 시일 또한 중요하게 다루었다. 이러한 경전을 토대로 풍수지리에서 왕릉을 선정할 때에는 장소 선정에 필요한 형기론, 지점과 방향을 검증하는 이기론, 시일의 적합 여부를 따지는 택일선택론이 모두 동원되었다.[127]

능지를 정함에 있어서 여러 도참서(圖讖書)를 참조하였고 관상감 소속 관원과 전문 감여가(堪輿家)가 참여했다. 또 택지를 하는 과정에서 산도(山圖)를 제작할 때는 풍수서에 삽입된 산도의 표현을 참고하였다고 추정된다. 송나라 때 편찬된 『옥수진경(玉髓眞經)』은 구도와 필법이 정제되지 않았으나, 명나라 때 편찬된 『탁옥부(琢玉斧)』나 『인자수지(人子須知)』에서는 형태가 정형화되고 도식화되어 조선 중기 이후 왕실의 산도에 영향을 끼쳤을 것으로 여겨진다.

그러나 풍수라는 것이 체계적이고 엄밀한 것이 아니라서 많은 경우 논란이 되었다. 어떤 경우는 지형보다는 도성과의 거리, 침수 피해 가능성, 뱀 같은 잡물의 방지, 세도가 문중의 무덤 유무 등 현실적인 요건이 풍수보다 우선적으로 고려되었다. 후대로 갈수록 적절한 길지(吉地)를 찾는 것이 더욱 어려워졌으며, 천장을 몇 번 치른 후에 산릉의 선택이 좀더 까다로워졌다. 더욱이 정치적 분쟁과 연관되면서 능지 선정의 양상은 더욱 복잡해졌다.

한편 조선 후기에는 왕릉을 선정할 때 산도를 그려서 활용하였는데

---

127 이덕형, 「조선왕릉 조영형식의 변천과 왕릉 입지 고찰」, 『소통과 인문학』 Vol. 15, 2012, 5~41쪽.

산세, 혈 자리, 방위 등을 표시한 풍수 지도의 형식을 보여준다.[128] 산도는 풍수도라고 부를 정도로 풍수와 깊은 연관이 있었고 왕릉이 위치한 곳을 그림으로 나타내는 산도도 당연히 풍수적 시각으로 제작되었다.

숙종 명릉의 산도를 그린 〈명릉도(明陵圖)〉는 산의 윤곽을 폐곡선으로 그리고 내부는 전체적으로 미점준(米點皴)으로 묘사하였다. 단종 장릉의 산도를 그린 〈장릉도(莊陵圖)〉는 장릉 부분만을 확대하여 왕릉도의 형식을 하고 있다. 산 능선의 끝부분을 동그랗게 묘사하는 것은 명릉도와 유사하며, 주위 산들을 중첩해 처리하는 구성을 엿볼 수 있다. 산의 상하에 명암의 차이를 두어 원근감과 공간감을 표현하고 있기도 하다. 이렇게 『월중도(越中圖)』에 그려진 〈장릉도〉에서는 영월 지역의 험준한 산세를 나타내기 위하여 산 능선을 거칠게 표현하고 있음을 알 수 있다. 한편 『선원보감(璿源寶鑑)』에 수록된 〈장릉도〉는 화면 주위를 발산, 증산, 검각산, 도산 등이 둘러싸고 있는 지리적 위치와 내용은 앞서 살핀 장릉도와 일치한다. 금강과 서강, 청냉포 및 장릉과 자규루, 관풍헌 및 보덕사 등의 사적지도 동일하다. 다만 이전 것보다 생략된 부분이 많고 표현이 간략화된 것이 큰 차이다.

결국 산도는 국왕의 시신이 영원히 안치될 자연 지형의 공간을 풍수적 명당 공간으로 확인하고 기억하게 만들어준다. 이를 위해 혈처(穴處)를 중심으로 그곳을 빙 둘러싸는 원형 구도로 하는 것이 특징이다. 그 전형적인 구도는 왕실 산도에 전통적으로 나타나는 것이라 할 수 있다.[129]

---

128 이예성, 「조선 후기의 왕릉도(王陵圖)」, 이성미 외, 『조선왕실의 미술문화』, 대원사, 2005, 205~234쪽.

129 황인혁·김기덕, 「조선 왕실 산도 중 「장릉도」와 「사릉도」에 관한 연구」, 『역사와 경

이러한 풍수의 여러 조건들은 세와 형을 만족시켜야 하는데, 무엇보다도 왕릉의 입지에서 가장 중요하게 여긴 것은 역시 혈(穴)이었다. 혈을 정하는 것은 주산과 객산 사이의 물줄기를 보고 정하며, 높은 곳에서 평평한 곳, 낮은 곳에서 볼록한 곳, 완만한 곳에서 급한 곳, 급한 곳에서 완만한 곳으로 혈 자리를 정하였다. 이 혈 자리는 바로 국왕의 시신이 영원히 묻히는 현궁이 위치하는 곳이다. 이곳에 구덩이〔壙〕를 파되, 이때에도 비스듬하게 파서 땅의 길한 기운을 국왕의 시신이 받도록 하였다. 혈에 부족한 부분은 메우고 더하면 줄여서 혈을 보호하였다. 결국 국왕의 시신이 묻히는 곳을 정하는 문제에 가장 신경을 썼던 것이다.

조선 시대에 왕릉의 깊이는 어느 정도였을까? 당시 조선 왕실은 일반 백성들은 얕게 파도록 국법으로 정하였다. 그리하여 백성이나 대신들은 무덤의 깊이를 5자로 정하였는데, 만약 법을 어기고 그 이상으로 깊이 파면 왕위를 찬탈할 음모를 꾀한 대역죄인으로 간주될 정도였다. 이렇게 결정한 이유는 백성들이 무덤을 깊이 파서 왕기(王氣)를 가로챌까 봐서이다. 조선 왕실에서는 국왕의 시신이 묻힐 구덩이의 깊이를 극비에 부치기도 했는데, 대행왕의 시신이 땅에서 지기(地氣)를 받을 수 있도록 백성들보다 두 배나 깊은 10자를 파도록 정하였다. 10자 깊이의 땅 기운을 받아 후대의 왕들이 대행왕의 기운을 받도록 하려는 깊은 의도가 숨어 있었던 것이다.

조선 왕릉의 입지를 선정하는 것은 주자의 『산릉의상(山陵議狀)』이 지침서가 되어 택지 선정에 많은 영향을 끼쳤다. 택지는 세(勢)와 형(形)과

계』 91, 2014, 90~92쪽.

혈(穴)을 바탕으로 하고 국장에 좋은 연월일시를 택일하는 방식이 더해졌던 것이다.

3) 좌향(坐向)과 침향(枕向)

풍수지리에서 방향의 개념은 절대향과 상대향을 사용한다. 절대향은 어떤 지리적 환경에서도 항상 같은 방향을 유지하는 것이다. 이것은 조선 왕릉을 비롯하여 건물 등의 좌향을 잡을 때 남향을 지향하는 것에서 확인된다. 반면 상대향은 지리적 환경에 영향을 받아 그때그때 향이 달라지는 경우이다. 예컨대 궁궐에서 임금은 북쪽에 위치하여 남면하기 때문에 경복궁의 근정전을 비롯한 정전은 남향으로 잡는 것이 절대향이지만, 창경궁의 명정전은 지형적 특성 등을 고려하여 동향하였는데 이러한 것을 상대향이라고 한다.

특히 풍수지리의 유파 중 이기파에서는 왕릉을 비롯한 무덤의 좌향은 매우 중요하게 여긴다. 그들이 말하는 좌향은 단순한 위치나 방향 표시가 목적이 아니라 그 터의 길흉화복과 관계된다고 본다. 이 때문에 무덤에 묻힌 시신의 머리를 두는 방향으로서의 침향과 주산의 방향을 좌(坐), 시신의 다리 방향이 안산을 보는 것을 향(向)이라고 하여 중요시한다.

조선 왕릉에서는 좌향을 중요하게 여겼는데, 그 이유는 무엇일까? 그것은 신라 왕릉 이래로 왕릉을 호위하기 위해 방위마다 십이지신상을 호석으로 빙 둘러 배치한 데서 알 수 있다. 이것은 고려 왕릉에도 계속 이어져 병풍석의 면석에 십이지신상을 새긴 것에서 확인된다. 조선 왕릉에서는 어떤 때는 십이지신상을 새겼으며, 어떤 때는 십이지간지를 문자로 새겨서라도 십이지가 상징하는 방위를 표시하였다.

조선 왕릉에서 대행왕의 시신을 넣기 위한 광(壙)의 깊이는 좌향을 정하는 분금(分金)에 영향을 주었다. 왕릉의 능역에서 가장 높은 곳은 왕의 능침 구역으로서 중앙에 봉토를 쌓았다. 이때 봉분의 붕괴를 막기 위하여 면석(面石)과 우석(隅石) 및 탱석(撐石), 그리고 갑석(甲石) 등으로 구성된 병풍석이 설치되었다. 봉분 아래를 12각으로 두르는 병풍석의 면석에는 신라 왕릉에서 영향을 받은 십이지신상이 배치되었다.

조선 초기 왕릉에는 이러한 병풍석의 우석에 금강저와 금강령 모양이 조각되어 고려 공민왕 현정릉의 영향을 엿볼 수 있고, 유교적 도상과 불교적 도상이 서로 습합된 경향을 확인할 수 있다. 이러한 불교적 문양은 『세종실록 오례』나 『국조오례의』에 의해 규범화된 이후에는 조성되지 않았다.[130]

조선 왕릉의 모든 왕릉은 좌향과 십이지신상의 배치가 일치한다. 예를 들어 계좌(癸坐) 방향인 건원릉은 정북향인 좌향에 쥐의 형상을 배치하고 있는데, 이것을 기준으로 시계 방향으로 십이지신상을 배치하였다.

이처럼 조선 왕릉의 병풍석에 십이지신상을 배치하는 것은 좌향을 기준으로 하며, 침향에 의해 12방위를 배치한다는 것이다.[131] 이때 좌향은 침향과 밀접한 관련이 있다는 것이다. 침향이란 봉분 아래에 망자의 시신이 영원히 머무는 지하 궁전(현궁)에서 시신이 머리를 두는 방향에

---

130 김지연, 「조선 왕릉 십이지신상(十二支神像)의 도상(圖像) 원류와 전개 과정」, 『문화재』 Vol. 42, No. 2, 국립문화재연구소, 198~221쪽; 지혜정, 「조선 전기 왕릉 십이지신상 연구」, 동국대 석사학위 논문, 2015, 15쪽.

131 김은선, 「조선왕릉 십이지신상 연구」, 『동악미술사학』 제15호, 2013, 145~177쪽.

해당되는 것이다. 지하에 위치하여 비록 우리 눈에는 보이지 않으나 병풍석에 표시된 좌향에 의해 시신의 머리가 어느 방향으로 안치되었는지 시각적으로 인지하게 만드는 것이다.

침향은 시대에 따라 조금씩 달라진다. 선사시대에는 해가 뜨는 쪽으로 머리를 두도록 하여 동침이 대부분이었다. 이것은 생명이 부활한다는 상징적 의미를 갖고 있다. 중국 한나라 때는 북침으로 바뀌었으며, 이것은 고구려 시대에 영향을 미쳤고 고려를 거쳐 조선도 마찬가지였다. 조선 왕릉의 침향은 대부분 남향이다. 이것은 조선 시대 이전부터 살아생전의 국왕은 북쪽에 등을 대고 신하들을 보면서 남쪽을 향해 앉는 남면(南面)을 하였다. 따라서 국왕의 사후 육신도 생시와 마찬가지로 남면을 하게 되므로, 시신의 머리는 북쪽에 두도록 침향을 결정하는 것이다.

조선 왕릉은 대체로 남동향을 향하는데, 이는 자좌오향(子坐午向), 즉 떠오르는 해를 오래 받을 수 있는 방향을 지향하였던 것이다.[132] 예컨대 제1대 태조 건원릉은 남, 제3대 태종 헌릉은 남동, 제4대 세종 영릉은 남, 제5대 문종 현릉은 남, 제6대 세조 광릉은 남향이고, 다만 제8대 예종 창릉과 제12대 인종 효릉은 남서향이었다. 이로 미루어볼 때 결국 대행왕의 시신이 생시와 마찬가지로 영원한 안식처인 현궁에서 항상 남면을 하면서 태양을 향하게 한 것이다.

---

132 이채영·천인호, 「조선왕릉의 풍수지리적 해석과 특성 연구」, 『남도문화연구』 제23권, 2012, 258쪽.

2. 왕릉에 지하 궁전을 만들다

현궁은 승하한 국왕의 시신을 모신 내재궁(內梓宮)과 외재궁(外梓宮)을
영원히 안치하는 지하 궁전이다. 조선 초기에는 현궁을 석실로 조성하
여 문종의 현릉까지 이어졌다. 그러나 세조의 유언에 따라 예종은 기존
처럼 석실로 현궁을 만들자는 대신들의 반대를 물리치고 세조의 광릉
을 회격(灰隔)으로 바꾸도록 한 이후에는 그대로 따랐다.

1) 옹가와 수도각

국왕의 시신을 영원히 묻을 명당 자리를 잡고 혈 자리가 결정되면 왕릉
을 조성할 광을 파기 시작한다. 광을 팔 때 일반인들이 국왕의 무덤 자
리를 함부로 볼 수 없도록 하기 위해 옹가와 수도각을 세운다. 이것들
은 외부에서 광중(壙中)을 들여다보지 못하도록 시선을 차단하는 역할
을 한다.

  왕릉 위에 세운 집은 '옹가'라 불렀으며 그것이 그림으로 처음 그려
진 것은 1627년 원종의 예장도감 때이다. 이때 옹가의 형태는 엎어놓

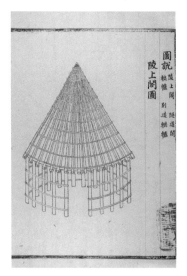

은 옹기 그릇의 형태였다. 이러한 형태는 1649년 인조 장릉의 산릉도감에서도 마찬가지이다. 하지만 영조는 옹가의 모양을 뾰족하게 바꾸어 기둥과 서까래로 분리되게 만들었으며, 그 명칭과 세부 제작 내용은 『국조상례보편』에 수록되었다.[133] 1786년 영조의 원릉을 거쳐 19세기에는 능상각(陵上閣)이라는 명칭으로 정착되었다.

능상각 도설, 『순조인릉산릉도감의궤』, 1836년

기둥(圓棟)은 18개로 길이 9자, 지름 6치로 두 끝을 반쯤 깎아서 구멍을 뚫고 기둥의 윗부분을 뾰족한 부분에 끼우는 것이다. 이렇게 기둥에 상투처럼 촉을 꽂고 보와 도리를 맞춤하여 연결했다. 지붕의 서까래는 대나무를 사용하고 삼으로 꼰 줄로 묶어 31자가 되었다. 지붕과 벽면은 초둔(草芚)이나 유둔(油芚)을 덮거나 가렸고 출입을 위한 남쪽에는 휘장을 설치하여 외부에서는 내부가 보이지 않게 만들었다.

19세기 들어 지붕 꼭대기를 유둔으로 싸는 것은 정례화되었고, 능상각의 기둥 아래에는 〈능상각립주가도리도(陵上閣立株架道里圖)〉라 하여 기둥의 배열 형태와 도리가 간략하게 표현되어 있다. 이것은 새로 국상이 나서 가건물인 능상각 옆에 연이어 새 능을 조성할 때 참작하기 위

---

133 『국조상례보편』, 도설(圖說), 능상각(陵上閣).

해서였다. 예컨대 헌종의 경릉을 조
성할 때 능상각의 기둥을 18개를 세
웠는데 효현왕후의 능을 세울 때는
능과 능 사이가 가까워 14개의 기둥
만 세운 것에서 확인된다.

　수도각은 5량(梁)의 가구 구조로
되어 있다. 기둥이 5개, 길이는 17자
로 세운다. 전체 크기는 2칸 반×1칸
이다. 우선 유둔으로 지붕을 덮고 짚
으로 그 위를 덮어 좌우를 가리는 것
이다.[134] 수도각은 1789년 사도세자
를 융건릉으로 천릉하면서 도설로

수도각 도설, 『정조건릉산릉도감의궤』,
1800년

그려져 이후 전례로 자리 잡았다. 1830년 효명세자(후일 문조)의 연경묘
를 조성할 당시에는 능상각과 수도각이 한꺼번에 그려져 두 가지가 같
은 장소에 존재하였다는 정보를 확인할 수 있다.

　광중은 일명 금정(金井)이라 부르며 그 크기는 단릉이나 쌍릉의 경
우 깊이 9자 4치이고, 길이는 12자 4치이다. 또한 동봉이실(同封異室)이
면 깊이는 10자, 너비는 29자, 길이는 25자 5치가 된다. 고려 시대에 광
중을 2자 내지 3자를 팠던 것에 비해 조선은 그보다 3배 이상 5배까지
더 팠음을 알 수 있다. 앞서 언급했듯 일반인들은 5자 이상 파는 것이

---

134 김왕직,『한국건축용어사전』, 동녘, 2007, 329쪽; 김왕직,『그림으로 보는 한국 건축
　　용어』, 발언, 2000, 60쪽.

산릉 위 옹가와 수도각이 있는 현궁으로 재궁이 올라가는 모습, 『순종국장기념사진첩』, 1926년

금지되어 있었고, 왕릉은 땅의 기운[地氣]을 받을 수 있도록 깊이 10자로 정한 것이다. 이러한 국상과 관련된 내용은 실제 백성들에게는 비밀에 부친 왕실의 비기였다. 백성들이 무덤을 10자 깊이로 파서 왕기를 가로챌까 봐 국가에서는 이 사실을 극비에 부쳤다. 만약 백성들이 정해진 깊이를 어기고 깊게 파서 왕실을 따라 하려면 삼족이 몰살당할 각오를 해야 했다. 옹가나 수도각의 용도 또한 광중의 축조 방법을 기밀로 하기 위한 방책이었을 것이다.

이처럼 조선 초기 왕릉은 『세종실록 오례』나 『국조오례의』 등에 광중의 깊이를 10자로 파도록 규정하였으나 중기부터는 신축적으로 변화하였는데, 풍수적인 영향도 있었지만 혈이 석실 아래에 오도록 하기

5장 현궁을 만들고 산처럼 쌓다

위해서였다. 능침의 혈자리가 그 지형과 지맥에 따라 높고 낮으므로 석실이 정혈에 위치하지 않도록 높낮이를 조정한 것이다.

조선 후기에는 10자를 파지 않는 상황이 많아진다. 경종의 의릉은 8자 4치를, 영조의 원릉은 8자 4치를 팠다. 정조의 건릉은 9자를, 순조의 인릉은 6자 3치를, 철종의 예릉은 6자 2치를, 고종의 홍릉은 8자 3치를 팠다.

2) 석실 현궁

조선 초기의 왕릉은 고려처럼 석실을 묘실로 삼았다.[135] 그러나 관습적으로 석실을 사용하는 것은 예제에 근거한 것이 아니라서 문제가 되었다. 1406년 석실을 쓰는 제도가 예전(禮典)에 없는 것이며 산 사람만 괴롭히고 죽은 사람에게는 무익하니 『주자가례(朱子家禮)』에 의거하여 회격(灰隔)을 쓰도록 의정부에서 요청하였다. 그러나 1408년 태조가 승하한 후 태조의 건원릉을 조성할 때 국장을 주관한 태종은 인정상 석실을 사용하자고 하여 석실로 조성하였다.[136] 그러면서 태종은 1418년 종친이하의 무덤을 조성할 때에는 석실을 없애고 회격을 쓰라고 명하였다. 하지만 조선 왕릉은 여전히 고려 이래의 석실을 사용하여, 2대 정종의 후릉과 3대 태종비 원경왕후와 태종의 헌릉 또한 계속하여 석실로 현궁을 만들었다.

135 김상협, 「조선초기 왕릉 석실구조 연구」, 『대한건축학회논문집』 제24권 8호, 2008. 8, 179~186쪽.

136 『태종실록』 권16, 태종 8년 7월 9일(을묘).

석실로 조성한 조선 초기 왕릉 목록

조성 연대	묘호	능호	능 형식	비고
1342	경순왕후	순릉	단릉	『태종실록』
(1396)	신덕왕후	(구 정릉)	단릉	천장, 현존하지 않음
1408	태조	건원릉	단릉	
1412~1419	정종, 정안왕후	후릉	쌍릉	『세종실록』
1420~1422	태종, 원경왕후	헌릉	쌍릉	『세종실록』
(1446~1450)	세종, 소헌왕후	(구 영릉)	합장릉	천장, 현존하지 않음. 『세종실록 오례』,「국조오례의」
1452	문종	현릉	동원이강릉	문종 현릉 석실, 현덕왕후 현릉 회격

　『세종실록』에는 조선 초기 왕릉을 석실로 축조한 것에 대해 잘 기록되어 있다. 예컨대 태종과 원경왕후 헌릉은 쌍릉, 세종과 소헌왕후 (구) 영릉은 합장릉으로 조성되었다. 그중 헌릉은 두 개의 석실이 조성되어 있어 거의 단릉의 석실 구조와 다를 바가 없다.[137]

　태종의 헌릉을 조성하기 위해 광중의 길이는 9자 4치를 파고 그 바닥면 사방에 잡석과 흙을 이겨서 4자 높이가 되도록 잡석다짐을 했다. 그 후에 지대석(址臺石)을 설치했는데 지대석 위에는 석실의 공간을 만드는 북우석(北隅石)과 양방석(兩傍石), 문입석(門立石)이 올라갔다. 석실에 재궁이 설치되는 곳에는 지대석을 설치하지 않고 그 밑을 비게 하였는데, 돌 위에 시신이 놓이게 되는 것을 걱정했기 때문이다. 석실 바닥에 지대석을 설치하여 그 위에 시신이 놓이게 되면 땅의 기운을 받을

---

137 『세종실록 오례』,「흉례」.

수 없다고 하여 대관이 놓이는 자리에 지대석을 설치하지 않고 잡석과 흙으로 바닥을 삼아 땅의 기운을 받도록 하였다.

산릉 제도의 척도는 자를 영조척(營造尺)으로 사용했다. 우선 석실은 광중에 설치되므로 금정기(金井機)를 놓고 광중을 파기 시작한다. 광중의 깊이는 혈의 깊이에 따라 가변적이나 대체로 10자 미만이었다. 따라서 광중에 대관을 안치할 깊이 10자를 파고 길이는 13자 4치로 단릉과 쌍릉이 동일하다. 이것을 『국조오례의』에 수록하였다.

> 우선 깊이 10자(약 3미터)의 광을 판다. 광의 가로와 세로 너비는 석실 외곽에서 석회, 숯을 포함한 길이에 맞추어 정한다. 석실은 두 개의 실이 있는데, 서쪽 방이 왕이 묻히는 곳이고 동쪽 방이 왕비의 공간이다. 바닥석(문역석, 지석, 박석)의 깊이에 맞추어 땅을 더 파낸 후에 바닥돌을 깐다. 조선 왕릉 석실의 벽면은 북우석(北隅石), 방석(傍石), 격석(隔石), 개석(蓋石) 등으로 이루어져 있는데 이 석물은 모두 양끝을 규격에 맞게 요철을 두어 문이 들어갈 자리를 만들거나 결구를 만들게 되어 있다. 방석, 격석, 개석은 모두 석실의 문에 해당하는 문비석(門扉石)이 들어갈 수 있도록 맞추어 잘라냈으며, 두 개의 북우석은 가운데 돌인 격석이 들어갈 수 있도록 맞추어 잘랐다.[138]

석실의 공간은 지대석 위 북쪽에 북우석을 설치한다. 북우석 양쪽 끝에 방석이 들어가는데 북우석 양 끝을 파서 방석이 직교하여 들어가

---

138 『국조오례의』, 흉례, 치장조(治葬條).

도록 반턱맞춤을 하여 결구한다. 이 북우석과 방석의 결구 방법은 이 것이 석실로 밀려 들어오지 못하도록 하기 위해서이다. 또한 방석 남쪽 양가에는 문입석을 설치한다. 문입석 사이에는 문역석(門閾石)이 들어 가도록 하며 석부재(石部材)가 서로 맞닿은 부분에는 모두 유회(油灰)로 메꾼다. 이렇게 석실의 벽면을 유지하는 부재들을 세우면 북우석과 양 방석의 높이까지 잡석다짐으로 석실 내부의 공간을 제외한 광중의 빈 곳을 잡석으로 메우게 된다. 이때 3면을 메우고 남측 면은 열어둔다.

개석은 두 부재가 들어가는데 석실 후면에 놓이는 개석 밑면에 턱을 두어 북우석과 양방석 위에 설치한다. 이는 석실 안으로 북우석이 밀 려 기울어지는 것을 방지하며 석실 전면에 놓이는 개석 또한 같은 역할 을 한다. 이러한 개석은 석실의 구도적 안정성을 유지하는 가장 중요한 부재이다. 또한 전면 개석은 석실의 재궁이 안치된 후 문의석(門倚石)이 석실 안으로 밀리는 것을 방지하게 된다.

또한 두 개의 개석이 접힌 부분을 유회로 메우고 개석 위에 가치개 석(加置蓋石)을 올리며 가치개석과 개석이 접한 모든 부분을 유회로 메 웠다. 개석 밑의 빈 곳에는 삼물(三物, 석회·세사·황토)로 이겨서 채우는 데, 삼물의 비율은 석회 3, 세사 1, 황토 1이다. 회가 3분의 2가 되면 두 가지를 각각 3분의 1씩 넣었다. 다져 넣고 쌓은 두께가 2자가 되었다. 석실 안의 너비는 8자, 높이가 7자, 길이는 11자이며, 여기에 일월성신 을 그려 넣었다.

한편 합장릉은 두 개의 석실을 한 봉분 안에 배치하는 것으로, 우상 좌하의 법칙으로 서실이 왕릉이고, 동실은 왕후릉이 위치한다. 석실을 벽으로 나누어 한 곳에 재궁이 안치되면 나머지 실은 수실(壽室)로 정

5장 현궁을 만들고 산처럼 쌓다

해두었다. 합장릉의 석실 축조 내용은 『세종실록 오례』, 『국조오례의』
등에 잘 나타나 있다.

국왕의 재궁을 묻기로 정한 시각이 되면 광중에 대관을 안치할 깊이
10자를 파는데 이것은 합장릉이나 단릉이나 쌍릉이 모두 같다. 다만 합
장릉의 남북 길이는 25자 5치이고 동서 너비는 29자로 만드는데, 이 합
장릉의 남북 길이는 단릉이나 쌍릉의 남북 길이가 13자 4치인 것에 비
해 약 2배 정도로 차이가 나는 것이다.

광중의 바닥면에 숯가루〔炭末〕 5치를 쌓아 다지면 그 위에 석회, 세
사, 황토의 삼물을 4자로 쌓아 올린다. 그다음 방석을 빙 둘러 설치하고
격석이 들어가는 중앙에는 두께 4자의 방석을 설치한다. 광중 남면으
로 연도를 만든다. 왕과 왕비의 시신이 윤여(輪轝)를 통해 석실에 안치
하게 되면 문비석과 문의석이 그 앞에 위치하게 되는데 연도로 재궁을
석실 안으로 밀어 넣는 작업을 쉽게 하기 위해서이다.

지석이 설치되고 나면 석체(石砌)를 설치한다. 석체가 닿은 4면 원토
에 깊이 7치를 더 파서 굵은 모래를 사용하여 본토와 같이 다시 메우되
쌓지는 않는다. 석체가 현궁을 안치하는 곳이므로 비와 습기가 침범하
더라도 물이 잘 빠지도록 석체 안에는 본토로 메우되 다짐은 하지 않는
다. 이중으로 견고하게 석재로 실을 만들고 삼물로 회격을 만들어 개석
과 가치개석의 위에까지 사용하면 물이 새어 들어오는 것을 방지하는
것이다. 따라서 조선 왕릉의 석실 축조에서는 구조적인 안정성과 우습
(雨濕)에 대한 방지 등이 중요한 부분이었다.

왕릉 석실 외부의 하부에는 숯가루를 전혀 쓰지 않고, 삼물 또한 석
실 벽을 이루는 부분의 맨 밑에 두 줄로 들어가 기초를 이루는 지석(支

石) 사이를 매우는 데에만 일부 썼다. 벽의 기초를 이루는 지석과 그 위에 걸쳐진 박석(博石), 그리고 박석 위에 세워져 벽을 이루는 우석(隅石), 방석(傍石), 왕과 왕후의 석실 사이를 나누는 격석(隔石) 등으로 둘러싸인 동서 너비 5.5자, 남북 길이 10자의 석실 내부 바닥은 재궁대(梓宮臺), 즉 관을 없는 대의 둘레 골격을 이루는 너비 3.9자, 길이 8.7자의 석체와 그 둘레의 5치 폭 협석(挾石)이 거의 가득 채우고 나머지 좁게 노출된 부분은 굵은 모래와 원래 흙을 섞은 것을 성글게 채워서 마감했다. 그 바닥면의 아래를 보면, 석체가 놓일 곳 아래는 원래 광 바닥을 7치 판 후 굵은 모래와 원래 흙을 섞은 것을 원래 광 바닥 높이까지 다지지 않고 부어 넣기만 했고, 그 둘레의 협석이 놓일 부분만은 단단히 다진 후, 그 흙바닥 위에 동망(銅網)을 깔아서 보강했다. 심지어는 석체조차도 통돌 안쪽을 위아래가 완전히 맞뚫하게 파서 네모난 틀을 만든 것이며, 그 안에는 황토와 가는 모래를 가득 다져 넣어 재궁을 놓을 바닥을 만들었다.[139]

국왕의 재궁이 들어가는 석실 내부 바닥에 숯가루(炭屑)를 1치 정도 깔고, 그 위에 모래를 섞은 회〔사회(沙灰)〕를 간다. 바닥에 깐 사회 둘레에 숯가루를 1치 두께로 집어넣어 아래의 탄격(炭隔)과 닿게 하고 위는 사회 바닥과 평평해지게 한다. 그 위에 석곽을 놓는다. 석곽 사방에는 삼물, 곧 석회와 모래 및 황토의 혼합물이 아니라 모래 섞은 회와 숯가루를 내리붓는다. 관과 곽 사이의 관 아래위와 사방에는 사회를 가득 채우고 곽의 덮개를 씌운다. 그 위에 사회를 펼치고, 숯가루를 더한 후

139 『국조오례의』, 흉례, 치장(治葬).

5장 현궁을 만들고 산처럼 쌓다

흙을 쌓아 무덤 구덩이를 채운다. 사회는 땅강아지와 개미 등 벌레를 막으므로 두껍게 할수록 좋다. 결국 주자의 주장을 따른 『국조오례의』의 「흉례」 편에서는 왕릉의 석실 바깥쪽 네 면과 광 가장자리 사이, 그리고 석실 위를 덮는 개석, 가치개석 위에는 4자 두께의 삼물과 5치 두께의 탄격을 쌓도록한 것이다.[140] 그리고 이것은 임진왜란 직후 1601년 의인왕후의 목릉을 조영할 때도 참고가 되었다.

현궁을 석실로 조성한 다음 지상의 봉분을 만드는데, 그 형태는 병풍석을 비롯한 사대석(莎臺石)과 난간석을 설치한 봉분과 사대석을 설치하지 않는 봉분으로 구분한다.

먼저 사대석이 설치되어 있는 봉분을 살펴보자. 현궁을 석실로 마련하여 그 축조가 끝나면 석실 외변을 삼물과 숯가루, 본토(本土)로 쌓아 개석에 이르면 삼물로 가치개석의 위를 덮는다. 그런 후 초지대석(初地臺石) → 정지대석(正地臺石) → 면석(面石), 우석(隅石) → 만석(滿石) → 인석(引石)의 순으로 사대석을 축조하는 것이다. 여기서 면석이 병풍석에 해당된다. 이러한 사대석의 석부재들이 외면에 설치될 때마다 사대석 내부의 봉분을 한 단씩 쌓아 올라간다. 이에 만석의 높이에 이르면 이를 정지하는 것이다.

사대석이 완료되면 봉분 주위에는 난간석을 둘렀다. 난간석은 지대석 바닥에 꽂는 형식으로 결구를 만들었던 데에 반하여, 병풍석에는 토압으로 인하여 석재가 물러나지 않도록 대인정(大引釘)을 많이 사용하였다. 『국조오례의』에 기록된 대인정은 길이 1자 2치 1푼(약 36.3센티미

---

140 『국조오례의』, 흉례, 치장(治葬).

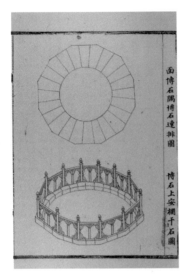

난간석의 구조, 『정조건릉산릉도감의궤』

터), 중인정(中引釘)은 길이 1자 4푼(약 30.2센티미터)이다. 대인정은 정지대석 12개 사이와 면석과 우석 접하는 곳 24군데에 사용하며, 중인정은 만석이 접하는 12군데에 사용한다. 중인정은 1998년에 태조 건원릉 봉분을 수리하면서 발견되기도 하였다.

이렇게 조선 왕릉 내부의 석실은 목조 건물을 만드는 것처럼 결구 방법을 이용하여 만들었고, 대인정과 같은 철물로는 이음새만 단단히 만든 것이 특징이다. 그리고 석실 바깥으로 다시 회를 두르기 때문에 견고할 수 있었다.

3) 회격 현궁

조선 전기에 『국조오례의』로 규정한 탄격(炭隔)과 삼물회격(三物灰隔)으로 보호되는 왕릉 석실의 제도는 제7대 세조가 유명(遺命)에 의해 1469년(예종 1) 광릉을 조성할 때 폐지되었다.[141] 그 영향으로 세종의 초장지 영릉에는 석실이 조성되어 있었으나, 예종 때 여주로 천릉된 세종의 영

141 『예종실록』, 예종 즉위년(1499) 9월 17일(계유).

5장 현궁을 만들고 산처럼 쌓다

릉(英陵)에는 석실을 조성하지 않다.[142] 성종의 선릉을 조성한 이후, 조선 왕릉의 석실 제도는 폐기되었다.

조선 후기에 들어서면 왕릉의 내부를 회격으로 조성하였다. 1601년 의인왕후 목릉이 『국조오례의』의 규정대로 4자 두께의 삼물과 5치 두께의 탄격을 쌓았듯이, 1649년(효종 1) 인조 장릉을 조영할 때도 마찬가지였다. 장릉의 규격을 축소하자고 하면서 회격 4자 중 5치를 감한 3자 5치를 쌓았으나, 탄격을 전부 없애기로 했다.[143]

『주자가례』권4 「상례」에서 회격은 회와 숯 등을 이용하여 광 안쪽을 조성하는 세 가지 방법이 제시되어 있다.[144] 조선 왕릉에 영향을 끼친 내용을 살펴보면, "광 바닥에 탄격 2~3치를 쌓는다. 그 위에 석회, 가는 모래, 황토를 3:1:1로 섞은 삼물을 2~3치 쌓는다. 그 위에 얇은 판으로 곽과 같은 형상으로 회격을 만들고, 그 안쪽에는 역청(瀝淸)을 3치 정도 두께로 바르고, 그 가운데에 관을 놓는다. (회격의) 담은 관 꼭대기보다 4치 높게 하고 그 밖 사방에 둘러서 삼물과 숯(四物)을 채우는데, 얇은 판으로 가운데를 막고 바깥쪽(광 벽과 판자 사이)에는 숯, 관 둘레의 담과 판자 사이의 안쪽에는 삼물을 바닥과 같은 두께로 다져서 판 높이만큼 쌓으면 안팎의 층이 굳어지기를 기다려서 판을 위로 끌어 올려 설치하고 다시 숯과 삼물을 안팎에 다져 쌓는 것을 반복하여 담과 같은

---

142 『구희릉 장경왕후 초장지 보존·정비보고서』, 문화재청, 2008, 46~47쪽.

143 이우종, 「조선왕릉 광중탄격(壙中 炭隔) 조성의 배경과 시대적 변천」, 『대한건축학회논문집 : 계획계』26(4), 대한건축학회, 2010. 4, 191~192쪽.

144 주희(朱熹) 저, 임민혁 역, 『주자가례(朱子家禮)』권4, 「상례(喪禮)」, 작회격(作灰隔), 325~329쪽.

높이까지 쌓는다. 후일 하관(下官)한 후에 관 위에 얇은 판을 놓고 역청을 3치 두께가 되도록 조금씩 부은 후 바깥 뚜껑을 덮고, 그 위에 삼물과 숯을 채우는데 관이 흔들릴 수 있으므로 밟아 다지지 않는 대신 삼물과 숯 모두 바닥과 사방의 2배 두께로 한다.

조선 왕릉 가운데 1515년에 조성하였던 장경왕후 희릉 초장지(初葬地)가 최근에 발굴되었다. 중종의 비인 장경왕후는 1515년에 인종을 낳다가 세상을 떠났고, 당시 왕이었던 중종이 장경왕후 희릉을 서울시 서초구 헌릉 지역에 조성하였다. 1537년에 장경왕후 희릉이 암반 위에 조성되었다는 논의가 일자 희릉을 경기도 고양시 서삼릉 지역으로 천장하였다. 이때 기존의 석물과 회격은 그대로 두고, 비가 안장된 재궁을 이동하였다. 따라서 현재 장경왕후 희릉 초장지는 1515년에 조성된 능의 구조이다.

희릉은 재궁이 있는 상태에서 발굴된 조선 왕릉은 아니지만 16세기 조선 왕릉의 회격 구조를 이해하는 좋은 자료가 된다. 장경왕후 희릉 초장지는 회 두께가 34센티미터 정도 되는데 여덟 차례에 나누어 다졌으며 외부에 숯가루 두께를 21센티미터 정도로 조성하였다.[145] 여기에서 회격 바깥으로 숯을 두르는 모습은 조선 전기의 『국조오례의』에 기술된 내용을 반영하고 있고, 18세기에 편찬된 『국조상례보편』의 회격 구조의 근간이 된다고 볼 수 있다.

---

145 안경호, 「조선 능제의 회격 조성 방법」, 『정신문화연구』 통권 제116호, 한국학중앙연구원, 2009, 324쪽.

4) 삼물로 봉분 축조

봉분의 축조는 개석(蓋石)과 가치개석(加置蓋石)을 설치한 후 초지대석(初地臺石)을 설치함과 동시에 다지기 시작한다. "개석과 가치개석 위에 삼물(三物)과 숯가루의 쌓은 것은 돌의 높고 낮은 것은 헤아리지 아니하고, 각기 돌 위로부터 상항(上項)의 소정된 수량에 의거하여 이를 쌓게 된다."[146] 그 형태는 가마솥을 덮은 형상(釜覆)이 되는데 이때부터 봉분의 모양을 갖추게 되는 것이다.

『국조상례보편』에 의하면, 조선 왕릉에는 광을 두 번 팠다. 이때 재궁이 들어가는 광을 정광(正壙)이라고 부르고, 부장품이 들어가는 앞쪽의 광을 퇴광(退壙)이라고 불렀다. 먼저 택지가 결정되면 정광을 팔 곳에 능상각을 만들어두고, 지면에 금정기(金井機)를 설치했다. 금정기를 설치하면 깊이 10자(약 3미터)로 정광을 파고, 너비와 길이는 각각 재궁보다 3자(약 1미터)씩 크게 팠다. 재궁의 크기에 따라서 광의 너비도 달라졌다.

정광 앞에 있는 퇴광을 파는데, 금정기를 설치하여 정광 깊이만큼 팠다. 퇴광의 흙벽에는 휘장을 설치하고, 퇴광 바닥에 자리를 펴서 윤여(輪輿)를 올렸다. 윤여는 무거운 재궁을 좌우로 옮기는 기구이다. 다시 녹로(轆轤)를 퇴광이 있는 금정기 위에 설치하고, 발인하는 날 재궁이 들어오면 녹로를 이용하여 재궁을 내리고, 윤여를 이용하여 재궁을 외재궁 안으로 넣었다. 그리고 퇴광에 부장품을 안치한 후 삼물을 가득

---

146 『세종실록』, 세종 28년(1446) 7월 19일.

채우고 난간석을 배치하여 봉분을 완성했다.[147]

숯은 해충을 막고, 습기를 제거하는 기능이 있기 때문에 석실 바깥으로 5촌(약 15센티미터) 정도 숯을 두르게 하였다. 조선 후기에 주자학 중심의 예학 사상을 조선의 실정에 맞도록 정리한 사계 김장생(金長生, 1548~1631)의 『가례집람(家禮輯覽)』에서도 숯을 두르게 한 것으로 나오나 영조 대부터 숯을 두르지 않게 하였다. 숯이 회격에서 큰 작용을 하지 못하였던 것과 관련이 있었던 것으로 보인다.

외재궁이 능상각으로 들어오면 산륜목으로 끌어서 외재궁을 정광 위로 올라오게 했다. 녹로의 끈으로 외재궁을 들어 올린 후, 방목, 산륜목, 장강, 횡강을 철거하여 외재궁을 정광으로 내렸다. 재궁의 바깥을 두른 외재궁은 남쪽이 뚫려 있는 형상으로 외재궁을 정광의 남쪽으로 붙여서 재궁을 넣을 수 있도록 했다. 그리고 외재궁을 내려놓으면 그 위로 3개의 횡대판을 펼쳐두고, 삼물을 횡대판까지 쌓아 견고해지면 다시 삼물을 지면까지 쌓았다.[148] 이러한 횡대판은 외재궁 위로 바로 회(삼물)가 닿지 않게 하려는 의도로 설치된 것이다.

능상 반구형은 『순자(荀子)』 「예론 편」에서 "반구형은 살림집의 지붕을 모방한 것이고 광중은 살림방을 모방한 것이라 하여 지하 궁전을 의미한 현궁(玄宮)이라 한다."[149] 하여 이에 준해 사방을 빙 둘러 반구형으로 한 것이다.

---

147 『국조상례보편』 권2, 치장(治葬).

148 『영조실록』 권89, 영조 33년(1757) 5월 6일.

149 배상열, 「산릉의상의 풍수사상 연구」, 원광대 석사학위 논문, 2005, 58쪽.

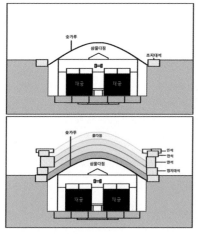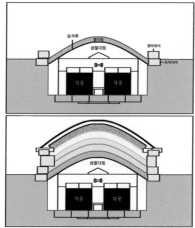

봉분 및 병풍석 조성 순서 출처 : 「조선왕릉종합학술조사보고서」

광에 삼물을 다지는 동안 난간석을 쌓는다. 난간석은 바닥에 초지대석을 두고, 그 위로 모퉁이 돌인 우석과 면석인 난간하지대석(欄干下地臺石)을 설치한 후, 우석 위에는 12개의 석주를 세우고, 대석 위에는 12개의 동자석주(童子石柱)를 세웠다. 금정기를 치우고 삼물을 솥뚜껑 형식으로 쌓고 난간석은 퇴광의 자리를 남겨두기 위하여 남쪽을 비워놓고 만들었다.

5) 병풍석과 와첨상석

조선 후기에 제작된 능은 회격이 견고하기도 하고 능제를 간소화하려는 노력으로 인하여 병풍석을 많이 제작하지 않았다. 양란 이후 조선 후기 왕릉에 병풍석을 만든 사례는 1635~1649년에 조성된 인조 장릉이었다. 그런데 봉분에 뱀이 들락거려 불길하다며 1731년 영조는 장릉을 천장하도록 하였고 이때 병풍석을 새로 제작하였다. 이후 장조 융릉, 고종 홍릉, 순종 유릉이 병풍석과 난간석을 두른 예에 해당된다. 4기의 조선 왕릉의 병풍석에는 조선 전기에 십이지신이 새겨진 것과 달리 병풍석에 모두 모란과 연꽃이 그려져 있는데, 이는 1731년에 조성한 인조 장릉 병풍석에서 비롯된 것이다. 장릉의 병풍석에 새겨진 문양은 모란 문양이다.

한편 조선 후기 병풍석의 변화는 외박석(外博石)의 형태 변화도 수반하였다. 외박석은 15세기에는 결구를 통해 빗물의 유입을 막는 기능적 성격이 강하였다. 그러다가 조선 후기에 병풍석을 만들면서 실제 기와처럼 생긴 와첨상석(瓦簷裳石)으로 조성하였다. 이 또한 병풍석이 조영된 4기의 왕릉에서 확인된다.

그러나 조선 후기 왕릉에서 병풍석 면석에는 대행왕이 생활했던 궁궐의 여러 곳에서 항상 등장하는 모란을 새겨 넣었다.

주지하다시피 조선 전기 능침 위 병풍석에는 시간과 방위를 상징하는 십이지신을 부조로 새겨 넣어 능묘를 호위하도록 하였다. 이것은 고려 왕릉에서 이어진 전통으로 고려 말기 공민왕의 현정릉에서는 불교적인 색채를 더하였다. 그런데 조선 후기에 이르면 대행 국왕의 시신이 생시의 궁궐에서 생활하는 듯 왕릉의 현궁을 조영한 것처럼, 봉분 위 병풍석에서도 마찬가지 인식을 엿볼 수 있음을 주목할 만하다. 조선 국왕이 생시에 모란을 그린 병풍을 궁궐의 여러 행사나 공간에서 주로 사용하였는데, 주검의 공간에서도 생시와 마찬가지로 십이지신상이 아

5장 현궁을 만들고 산처럼 쌓다

니라 모란꽃을 쓴 것이다. 이제 대행왕이 묻힌 봉분 위 병풍석에서조차 생시의 국왕이 살았던 궁궐을 모란 병풍으로 구현해낸 것이다.

3. 현궁에 체백을 모신 재궁을 묻다

왕릉에 도착한 대행왕의 체백은 내외(內外) 재궁(梓宮)에 담겨 현궁에서 영원한 안식을 취하게 된다. 예컨대 영조는 조선 제21대 국왕으로서 1694년 숙종의 2남으로 태어나 1724년 즉위하여 1776년 3월 5일 묘시(卯時)에 경희궁 집경당에서 83세의 나이로 승하하였다. 3월 9일 자정전에 빈전을 만들고, 7월 26일 인시(寅時)에 발인하여 같은 날 신시(申時)에 산릉 정자각에 봉안되었다. 왕릉에 도착한 재궁은 7월 27일 유시(酉時)에 현궁에 내렸다.

1) 하현궁

1776년 정자각에 모셨던 영조의 재궁을 현궁에 내리는 과정을 조금 더 자세히 재구성해 살펴보기로 한다.

의례가 거행되면 대행왕을 상징하는 고명, 시책, 시보를 각각의 요여에 안치하고, 향로(香爐)와 향합(香盒)은 향정(香亭)에 올려놓는다. 여에는 신백함과 우주궤(虞主匱)를 넣고 길유궁(吉帷宮)으로 향한다. 길유궁에 이르면 혼백함은 영좌(靈座)에 놓고, 우주궤는 그 뒤에 두고, 고명과 시책, 시보, 향로와 향합은 영좌 앞에 늘어놓는다. 길유궁 앞에는 길의장을 진설한다.

이제 재궁은 순(輴)에 올라 현궁에 나아가며, 내시는 애책함(哀冊函)을 요여에 안치하고 순 앞에 선다. 우의정이 수건을 올려 재궁을 닦고 관을 덮을 관의를 턴다. 충의위(忠義衛)가 명정을 받들어 인도하면 좌의정이 재궁을 순에 올린 후 삽으로 재궁을 가린다. 순이 현궁을 향하여 오르면 왕은 악차(幄次)에서 나와 지팡이를 짚고 곡을 하며 순을 따른다. 순이 현궁 문밖의 악장에 이르면 재궁을 대관에 안치하고 뚜껑을 덮는다. 내시는 그 위에 관의를 덮고 명정을 놓는다.

영의정이 옥백함(玉帛函)과 애책함, 옥책함을 들고 그 뒤를 따른다. 좌의정은 재궁을 운반할 윤여에 재궁을 올려놓은 뒤 연도로 나아가 현궁 안으로 밀어 넣되, 머리가 북쪽으로 가도록 한다. 우의정은 관의와 명정을 잡고, 영의정은 재궁 서쪽에 애책함을 놓고 남쪽에 증옥함과 증백함을 놓는다. 국장도감의 제조가 보삽, 불삽, 운삽 및 명기와 복완 등을 현궁 안에 진설하고 현궁 안에 넣지 못한 것은 문비석 밖의 편방(便房)에 둔다.

재궁이 현궁에 들어가면 왕이 부복하고 곡을 하며 네 번 절하고 일어나 대행왕에게 하직 인사를 드린다. 산릉도감의 제조는 현궁을 닫아 건다. 우의정이 흙을 아홉 삽을 퍼서 현궁 위를 덮으면 산릉도감의 인원들이 마무리한다. 지석은 석상의 북쪽에 묻는다. 대여와 순 등은 왕릉 안의 서쪽 방향에서 태운다. 그 밖의 사람들이 쓸 만한 것은 태우지

고종 국상 때 홍릉에 설치된 능상각과 수도각, 『고종황제국장사진첩』, 1919년

않는다.[150]

　재궁을 현궁에 내리기 하루 전에 전설사(典設司)는 정자각 서쪽에 있
는 길유궁에 남쪽을 향해 병풍과 장막을 둘러치고 남쪽에 유문(帷門)
을 둔다. 이때 산릉도감의 관원은 현궁의 광 안팎을 정결하게 한다. 능
상각과 수도각에는 휘장과 병풍 및 자리를 설치한다. 광 안에는 사롱(紗

150　송지원, 「국왕 영조의 국장 절차와 국조상례보편」, 『조선시대사학보』 51, 조선시대
　　　사학회, 2009, 199~200쪽.

籠) 4개와 놋대 4개에 연초(燃燭) 8개, 능상각에는 제등(提燈) 8개, 수도 각에는 초롱(燭籠) 4개를 배설한다. 어둠이 내려앉은 시각에 능상각과 수도각 및 현궁을 밝히기 위해서이다.

천전의(遷奠儀) 당일이 되면 산릉도감 제조와 장생전 제조가 인부[作 工]들을 거느리고 퇴광으로 가서 외재궁(外梓宮)의 하우판(下隅版)을 임 시로 열고 기다린다. 이때 왕은 정자각의 유문 안쪽의 북쪽 가까운 서 쪽에서 대기한다. 애책과 옥책을 받들 관원은 수도각 안쪽 동남쪽에 서 고, 정자각의 유문 밖에는 길흉의 연여와 의장, 명기를 발인 때와 같이 진열한다. 길유궁 안 영좌에는 예찬을 진설한다. 그 내부에는 혼백함을 영좌에, 우주궤는 그 뒤에 두고, 고명과 시책, 시보를 놓은 다음, 향로와 향합 및 초는 영좌 앞에 늘어놓는다. 영좌의 왼쪽에는 축문을 올린다. 준을 문밖 동쪽에 설치하고 준소(尊所)에 잔 1개를 놓는다.

2) 길유궁

길유궁은 대나무를 묶어 네 모서리에 기둥을 만들어 세우고 천막을 둘 러치고 휘장 형태로 정자각(丁字閣) 옆이나 정자각과 가정자각(假丁字 閣) 사이에 가설하는 임시 공간이다. 이러한 길유궁은 비록 천막형 임 시 건물임에도 불구하고 1800년 정조의 건릉을 조성하는 산릉도감 때 에 처음으로 의궤에 수록되어, 이후 계속 의궤에 도설로 그려졌다. 산 릉에는 여러 종류의 천막들이 사용되었는데, 그중 유일하게 의궤에 도 설이 수록되었다는 것은 혼령을 모신 공간이라는 상징적 의미와 기능 적 중요도 때문일 것으로 추정한다.

이렇게 길유궁은 혼령을 모시고 의례를 거행하는 건물이기 때문에 위계가 높다. 이에 왕실의 예법에 따라서 휘장의 가장자리에는 청색의 가선을 둘러 장식한다. 건물 바닥은 판자를 깔아 보판(補板)을 대고 앞쪽에 계단 두 개를 설치하여 중앙은 신이 다니고, 왼쪽은 신하들이 다니도록 엄격하게 규정하였다. 보계 바닥에는 궁궐의 실내 공간처럼 지의(地衣)를 깔아 대행왕의 혼령이 생시에 거주하던 궁궐의 기억을 이어가도록 할 뿐 아니라 왕실의 위엄과 권위를 드러내고자 하였다. 산릉에서의 국장 의례가 끝나면 길유궁은 철거된다.

천전의가 진행되는 동안 방상씨가 현궁의 퇴광에 이르러 창으로 네 모퉁이를 치고 나서, 명기와 복완, 증옥과 증백 등을 담은 궤를 동남쪽에 진열한다. 우의정이 동편 계단을 통해 정자각으로 들어가 찬궁(欑宮)의 남쪽으로 가서 북쪽을 향해 부복하고 찬궁을 연다. 고명과 시책 및 시보를 받들어 요여에 안치한다. 향로와 향합은 향정에 놓는다. 여에 신백함을 안치하고, 그 뒤에 우주궤를 놓고 받들어 길유궁으로 간다. 길유궁에서는 신백함을 받들어 영좌에 안치하고 그 뒤에 우주궤를 놓는다. 영좌 앞에 고명과 시책, 시보와 향로 및 향합 등을 놓는다. 길의장은 길유궁 문밖에 좌우로 늘어선다.

좌의정이 여재궁관(舁梓宮官)을 거느리고 윤여로 재궁을 받는다. 내시는 소금저(素錦褚)로 덮는다. 다시 윤여를 따라 올라가 퇴광의 산륜목(散輪木) 위에 재궁을 모신다. 장생전 제조가 가하우판(假下隅板)을 열고 외재궁의 안을 깨끗이 닦은 다음, 소금저를 벗기고 봉심(奉審)하고 싼 것을 풀고 녹로(轆轤)를 이용하여 퇴광 내의 윤여 위로 모신다. 내시가 관의(棺衣)를 걷고 수건과 풀솜을 향온(香醞)에 적셔 재궁을 닦은 다음 내시가 유의(遺衣)를 그 위에 놓는다. 손을 씻은 우의정이 수건을 받들고 나아가 재궁을 닦고, 이어 세 겹으로 관의[三重棺衣]를 덮는데, 처음에는 초록색, 두 번째는 남색, 세 번째는 빨간색 관의이다. 관의 위에는 명정을 올려놓았으며, 그 밑으로 관의가 보이기 때문에 관의의 좌우를 보삽(黼翣), 불삽(黻翣), 화삽(畵翣) 등으로 가렸다.

때가 되면 의식에 따라 현궁을 내려놓는다. 좌의정이 여재궁관들을 인솔하여 재궁을 외재궁 안쪽으로 모신다. 이를 위해 붙임목 세 개를 외재궁 안에 둔다. 한 개는 북쪽에 가로로, 두 개는 동서 방향으로 세로로 둔다. 삭목 두 개 중 얇은 끝은 북쪽으로, 동서 양쪽 것은 세로로 둔다. 관축목(貫軸木)은 퇴광의 윤여 북쪽 끝에 설치한다. 장생전 제조가 지게목으로 받쳐서 조금씩 앞으로 밀고 이어 소삭목 두 개를 재궁의 바닥판 아래를 고여 조금씩 움직여 앞으로 밀어 모시는 것이다. 이 일을 마치면 붙임목과 삭목을 모두 빼낸다.

영의정은 애책함을 가지고 들어가 꿇어앉아 재궁의 서쪽에 놓는다. 그다음 증옥과 증백함을 애책의 남쪽에 놓는다. 국장도감의 제조가 소속 관원을 거느리고 보삽과 불삽 및 화삽을 재궁의 양쪽에 세우고, 내시는 유의(遺衣, 수의)로 재궁 위를 덮고, 윤여와 녹로를 치운다. 산릉도감의 제조가 소속 관원을 거느리고 외재궁의 정하우판(正下隅板)을 합친다. 그 합봉한 곳은 둘레에 옻을 입힌 세포(細布)를 바른다. 영의정과 사헌부 집의가 함께 현궁문을 봉표(封標)하는 것을 감독한다. 우의정이 삼물(석회, 황토, 세사)을 아홉 삽을 떠서 덮는다. 산릉도감에 징발된 장인들은 유회(油灰)로 좌우에 장회(墻灰)를 채운다. 정광 남쪽으로 3자 떨어져 가로로 격판을 놓고 회를 쌓는다. 마치 반쪽 솥의 모양처럼 남면에

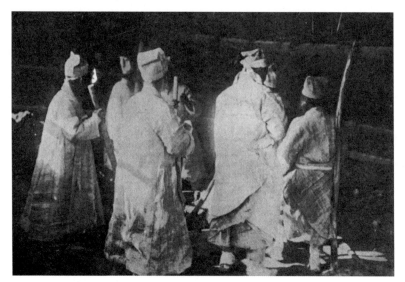

고종 국장 때 회를 다지는 모습, 『고종황제국장사진첩』, 1919년

회를 쌓는다.

　그다음 명기와 복완을 받들고 현궁 내에 미리 숫자에 맞춰 만들어놓은 석함을 퇴광에 준비하고 각각의 목함을 석함 속에 항렬을 맞춰 편의에 따라 진설한다.

5장 현궁을 만들고 산처럼 쌓다

4. 생시처럼 사용할 명기(明器)를 넣다

국왕의 체백이 모셔져 영원히 안식을 취하는 왕릉은 생전에 살았던 궁궐과 마찬가지로 조영하였다. 사후의 국왕이 생전에 썼던 물건들을 부장하여 그곳에서도 아무런 불편이 없도록 한 것이다. 부장품은 사후에도 현세에서와 같이 생활하기를 기원하여 죽은 사람의 무덤에 함께 묻는 기물을 말한다. 조선 왕릉에는 내부에 부장품으로 지석, 애책, 서책, 명기, 복완 등을 넣었다. 지석(誌石)은 피장자의 존재와 생애에 대해 적은 글이고, 애책(哀冊)은 피장자의 죽음을 슬퍼하며 옥간에 적은 글이다. 서책(書冊)은 피장자가 쓴 책이나 피장자와 관련된 책에 해당되며, 명기(明器)는 도자기와 나무 등으로 작게 만든 식기이고, 복완(服玩)은 피장자와 관련된 의복과 장신구이다.

1) 명기의 개념과 역사

『예기(禮記)』「단궁(檀弓)」에 의하면 죽은 자를 완전히 죽은 것으로 대하면 어질지 못한 것이고, 그렇다고 산 자의 예로 대하는 것도 지혜롭지 못하다고 보았다. 이 때문에 여러 그릇 중에서 살았을 때와 마찬가지로 명기를 만들되 대나무 그릇은 쓸 수 없고, 질그릇은 광택이 없으며, 나무 그릇은 다듬지 아니하고, 거문고와 비파는 벌여놓으나 연주하지 못하고, 생황은 갖추었으나 불 수가 없으며, 종과 경쇠는 있어도 순고(簨簾)는 없도록 하였다. 이렇게 만든 그릇을 명기라고 불렀는데, 그것은 신명(神明)함을 상징하는 것이었다.[151] 이처럼 명기는 단지 무덤 안에 들어가는 물건이라는 사전적 의미에 더하여 망자를 위해 평소보다 작게 만들고 실제로는 사용할 수 없고 관념적 존재로서 망자의 사후 공간에 배치된 의물로 해석할 수 있다. 김장생은 『가례집람』에서 부장품에 관련된 내용을 다루었다.

> 죽은 자를 보내는데 완전히 죽은 자로 대하면 어질지 못한 것이고, 완전히 산 자에 대한 예로 대하면 지혜롭지 못하다. 이 때문에 선왕께서 명기를 만들어 죽은 자를 전송하는 데 쓰도록 하였다. (중략) 물품을 갖추어 두었으나, 죽은 자로 대우하지 않는 것이고 쓸 수가 없으니 산 자로 대우하지도 않는 것이다. 그것을 명기라고 하는 것은 신명의 도로서 대하는 것이다. (중략) 『주관(周官)』을 보면 신에게 베풀어지는 모든 물품은 모두 '명(明)' 자를 붙였다.[152]

이에 따르면 명기는 실제로 사용하는 것이 아니라 죽은 자를 보내기

---

151 『예기(禮記)』 권3, 단궁(檀弓).

152 김장생(金長生), 『사계전서(沙溪全書)』 권29, 「가례집람(家禮輯覽)」, 상례(喪禮).

위하여 만든 것이다. 따라서 고려 왕릉의 부장품이 실물 크기로 나온 것과 달리 조선 왕릉의 부장품이 작은 크기로 만들어진 것은 주자학에 따라서 죽은 이를 위하여 만든 것을 확인할 수 있다. 또, 김장생의『경서변의(經書辨疑)』'단궁' 편에는 명기(明器)란 신명에게 쓰는 그릇이고, 용기(用器)는 생전에 사용하던 그릇이라는 내용이 있어 죽은 자와 산 자의 그릇을 구분하였던 당대인의 인식을 알 수 있다.

이처럼 명기는 고대의 순장 제도에서 그 유래를 찾을 수 있다. 고대에는 국왕 등 권력자가 사망하면 생전에 그를 모시던 부인이나 신하 등 살아 있는 사람들이나 가축들을 함께 묻는 순장 제도가 성행하였다. 중국 은나라 때부터 은허의 유적에서 이렇게 생사람과 말 등을 순장한 사례가 있다. 우리나라에서도 가야의 무덤에서 순장한 경우를 찾을 수 있다.[153]

하지만 이렇게 산 사람을 순장하는 것이 비인도적이어서 진한대부터는 흙으로 빚은 토용(土俑)이나 나무로 만든 목용(木俑)을 대신 넣기 시작하였다. 유명한 진시황릉의 토용이 대표적인 사례이다. 그렇지만 중국에서는 명 태조 효릉에도 비빈이나 신하들을 순장하여 그 연원도 올라가고, 그 영향도 오랫동안 지속되었다.

우리나라의 경우 삼국 시대의 고분에서 금속제와 토제 명기가 발굴되었다. 이 부장품은 피장자가 사용한 것이 아닌 의장용 장신구와 토기, 순장의 성격을 지닌 토용 등이다. 왕릉에서도 명기가 다수 출토되

---

153 박혜련,「명기의 형태 및 의미에 대한 고찰 : 신라와 가야시대를 중심으로」, 이화여대 석사학위 논문, 1985.

었다. 백제의 무령왕릉에서 금 장식의 관 꾸미개를 비롯하여, 베개나 귀고리 등 다종다양한 유물이 출토되었다. 신라에서는 금관총이나 천마총 및 황남대총 등에서 금관, 금목걸이, 금팔찌, 칼, 그릇 등 금 세공품을 많이 부장하였다. 가야에서는 지산동 고분군과 도항·말산리 고분군에서 토기와 철기 및 갑옷과 투구 등이 부장되었다. 고려 왕릉에서는 일상 생활용품과 청자 등이 부장되었다.

고려 능묘에서는 청동제인 동경, 가위를 비롯하여 청자인 대접, 병(瓶), 발(鉢), 호(壺) 및 구슬 등을 부장하였고, 청자의 경우는 소형이 거의 없으며 실제 사용했던 크기의 용기를 부장한 것이 많다. 고려 묘에서 출토된 유물을 보면 시저(匙箸, 수저)는 빠짐없이 부장되었고, 일상생활에서 필요한 그릇인 청자, 백자 등으로 된 발, 접시, 병 등이 나타났다. 강화도에 있는 왕릉은 12세기부터 13세기에 조성되었는데, 고려 인종 장릉, 명종 지릉, 희종 석릉 등에서 출토된 명기는 실제 사용하던 크기의 청자 접시, 병, 잔 등이다.

중국 송대에는 유교적 예제가 자리를 잡혀갔고 『주자가례』에 의하면 명기는 장사 지낼 때 무덤 속에 시신과 함께 묻는 석물(石物)로서 식기, 악기, 집기, 무기, 시종자(侍從者) 형상의 인형을 말하였다. 나무를 깎아 수레와 말, 하인과 시녀가 각각 봉양하는 모습을 형상으로 만들었는데, 무덤 피장자의 평상시 생활을 형상화하되 크기를 작게 만들었다.[154]

---

154 『주자가례(朱子家禮)』 권4, 상례(喪禮), 치장(治葬), 조명기(造明器).

2) 조선 전기의 명기

조선 시대의 명기에 대한 관념 또한 『예기』와 마찬가지이다. 『세종실록 오례』에 의하면 명기는 "신명(神明)으로 모양은 평시와 같이 만들되 추악(麤惡, 품질이 거칠고 언짢음)하고 작다."라고 정의하고 있다. 『국조오례의 서례』에서 명기는 "생시와 같은 형상으로 추악하고 작게 만드는데, 이것은 신명이다."라고 하였다. 양자 또한 중국과 다르지 않아 형태는 일상 생활용품과 같으나 크기가 작고 재료가 거칠고 만듦새가 추악하다는 것이 일치한다.

유교적 상장례를 적극적으로 수용한 조선은 건국 이후 명기 제도를 마련하여 적용하기 시작하였고, 송대의 『주자가례』에 입각하여 왕실의 상장례를 진행하고자 『국조오례의 서례』 등의 국가 의례서에 규정하였다.[155] 조선 왕릉의 부장품은 크게 명기와 복완, 증백, 증옥, 지석 등으로 나뉘며 그중에서도 명기에는 제기, 식기, 용기, 악기, 목인, 무기, 식기가 있으며, 복완은 왕과 왕후의 성별에 따라 다른 복식을 넣었다. 또한 능에서 명기와 복완은 석실 안, 재궁 옆에 두는 점을 명시하였다. 미처 다 들어가지 못한 부장품은 석실 바깥의 편방(便房)에 둔다.[156]

조선 전기에 왕릉의 부장품 내용을 다룬 문헌은 『조선왕조실록』, 『국조오례의』가 있다. 특히 『세종실록』에는 세종과 단종 연간에 장례를 진행한 인물에 대한 부장품 목록이 기록되어 있으며, 이를 정리하

---

155 김명숙, 「조선 후기 면복의 변천-국장도감의궤 服玩 도설을 통한 고찰」, 『복식』 7, 한국복식학회, 1983, 115~126쪽.

156 『국조오례의』, 「흉례」, 천전의(遷奠儀).

여 『세종실록 오례』에 왕과 왕후의 부장품 내역을 확립하였다. 1420년 승하한 태종의 비 원경왕후, 1422년 태종, 1441년 문종비 현덕왕후와 1452년 문종의 부장품이다. 즉, 태종, 원경왕후의 봉분이 쌍분 형태로 조성된 헌릉, 문종과 현덕왕후의 현릉에 해당된다. 해당 부장품에 대한 내용은 명칭과 수량이 있고, 크기와 재질은 명확하게 알 수 없다. 다만 『세종실록 오례』에는 명기와 복완의 일부 도설과 재질에 대한 내용이 남아 있다.

조선 시대 명기 기록이 처음으로 등장하는 것은 3대 태종비 원경왕후 민씨(1365~1420))의 국상 때부터이다. 1420년 7월 10일 원경왕후는 별전에서 승하하였고 장례 절차와 의식은 『주자가례』에 의해 거행하였다. 천전의식(遷奠儀式) 중의 명기는 물품의 종류와 개수 등이 보이나 재질이나 크기, 색칠 및 제작 방법은 기록되지 않아 알 수 없다. 명기는 크게 네 종류로 구분되어 우선 그릇 및 일상 생활용품류, 다음 악기류, 마지막으로 목용류 등이다. 제기는 16종 55점, 그릇류는 18종 41점, 악기류는 15종 37점, 목용류는 5종 124점이었다. 무엇보다 주목되는 점은 순장제의 유습으로 목마(木馬)와 목노비(木奴婢) 및 목악인(木樂人)을 대량으로 제작하여 납입한 점이다.

그로부터 2년 뒤인 1422년 태종(1367~1422)이 승하한 후 천전의를 거행하는 기록에 명기의 종별 수량이 기록되어 있다. 명기의 종류는 앞서 제기, 그릇류, 악기류, 목용류는 일치하나 여기에 더하여 무기류를 추가하고 있다. 국왕은 왕후와 달리 국가를 경영하면서 병권을 통수하기 때문에 생전에 무기류를 사용하였다. 이 때문에 사후 공간인 왕릉에도 대행왕의 시신이 모셔진 현궁의 옆에 무기류를 명기로 제작하여 납

5장 현궁을 만들고 산처럼 쌓다

입하였던 것이다. 당시 제작한 무기류는 7종 14점이었다. 갑옷과 투구, 창과 방패, 활과 화살 등을 넣은 것이다.

태종과 원경왕후의 장례 때 명기를 제작한 기록은 이후『세종실록 오례』에 수록되었고, 명기는 발인 전에 영구를 옮길 때 지내는 제사인 천전의식 항목에 수록되어 있다. 아울러 명기 중 일부 품목은 도설로 그려져 있다. 이들 중 악기류는 35종 82점으로 두 배 이상 늘었는데, 향악기와 당악기로 구분하여 제작했기 때문이다. 제기류와 그릇류 및 악기류를 제작하는 재료는 와제(瓦製)로 바뀌어 거칠어졌다. 목용류는 종별은 그대로이나 수량이 늘어나서 태종 대부터 종류가 나뉘고 수가 늘어 목공인 33인과 목가인 8명으로 총 41명을 만들었다.

정리해보자면, 첫째, 조선 전기의 부장품은『세종실록 오례』에서 종류와 수량이 정립되었다. 기존의 명기 중 제기는 향완(香椀)으로 이어지다가『세종실록 오례』에서 향로로 확립되어 대한제국까지 이어졌다. 악기의 종류가 이전에는 아악기 위주로 15종이었으나『세종실록 오례』에서 아악기, 당악기, 향악기가 고루 갖추어져 33종으로 확립되고 문종 현릉까지 이어졌다. 이는 세종 대에 아악의 부흥으로『악학궤범(樂學軌範)』이 편찬되고 국내 악기 생산이 발전한 점이 반영된 것으로 볼 수 있다.

둘째, 조선 전기 부장품 중 제기와 식기의 재질이 다양하다. 조선 후기의 명기 재질은 대체로 백자인 데 반하여 조선 전기에는 와(瓦)로 하였는데, 반발(飯鉢)과 같은 실생활용품을 와(瓦)로 하였다는 점이 특이하다. 이러한 점은 왕릉의 명기는 사용하던 기물을 부장한 것이 아니라 국장 때 명기를 새로 만들었다는 점을 보여준다. 또 제기의 종류는 조

선 사대부의 묘에서 출토된 제기와 다르다. 왕릉 부장품 중 제기는 변
(籩), 두(豆), 보(簠), 궤(簋)를 비롯한 소(筲), 앵(罌), 작(爵) 등이 있는데,
이는 모두 왕실 제례에서 사용하는 제기로 해당 명기는 피장자의 신분
을 보여주는 주요한 사항이다.

셋째, 복완은 피장자의 성별에 따라서 구성이 확연하게 달라지며 왕
후의 복완은 백색, 홍색, 녹색의 복식이 있고, 국왕은 제례복인 면(冕,)
규(圭), 상(裳,) 수(綬) 패옥(佩玉) 등으로 구성된다. 왕과 왕후의 공통적
인 복완으로는 거울과 빗함, 토등상(土藤箱)이 있다. 원경왕후의 복완은
장삼, 한삼, 군 등이 다양한 색상으로 여러 벌 있는데, 왕의 복완보다 훨
씬 더 많은 수량이다. 이는 여성의 복장 종류가 많은 이유도 있지만, 15
세기에는 복완의 종류와 수량이 확립되지 않았기 때문이다.

넷째, 왕후와 세자빈의 부장품 구성에서 크게 차이를 두지 않았다.
1420년 원경왕후는 왕후의 지위에서 승하하였고, 1441년 현덕왕후는
세자빈의 지위로 장례가 진행되었는데 제기, 목인, 복완의 수량이 원경
왕후보다 조금 적어졌을 뿐이다. 현덕왕후가 산후병으로 졸(卒)하자 세
종은 염빈도감(斂殯都監) 설치를 명하여 세자빈의 상장례를 원경왕후보
다 내리고, 세종의 장녀 정소공주의 예보다 일등(一等)을 더하도록 하였
다. 조선 전기에는 왕의 장례를 국장, 대상(大喪), 대휼(大恤)로 정하고,
왕후의 장례를 내상(內喪)으로 정하였던 기록이 있지만, 왕세자와 왕세
자비에 대한 장례인 소상(小喪) 절차에 대한 구체적인 논의가 적었다.
조선 전기에는 소상이 있을 경우 전례(前例)와 인물의 사회적 위치에
따라서 장례 절차를 결정하였고, 그에 따라 변동이 있었다는 점을 알
수 있다.

다섯째, 목안마, 목산마, 목노비, 목향악인(목가인)처럼 나무로 제작한 부장품은 15세기 기록부터 나타나며 18세기 초까지 해당 부장품이 이어진다. 이 부장품은 죽은 후에도 피장자를 모시는 순장의 성격을 지니고 있다.

3) 조선 후기 왕릉의 명기

조선 후기에 왕릉에 납입할 명기와 복완의 제작과 조달은 국왕이 승하한 후 설치된 국장도감(國葬都監)의 이방(二房)에서 담당하였다. 이방은 국장에 쓰이는 길의장과 흉의장, 복완, 명기의 제작을 담당하였다. 이것들을 기록한 『국장도감의궤』가 현존하며 그 기록이나 품목이 자세하다.

의궤에 의하면 영조 대 『국조상례보편』의 이전과 이후로 명기의 종류가 변화되었다. 16대 인조를 비롯하여 20대 경종까지 국왕의 명기 종류는 82기였다가, 『국조상례보편』을 펴낸 이후 21대 영조부터 27대 순종까지 명기의 종류는 40기로 절반 이상 줄어들었다. 한편 왕비의 명기에는 무기류가 포함되지 않아 국왕의 명기보다 줄어들었다. 그중 16대 장렬왕후부터 20대 선의왕후까지는 71기였으나 『국조상례보편』이 정착된 23대 순원왕후부터는 32기로 절반 이상 줄어들었다.

『국조오례의』부터 숙종의 국장 때까지 명기 중에는 나무로 만든 악공인 목공인 33개와 노래를 부르는 사람인 목가인 8개가 포함되어 있었다. 1744년 영조는 대신들에게 능 부장품으로 목노비를 넣게 된 연원을 물어보았고, 그에 대하여 『속오례의』 편찬에 참여한 윤광소(尹光紹)

조선 후기 국장도감 이방에서 제작한 명기의 종별 수량

대	묘호	능호	연도	제기, 그릇	악기류	무기류	목용류	합계
14	선조	목릉	1608	36	28	5	6	75
16	인조	장릉	1649	36	34	6	6	82
	장렬왕후	휘릉	1688	36	29	-	6	71
17	효종	영릉	1659	36	34	6	6	82
	인선왕후	〃	1674	36	29	-	6	71
18	현종	숭릉	1674	36	34	6	6	82
	명성왕후	〃	1683	36	29	-	6	71
19	숙종	명릉	1720	36	34	6	6	82
	인경왕후	익릉	1680	36	29	-	6	71
	인현왕후	명릉	1701	19	29	-	6	54
	인원왕후	〃	1757	34	31	-	-	65
20	경종	의릉	1720	36	34	6	6	82
	선의왕후	〃	1730	36	29	-	6	71
21	영조	원릉	1776	23	11	6	-	40
	정성왕후	홍릉	1757	34	31	-	-	65
	정순왕후	원릉	1805	21	10	-	-	40
22	정조	건릉	1800	23	11	6	-	40
	효의왕후	〃	1821	14	11	-	-	25
23	순조	인릉	1834	23	11	6	-	40
	순원왕후	〃	1857	21	11	-	-	32
24	헌종	경릉	1849	23	11	6	-	40
	효현왕후	〃	1843	14	11	-	-	32
	효정왕후	〃	1904	21	11	-	-	32
25	철종	예릉	1863	23	11	6	-	40
	철인왕후	〃	1878	21	11	-	-	32
26	고종	홍릉	1919	23	11	-	-	40
	명성황후	〃	1895	21	11	-	-	32
27	순종	유릉	1926	23	11	6	1	40
	순명황후	〃	1904	23	11	6	-	32

5장 현궁을 만들고 산처럼 쌓다

가 목노비는 주나라부터 이어진 것으로 순장을 대신하는 것이라고 말하였다. 영조가 목노비를 없애라고 하자 대신들은 예로부터 이어지는 것이기 때문에 신중해야 한다고 하였고, 영조는 목인이 순장을 대신한 것이라면 목인을 대신하여 순장이 또 이루어질 수 있으니 폐단을 방지하기 위하여 목인을 없애라고 한다. 1746년에 편찬한 『속대전』에는 국장과 예장에 목인을 영구히 사용하지 말라는 하교가 수록되었다.[157]

1751년에도 목악공까지 모두 제거하여 인물의 형상을 본뜬 모든 것은 부장품에서 영원히 제한하도록 하였고, 같은 해에 영조는 『속오례의』 내용을 논의하다가 제기인 와부, 와정, 변, 두는 그대로 두고 명기 중 목노비, 목산마, 목공인을 모두 없애라고 하였다. 1757년에는 명기 중 악기를 연주하는 목공인, 목가인을 줄였는데 악기가 그대로인 것은 맞지 않다고 하여 자기 6종, 죽기 4종, 악기는 아악기를 중심으로 7종만 보존하고 모두 감하였다. 결국 목노비 50개를 명기에 포함시켜서 광중에 매장하던 전통도 폐지하도록 하였다. 영조는 『국조오례의』와 달리 명기와 복완의 내용을 줄이게 하였다.[158]

이처럼 18세기 영조 대에 들어서 부장품이 크게 줄었다. 명기 가운데 제기의 수량이 크게 줄었고, 식기와 용기, 목인은 모두 사라졌으며, 악기의 규모도 3분의 1로 축소되었다. 또한 왕세자나 왕세자빈 및 왕세손 등 왕실의 상례가 빈번하면서 『국조오례의』의 내용에서 미비했던 것을 보완하였다. 영조의 장남인 효장세자(추존 진종)와 큰며느리인 효

---

157 이현진, 「조선 후기 세자빈 禮葬 의례와 그 특징」, 『한국문화』 73집, 서울대학교 규장각 한국학연구원, 2016, 333쪽.

158 송진욱, 「朝鮮王室의 明器 기록」, 단국대학교 석사학위 논문, 2015.

순헌빈(추존 효순황후), 큰손자인 의소세손 등의 장례가 잇따라 발생하자, 영조는 장례 의례서의 편찬에 착수하여 1752년『국조상례보편』을 제작하여 왕세자를 위한 소상과 왕세자빈을 위한 소내상을 정비하였다. 그러나 1757년 영조의 원비 정성왕후와 숙종 계비 인원왕후가 승하하면서 왕비의 상장례인 내상도 정비되었다.

하지만 영조 대에 추가된 부장품이 있는데, 바로 '어제궤'이다. 17세기『국장도감의궤』에서는 '서책궤'를 두어 왕과 왕후의 능에는 모두 책을 부장하였는데, 1776년 영조 원릉의 부장품부터 '어제궤'가 새롭게 나타난다. 어제궤는 1800년 정조 건릉에 6함, 순조 인릉에『순재고(純齋稿)』10책, 철종 예릉에『중재고(中齋稿)』, 고종 홍릉에『주연집(珠淵集)』20책, 순종 유릉에『정헌집(正軒集)』5책으로 이어진다.

『국조상례보편』의 명기에 대한 기록은「발인 도설」부분에 그림이 그려져 있고,「발인의」부분에 명기의 종류가 수록되어 있다.

『국조상례보편』명기 도설의 대상별·종별 수량

종류	명기 물품			국왕 (대상)	왕비 (내상)	왕세자 (소상)	왕세자빈 (소내상)
	물품명	재질	색상				
그릇	소	대나무		8	8	8	5
	무	와		1	1	1	1
	반발	백토		1	1	1	1
	시접	백토		1	1	1	1
	시	산유목	흑진칠	1	1	1	1
	저	산유목	흑진칠	1	1	1	1

그릇	부	와토		1	1	1	1
	정	와토		1	1	1	1
	작	외토		1	1	1	1
	변	대나무	흑진칠	6	6	4	4
	두	백토	흑진칠	6	6	4	4
	보	백토		1	1	1	1
	궤	백토		1	1	1	1
	향로	백토		1	1	1	1
	향합	가래나무	흑진칠	1	1	1	1
악기	종	구리		1	1	1	1
	경	백토		1	1	1	1
	훈	와		1	1	1	1
	소	가목	흑칠	1	1	1	1
	생	가래나무	주칠	1	1	1	1
	지	오죽		1	1	1	1
	축	가목		1	1	1	1
	어	가목		1	1	1	1
	금	오동나무	흑칠	1	1	1	1
	슬	오동나무	흑칠	1	1	1	1
	고	가목		1	1	1	1
무기류	동시	대나무	왜주칠	8	-	-	-
	흑시	대나무	순흑칠	-	-	8	-
	동궁	대나무	왜주칠	1	-	-	-
	흑궁	대나무	흑진칠	-	-	1	-
	착	남죽		1	-	-	-
	갑옷	청능화지		1	-	-	-
	투구	가판		1	-	-	-
	방패	가목		1	-	-	-

18세기 중반에 『속오례의』와 『국조상례보편』을 편찬하면서 의장을 비롯한 절차와 구성을 대폭 축소한 점이 조선 왕릉에도 반영되었다. 1774년 이후로 목노비와 목안마 등 목인의 부장을 금하였고, 1758년 이후로 명기 중 제기, 악기, 무기의 감축이 이루어졌다.[159]

　조선 전기에 『세종실록 오례』에 명기의 종류와 수량을 명확하게 한 후 바로 만들어진 왕릉인 1452년 문종 현릉에는 해당 내용이 그대로 반영되었다. 조선 후기 영조 대에 부장품에 대한 논의가 이루어져 『국조상례보편』이 편찬된 후, 1776년 영조 원릉을 조성할 때 그 부장품은 해당 예서(禮書)를 따라 그대로 제작하였다.

　1720년 숙종의 명기와 복완은 15~17세기의 종류와 수량이 대부분 그대로 이어진다. 숙종의 국장 이후 1724년 경종부터 1757년 정성왕후와 인원왕후의 부장품은 숙종의 것과 유사한 구성이다. 그러나 1752년 의소세손 예장 이후로 목인, 목마가 삭제되어 대한제국까지 이어졌다. 1776년 영조의 국장 이후 찬접(饌楪), 소채포해접(蔬菜脯醢楪)의 수량이 기존의 21개에서 6개로 축소되었으며, 와증(瓦甑), 와정(瓦鼎), 와조(瓦竈), 표작(瓢勺), 관반(盥盤), 관이(盥匜), 타우(唾盂), 혼병(溷瓶), 수기(溲器) 등이 삭제되었다. 이때 국왕의 부장품에 있던 무기 중에서 척(戚), 순(楯), 과(戈) 등이 삭제되었다.

　앞서 언급했듯 영조 대에 들어서 왕세자나 왕세자빈의 예장을 여러 번 치르면서 상장례를 개편했다는 사실을 명기의 제작 사례에서 확인

159　송지원, 「조선시대 明器樂器의 시대적 변천 연구」, 『韓國音樂研究』 제39집, 한국국악학회. 2006, 161쪽.

　　　　　　　　　　　　　　　5장 현궁을 만들고 산처럼 쌓다

보	궤	변	두
소	와무	작	향로
향합	와부	와정	반발

시접

할 수 있다. 1728년(영조 4년) 왕세자의 신분으로 홍한 효장세자(추존 진종, 1719~1728)의 예장은 소현세자의 장례와 『국조오례의』의 예를 전례로 삼았다. 당시의 명기 제작은 소현세자 때보다는 이전 시기인 단의왕후 심씨의 예장을 따라 기명류는 변(籩), 두(豆), 보(簠), 궤(簋)는 포함되고 조(俎), 증(甑), 정(鼎)이 줄어들었으며, 악기류와 목용류 또한 줄었다. 무기류에는 착(鑿)이 추가되었다. 이에

『국조상례보편』의 악기류 명기

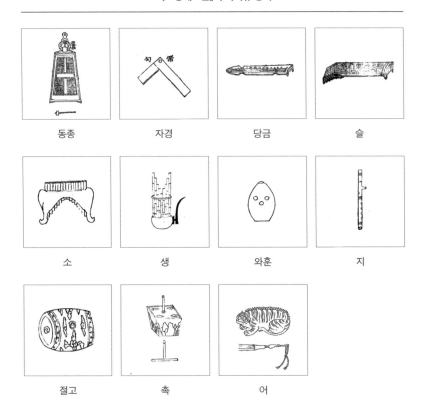

동종   자경   당금   슬

소   생   와훈   지

절고   축   어

『국조상례보편』의 무기류 명기

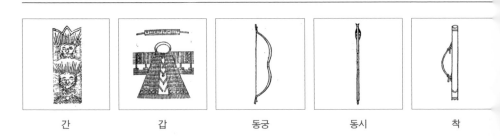

간   갑   동궁   동시   착

따라 명기는 기명류 31기, 악기류 29기, 무기류 3기, 목용류 5기를 제작하였다.

1751년(영조 27년) 영조의 큰며느리이자 효장세자의 빈(후일 효순왕후 조씨, 1751~1751)가 훙하였다. 이때 단의왕후 심씨의 예장을 전례로 삼아 명기를 제작하였는데 그 품목은 기명류는 34기, 악기류는 29기 등 총 63기였다.[160]

다음 해인 1752년 맏손자인 의소세손(1750~1752)이 죽자 영조는 국가의 상장례 전반를 개편할 필요성을 절감하게 되었다. 당시 왕세손의 상례는 전체적으로 진종의 예장을 전례로 삼아 명기 품목을 정하였으나, 기명류에서 궤장이 사라진 것은 효순왕후 조씨의 예장을 따라 기명류 29기, 악기류 28기, 무기류 3기로 총 60기의 명기를 제작하였다.[161] 이를 통해 무기류는 붉은 칠(彤漆)이 아닌 흑칠로 바뀌었다. 당시까지 국가 전례서가 모두 왕과 왕비의 상례 의주(儀註)였는데, 세자나 세자빈 및 세손 등에 대한 의주가 없었기 때문에 영조는 이를 개편하여 『국조상례보편』을 편찬하게 된 것이다.[162] 『국조상례보편』 편찬 이후 왕세자의 예장은 문효세자와 효명세자, 두 건이 있었다.

1786년(정조 10년) 정조의 큰아들인 문효세자(文孝世子, 1782~1786)는 왕세자의 신분으로 훙하였다. 그 장례에서는 『국조상례보편』을 따라

---

160 이현진, 「조선후기 세자빈 禮葬 의례와 그 특징」, 『한국문화』 73집, 서울대학교 규장각 한국학연구원, 2016, 333쪽

161 국립중앙박물관, 『백자항아리』, 2010, 74~75쪽.

162 이현진, 「영조대 왕실 상장례(喪葬禮)의 정비와 『국조상례보편(國朝喪禮補編)』」, 『한국사상사학』 제37호, 한국사상사학회, 2011, 132쪽.

명기도 기명류 10기, 악기류 4기, 무기류 2기 등 16가지를 제작하였다. 명기의 종별로 기명류에서는 부(釜), 정(鼎), 향로, 향합의 4기, 악기류는 훈(壎), 소(簫), 생(笙), 지(篪), 축(柷), 어(敔), 고(鼓)의 7기가 제외되었다. 이처럼 일부의 명기를 제외한 것은 문효세자가 다섯 살의 어린 나이로 죽었기 때문이다.

1830년(순조 30년) 순조의 맏아들이자 대리청정으로 하던 효명세자(孝明世子, 1809~1830)가 죽자 다시 한번 예장을 치르게 되었다. 당시 『국조상례보편』을 전례로 삼았으나, 효명세자가 1827년부터 대리청정을 하면서 궁궐 밖을 행차했었기 때문에, 이를 근거로 예장 때 사용하는 명기 중 무기류의 모든 물품을 그대로 따르도록 하자는 남공철(南公轍, 1760~1840)의 건의를 따라 그대로 제작하였다. 이에 따라 명기는 기명류 14기, 악기류 11기, 무기류 6기로 총 31가지를 제작하였다. 세자의 예장임에도 불구하고 왕(순조)을 대신하여 대리청정했기 때문에 무기류의 제작이 늘어났음을 알 수 있다.

정리하자면, 조선 후기 들어 소현세자부터 단의왕후 심씨의 예장까지는 조선 전기의 『세종실록 오례』나 『국조오례의 서례』의 전례를 따라 의례를 주관하였으나 국왕의 상례인 대상이나 왕비의 상례인 내상보다는 명기의 품목이 줄었다. 이후 영조 대에 효장세자부터 의소세손의 예장까지는 전대의 사례를 따르면서 일부의 명기에 변화가 있었다. 그러나 『국조상례보편』을 편찬한 이후에는 왕세자의 명기가 정해졌으나, 효명세자처럼 생전에 국왕을 대신하여 대리청정을 하면서 갑주를 입고 행차한 경우에는 무기류의 품목을 추가하기도 하였다.

한편, 대한제국 시기와 일제강점기에 행해진 고종 황제와 순종 황제의 국장에서도 조선 왕실의 사례가 계속 이어졌다. 1895년(고종 32년) 을미사변으로 승하한 명성황후 민씨(1851~1895)의 국장은 순탄치 않아, 사후 3년이 지난 1897년(광무 1년) 대한제국을 선포한 이후 황후의 예로서 치러졌다. 일제에 의해 시해되어 곧 폐위되었다가 다시 위호가 회복되어 두 달 이후부터 장례를 준비하였으나, 고종이 러시아공사관에 머물면서 국장도 천연되었다.[163] 이후 청량리 홍릉으로 산릉을 정하였고 명기 또한 조선 시대 왕비의 국장인 내상을 전례로 삼아 당시 국장도감에서는 기명류 21기, 악기류 11기, 총 32가지를 제작하였다. 명성황후의 국상은 비록 대한제국이 선포된 후 황후로 추존되어 황후례로 발인이나 국상 의례를 치렀지만, 명기의 제작은 발인 이전에 제작해두었기 때문에 조선 왕비의 예로 제작되었다.

1904년(광무 8년) 태후의 신분으로 승하한 헌종 계비 효정황후 홍씨(1831~1904)의 명기는 명성황후 민씨의 경우를 전례로 삼아 조선 시대 왕비의 내상을 따라 기명류 21기, 악기류 11기, 총 32가지를 제작하였다. 효정황후는 태후의 신분으로 죽었으나 남편인 헌종이 황제로 추존되기 이전이어서 장례도 조선 왕비의 예로 치른 것이다. 당시 승하한 순명황태자비의 경우에도 마찬가지였다.[164]

일제강점기에는 1919년에 승하한 고종(1852~1919)과 1926년 순종

---

163 장경희, 「고종대 철인왕후와 명성황후의 국장의물 연구」, 『미술사의 정립과 확산』 2권, 사회평론, 2006; 장경희, 「고종황제의 금곡홍릉 연구」, 『史叢』 64호, 역사학연구회, 2007, 1~70쪽.

164 장경희, 「순종비 순명효황후의 생애와 유릉 연구」, 『한국인물사연구』 제13호, 한국인물사연구소, 2009, 183~227쪽.

(1874~1926)의 국장이 치러졌다. 두 황제의 장례는 일제에 의해 어장(御葬)으로 격하되어 치러졌으나 고종과 순종의 국장 시 명기는 기명류 23기, 악기류 11기, 무기류 6기로 총 40가지였다. 이것은 『국조상례보편』의 국왕 장례인 대상(大喪)을 전례로 국상을 치러 명기의 종별 수량도 같았던 것이다.

석물, 국왕의 체백을 지키다

왕릉은 국왕의 시신이 묻힌 곳으로서 그 앞에는 백성들의 분묘와 달리 다종다양한 석조물을 배치하는데, 이러한 상설 제도는 망자를 영원히 기억하는 상징물이다.

조선 왕릉에는 이전 시기 왕릉의 상설 제도에 대체로 영향을 받았지만 여기에 더하여 조선만의 특징적인 석물을 추가하였다. 무엇보다도 이전의 왕릉과 달리 조선 왕릉을 특징짓는 것은 왕릉의 주인이 누구인지 알 수 있는 신도비나 표석과 같은 비석이 세워져 있다는 점이다. 능침의 봉긋한 봉분에는 능주의 체백과 부장품을 묻었으며, 그 앞을 단으로 구분하였고 각종 석물을 상설로 배치하였다. 이러한 왕릉 석물은 제례용과 의장용으로 구분된다.[165] 우선 제례용 석물은 혼유석(魂遊石)이나 장명등(長明燈) 등이며 이것들은 제사와 직간접적으로 관련된 것들이다. 또 다른 의장 석물은 망주석(望柱石), 문무석인(文武石人), 석양·석

---

165 정해득, 「조선시대 경기지역 묘제석물 연구」, 『조선시대사학보』 51, 조선시대사학회, 2009. 12, 57쪽.

호(石羊石虎) 등이며 이것들은 능주의 위엄과 호위를 위해 조성된 것들이다.

이러한 조선 왕릉의 각종 석물들은 단을 구분하여 배치하였다. 봉분을 중심으로 석호와 석양들이 호위하고 1단에는 혼유석과 좌우 곡장(曲牆) 앞에 망주석을 배치하였다. 영혼이 망주석을 보고 찾아와 후손이 제사를 올릴 때 제물을 받으며 노니는 장소라고 여긴 것이다. 혼유석이라 불리는 상석(床石)은 이미 신라 시대 왕릉에서부터 등장하여 고려에도 지속되었는데 중국에서는 찾아보기 어렵다. 2단에는 중앙에 장명등을 세우고 문석인과 석마를, 3단에는 무석인과 석마를 배치하여 무덤을 지키는 역할을 했다. 왕릉에 석인상을 만들어 세우는 전통은 통일신라 시대에 시작되었고, 장명등을 세우는 전통은 고려 말부터 시작되었으며, 석마는 조선 세종 대에 비로소 배치하기 시작하였다.

조선 왕릉의 석물은 이른 시기부터 전례서에 그 종류나 배치에 대한 규정이 마련되어 있어 조선 시대 내내 통일된 형식을 유지하였다. 이것은 시대에 따라 양식적으로는 차이를 보여 조선 전기부터 점차 커지다가 후기 들어 다시 작아지는 등의 경향을 보였다. 그럼에도 불구하고 이러한 왕릉 석물들은 장식적인 조형물이 아니라 의례와 규범을 강조하면서 조선 왕실의 영속성을 보여주는 왕실 문화의 시각적 상징물로서 작용했다.

1. 비석, 국왕을 기억하고 존재를 알리다

조선 왕릉에 모신 망자가 누구인지 밝히고, 그를 추모하기 위해 세운 상징물이 바로 비석이다. 조선 시대 왕릉 앞에 세운 비석은 신도비(神道碑)와 표석(表石)으로 구분된다. 신도비는 비주(碑主)의 일생과 업적을 기록하여 능에 이르는 입구에 세우는 비석이다. 표석은 왕릉에 모신 피장자가 누구인지 '묘호'와 '능호'를 간략하게 기록하여 피장자의 명복을 기리고 생전 삶을 기억하는 보조 수단이다.

조선은 유교의 상장례를 가장 중요한 통과의례로 여기는 의례 문화가 있었다. 불교와 같은 내세 사상이 없는 유교에서는 현세에서의 경험과 기억, 그리고 그것의 기록을 중요시하고 후세의 평가를 예민하게 의식했다. 이에 왕릉에 세운 신도비나 표석은 망자에 대한 평가의 기록인 동시에 돌에 새긴 역사인 것이다.[166]

---

[166] 이민식, 「우리나라 석비의 양식 연구」, 『옛 탁본의 아름다움, 그리고 우리 역사』, 예술의 전당, 1998; 이민식, 「조선시대 능묘비의 종류에 대한 일고찰」, 『기전고고』 창간호, 2001; 이민식, 「조선시대 능묘비에 대한 이해」, 『여주의 능묘와 석물』, 여주군 향토사료관, 여주문화원, 여주군사편찬위원회, 2005.

철저한 계급사회였던 조선에서 통과의례에 부수되는 신도비나 표석과 같은 상징물은 모든 면에서 상하의 수직적 차서에 따른 구별이 엄격했다. 신도비는 무엇보다 그 비문을 누가 짓고 글씨를 누가 쓰느냐가 중요했다. 비석이 영원히 남을 것이라고 여겼기 때문에 신도비의 위격에 맞춰 품위 있는 문장으로 조상을 빛내고자 한 것이다. 조선을 건국한 15세기에 국왕의 신도비 조성이 성행하였고, 잊혀진 기억을 되살리고 국왕의 권위를 되살리고자 18세기 영조나 정조는 왕릉에 어필로 표석을 만들어 세워 추모의 정을 더하였고, 대한제국을 선포한 고종은 황제의 예로서 왕릉의 묘주를 추존하여 어필로 비석을 세웠다.

1) 신도비

신도비는 비주의 일생과 업적을 기록하여 묘에 이르는 입구에 세운 비이다. 신도비의 기원은 중국에서 후한대부터 남북조 시대에 무덤이나 사당 앞에 돌을 다듬어 좌우 한 쌍의 석주(石柱)를 세웠던 전통에서 유래한 것으로 여겨진다. 왕릉에 신도비를 세운 것은 중국에서는 남북조 시대부터인 것으로 보인다. 중국에서 가장 오래된 황릉 신도비에 대한 기록은 구양수(歐陽脩, 1007~1072)의 『집고록발미(集古錄跋尾)』에 수록된 남조 유송(劉宋) 문제(文帝, 424~453)의 신도비이다.

　분묘나 사당의 입구에 세웠던 이 돌기둥을 석궐(石闕), 또는 신도궐(神道闕)이라고도 불렀으며 여기에는 고사나 신화적 도상 및 문자를 새겨 장식하였다. 이러한 신도궐이 피장자의 생애와 업적을 위주로 문자를 새기는 신도비로 변화한 것으로 생각된다. 신도비는 신도(神道)의 끝인 묘소 앞에 세우는 묘표, 묘갈, 묘비 등과 달리 신도가 시작되는 입구에 세워지는 기념물인 점에서 신도궐과 유사한 성격을 갖는다.

신도는 무덤의 동남쪽 길에 해당하며 위치는 묘역으로부터 200~1,000미터 정도 떨어진 길가나 마을 어귀 등에 건립된다. 이로 인해 신도비는 중요한 인물의 묘소가 근처에 있음을 알려주는 표지 역할을 하기도 한다.[167] 이렇게 신도비는 후세에 사표가 될 피장자의 업적을 영구히 남기는 역할과 묘의 위치를 안내하는 상징적 기능을 아울러 갖게 되었다. 이 때문에 일반적으로 표석이나 묘비는 묘소까지 올라가는 관련자만 보게 되는 데 비해, 신도비는 무덤 입구에 세워져 많은 사람이 보게 되므로 이것을 건립하는 데 가문의 역량이 총동원되는 요인이 되기도 했다.

우리나라 고려 시대까지는 왕릉의 묘광(墓壙)이나 그 주변에 묻는 지석에 피장자의 기록을 담는 것이 일반적이었고, 무덤 주위에 묘비류를 세우는 일은 거의 없었다. 다만 유명한 승려의 경우 그 일대기와 행적을 탑비에 서술하여 유골이 안치된 승탑과 함께 세우는 것이 고려 시대에 성행하였다. 고려 불교의 국사나 왕사 등에 대한 탑비 건립 전통은 고려 고위 관료의 능비를 세우는 토대가 되었다. 충선왕 대에 김방경(1212~1300)이 사망하자 신도비를 세웠던 것이 대표적인 사례이다.[168]

이렇듯 고려 말 탑비의 퇴화된 양식에서 기원한 조선 왕릉의 신도비는 1대 태조의 부친인 도조의 정릉(定陵)과 1대 태조의 건원릉, 태조 원

---

167 조연미, 「조선시대 신도비 연구」, 숙명여대 석사학위 논문, 1999, 78~79쪽.

168 이인숙, 「15세기 신도비 비액 전서 연구」, 『서예학연구』 제18호, 한국서예학회, 2011. 3, 6~7쪽.

비 신의왕후 한씨의 제릉, 제2대 태종 헌릉, 제3대 세종의 구(舊)영릉(英陵)에만 건립되었다. 15세기 건립 당시 신도비는 선왕에 대한 숭모 예를 표현하는 사례였는데, 제왕의 사적은 실록에 낱낱이 기록되므로 사가처럼 비를 세워 기록할 필요가 없다는 신료들의 주장에 의해 문종 이후로는 왕릉 신도비 제도가 폐지되었다. 따라서 이후 신도비는 결국 고위 관료의 묘역에만 건립되는 독특한 형식의 비가 되었다. 왕릉의 능신도비(陵神道碑) 폐지는 고위직을 지낸 사대부 묘역이 왕릉과 차별화되는 고유한 공간으로서의 위상을 갖게 했고 그것은 고위 관료 집단의 동질성과 정체성에 중요한 의미를 갖는다.[169]

조선 초기 왕실에서 신도비의 제도를 수용한 것은 특기할 만한 일이다. 조선 왕릉의 원형이 되는 고려 왕릉에는 신도비를 세우는 전통이 없었기 때문이다. 조선은 고려에서 조선으로 천명이 바뀌어서, 왕씨에서 이씨로 역성혁명을 이뤘다는 정당성을 표방하였다. 이에 제1대 태조가 사망하자 새 왕조를 연 개국 시조로서 특별한 공적을 나타내야 할 필요성이 생겨 신도비를 건원릉에 세웠다고 여겨진다. 더욱이 건원릉 비는 고려 후기 석비의 전통을 따르지 않고 당나라 비석을 본뜬 귀부이수(龜趺螭首, 거북 모양의 비석 받침돌과 용 모양의 비석 머리) 양식으로 거슬러 올라가며, 이 때문에 비액(碑額) 또한 규액(圭額)으로 이루어져 있

---

169 신도비와 묘비에 관한 대표적 연구는 다음과 같다. 이민식, 「조선시대 능묘비에 관한 연구」, 한성대 석사학위 논문, 1997; 김우림, 「조선시대 신도비·묘비 연구」, 고려대교육대학원 석사학위 논문, 1998; 조연미, 「조선시대 신도비 연구」, 숙명여대 석사학위 논문, 2000.

었다. 이러한 규의 형태는 7세기 후반 통일신라기에 당시 동아시아 문화권의 왕릉 묘제에 따라 귀부와 이수를 갖춘 정형화된 당나라 양식의 〈태종무열왕릉비〉(661년)가 제작되었다. 42×33센티미터의 규형 제액을 마련하고 '태종무열대왕지비(太宗武烈大王之碑)'라는 여덟 글자를 2행으로 양각하였다.

신도비는 크기가 크고 비수(碑首)와 비신(碑身), 비좌(碑座)와 비대(碑臺) 등을 모두 갖추는 완정한 양식이므로 제작 비용이 많이 들었다. 빗돌의 재료나 조형적 측면에도 정성을 기울이지만 비액에서 가장 눈에 띄는 것은 상단 부분의 표제이다. 표제는 비주를 상징적으로 표상하며, 전서 비액은 비의 의례성과 심미성을 보여준다. 비액은 전서라는 비일상적인 특수한 서체인 점, 글자의 크기가 비문보다 훨씬 크다는 점, 종서인 비문과 달리 상단에 횡서하는 점 등으로 인해 가시성이 매우 높다.

조선 초 능신도비에서 이수 부분에 별도로 규액을 마련하고 2행으로 종서한 것은 왕릉 신도비의 상고적 성격을 보여주는 특수한 예이다. 무엇보다 중요하게 생각한 것은 비문을 누가 짓느냐와 훌륭한 글씨로 새기는 것이었다. 비주의 정치적 정체성에 따라 글을 짓고 글씨는 쓰는 인물이 결정되었다.

조선에서 왕릉 신도비로 가장 먼저 건립한 것은 1393년 태조의 아버지인 이자춘(李子春, 1315~1361)을 환왕으로 추증하고 세운 함흥의 정릉비(定陵碑)였다.[170] 이 비석은 임진왜란 때 파손되어 1612년에 다시 세

---

170 『태조실록』 권2, 태조 2년 9월 18일.

웠다. 이 밖에 북도 8릉 중 덕릉, 지릉, 의릉에도 비석을 세웠다.[171] 1393년 익조비 정숙왕후 최씨의 능비는 『조선금석총람』에 기재된 바에 의하면 '숙릉표(淑陵表)' 즉 숙릉의 표석이라고 되어 있는 것으로 미루어 볼 때 3대 조모의 것은 표석이었음을 알 수 있고,[172] 반면 3대 조부의 것은 표석으로 분류하지 않은 것으로 보아 신도비였을 것으로 추정된다.

그다음으로 세워진 것은 제1대 태조 원비 신의왕후 제릉의 신도비이며, 1404년(태종 4년)에 처음 세워졌다. 신도비의 원석은 임진왜란 당시 파손되었다가 1681년(숙종 7년) 재건 논의가 되었으나 실현되지 못하였다. 그러다 현재 존재하는 신도비는 1744년(영조 20년)의 것으로서 글은 서명균(徐命均, 1680~1745)이 지었고 전서는 유척기(兪拓基, 1691~1767)가 썼다.

조선 초의 신료들은, 명을 건국한 태조의 효릉에 신도비가 세워져 있는 것처럼 조선 개국 시조인 태조 건원릉에 신도비를 세우는 것에는 별다른 이의가 없었다. 태조가 승하한 후 이듬해인 1409년(태종 9년)에 제작하였다.[173] 신도비의 총 높이는 448센티미터이며 비신은 227센티미터이다. 이수는 높이 116센티미터, 폭은 120센티미터이다. 비문은 권근(權近, 1352~1409)이 짓고 성석린(成石璘, 1338~1423)이 썼으며, 음기는 변계량(卞季良, 1369~1430)이 짓고 정구(鄭矩, 1350~1418)가 썼다. 정중앙에 규형 제액 안에 두 줄로 '태조건원릉비(太祖建元陵碑)'라는 여섯 글자

171 오세창, 동양고전학회 역, 『국역 근역서화징』 상, 시공사, 1998, 144쪽.

172 조선총독부 편, 『조선금석총람』 하, 아세아문화사, 1976, 719쪽.

173 김우림, 「조선시대 신도비 · 묘비 연구」, 고려대 석사학위 논문, 1998.

태조 원비 신의왕후 제릉 신도비, 1404년(1744년 개수)

태조 건원릉 신도비, 1409년

태종 헌릉 신도비, 1424년

세종 영릉 신도비, 1452년

를 전서로 새겼는데, 쌍행으로 종서하는 비액의 구성은 대부분 한비(漢碑)의 형식이다. 획이 직선적이며 필획이 둥글고 강건하여 호방하면서도 고아하다.

제3대 태종의 신도비는 1424년(세종 6년)에 건립되었는데, 정인지(鄭麟趾, 1396~1478)가 반대했으나 비문을 지었던 변계량의 주장으로 세워졌다. 조선 후기에 비면의 박락이 심하여 내용을 알아볼 수 없게 되자, 1695년(숙종 21년)에 본래의 비를 본으로 삼아 새로 제작하였다. 현재 헌인릉에는 왼쪽에 구비, 오른쪽에 신비가 세워져 있다. 구비는 높이가 520센티미터인데, 귀부의 높이는 100센티미터, 비신은 292센티미터, 이수는 128센티미터이다. 제액의 '태종헌릉지비(太宗獻陵之碑)'라는 전서는 권홍(權弘, 1360~1446)이 썼다. 1695년 새 헌릉비의 비문은 이덕성(李德成, 1655~1704)이 지었고 전액은 홍수주(洪受疇, 1642~1704)가 썼다. 15세기 전액은 소전체이고, 17세기의 획법과 결체도 소전체가 엿보인다. 이수는 두 마리 용이 뒤엉켜 여의주를 감싸고 아래를 내려다보는 형상이다. 구(舊)신도비의 형태와 이수의 문양은 이후 구(舊)영릉 신도비에도 충실하게 계승된다.

제4대 세종의 신도비 또한 정인지가 반대했으나 이번에는 문종이 고집하여 1452년(문종 2년)에 세워지게 되었다. 비문은 정인지가 짓고 비문과 전액은 안평대군 이용(李瑢, 1418~1453)이 썼다. 비액의 전서는 살찌고 수려한 기운이 없고 비면의 해서는 난숙하나 조금 약하다는 평이 있다.[174] 1469년(예종 1년) 영릉을 경기도 여주로 천릉하면서 땅에 매장하였다가 1691년 장마로 인해 자연 노출되었다. 당시 신도비의 상태가 좋지 않아 다시 묻었고, 1738년(영조 14년)에 다시 발굴했지만 명확하지 않아 다시 매장하였다. 이후 1973년 이화여대 박물관이 발굴하였으며 현재는 세종대왕기념관에 전시되어 있다.[175]

---

174 홍현보, 「세종 영릉 신도비명의 체계에 관한 연구」, 『동양고전연구』 25, 동양고전학회, 2006, 313~349쪽.

175 김구진, 「구 영릉 신도비와 석물에 대하여」, 『역사교육』 18, 역사교육학회, 1975,

이처럼 문종이 신료들의 반대에도 불구하고 아버지 세종의 능에 신도비를 세웠던 것은 사왕들이 자신의 아버지나 할아버지가 되는 선왕의 공덕을 신도비에 새겨 만천하에 알리고 싶어 하는 인지상정의 발로였다.

문종이 사망하자 전대인 세종의 전례에 따라 신도비를 만들기로 했으나, 조정 신하들이 문종은 재위 기간이 짧으며 별다른 공덕이 없다는 이유를 들어 반대 의견이 많았다. 그러자 세조의 사돈이자 왕실의 외척이었던 좌의정 한확(韓確, 1403~1456) 등이 이미 비석을 만드는 것이 전례이니 세우자고 하였으나, 이에 또다시 정인지가 신도비의 건립을 반대하였고 세조가 동의하여 세우지 않았다. 이것이 전례가 되어 문종 이후 왕릉에는 신도비가 세워지지 않게 되었다.

이와 같이 왕릉 앞에 세운 신도비는 비의 조형 형식과 비문의 문장 내용, 서사의 격식 등에서 당대의 문화 능력이 집약된 것이다. 왕릉의 비석인 신도비의 제자(題字)는 전서로 쓰였으나 일반인의 묘표나 묘갈 및 묘비 등에는 전서를 쓸 수 없었다. 신도비에 사용된 전서 비액은 당시의 보편적 규범체로 씌어지는 비문에 비해 고대 서체인 전서를 머리 글자에 사용함으로써 비의 신성성과 비주(碑主)에 대한 존중을 표시한 한비(漢碑)의 전통이 계승된 것이다. 이러한 전서는 식자층에서 가장 존중되는 문물에 의례와 장엄을 표시하기 위한 용도로 사용한 서체였다. 조선 초기 왕릉의 신도비는 왕권이 강하던 시기에 조성되어 국왕의 행적과 그에 대한 평가를 기록한 왕의 상징물이었고, 크기나 전서 글씨체

33~85쪽.

등에서 신하들과 구별하여 차별성을 강조하였다.

2) 표석

문종의 현릉 이후 조선 왕릉에 신도비를 세우는 것은 중단되었고, 능에 아무런 표지가 없는 상황이 300여 년간 지속되었다. 그러다가 17세기 들어 신도비를 대신한 표석 건립의 필요성이 제기되었다.

표석은 능주인 국왕의 이름과 생졸년, 생전의 약력을 간략하게 새겨 넣은 석비를 일컫는다. 한자로는 조선 초·중기까지는 '표석(標石)' 혹은 '표석(表石)'이 혼용되다가 후자인 표석으로 통일되었다. 표석과 관련하여 왕릉에서는 신도비나 표석 외에는 석비를 건립하지 않았지만, 사가에서는 신도비와 묘표, 묘갈 등 망자의 존재를 드러내는 석비가 다양한 형태로 세워졌다. 일반적으로 왕릉의 표석은 능주의 묘호와 능호를 새기고, 뒷면의 음기에는 왕실 족보인 『선원계보기략(璿源系譜記略)』에 의해 탄생, 즉위, 승하일을 비롯한 대행왕(大行王)의 약력이나 석비의 건립 일시 등을 새겼다.

조선 후기 들어 처음 능표가 건립된 것은 1673년 송시열(宋時烈, 1607~1689)에 의해서이다. 당시 송시열은 제왕의 능묘에 비석이 없어 자취가 명백하지 않으니 효종의 영릉(寧陵)에 표석을 세우자는 주장을 하였다.[176] 이에 김우명(金佑明, 1619~1675)을 비롯한 많은 신하들은 반대했으나 송시열의 주장이 받아들여져 세종 영릉의 석물을 모범으로

---

176 『현종실록』, 현종 14년 8월 18일.

효종 영릉 표석의 전면 전자(왼쪽)와 음기, 1682년

하여 표석을 세우게 되었다.[177]

　이처럼 1674년 처음으로 효종 영릉에 표석이 세워졌다. 그런데 이 때 전면의 전서를 쓴 복창군 이정(1616~1680)이 1680년 역모죄로 사사되었다. 이것이 문제가 되어 영릉의 표석 글씨를 바꿔야 한다는 논의가 대두되었고, 결국 다시 세우게 되었다.

　이 때문에 1681년 영릉에 표석을 다시 세우려는 논의가 있었으며, 이듬해에 미리 준비해두었던 석재를 이용하였다. 그리고 전면의 전서는 이정영(李正英, 1616~1686)이 썼으며, 음기는 심익현(沈翼顯, 1641~1683)이 썼다.

177　황정연, 「조선시대 능비의 건립과 어필비의 등장」, 『문화재』, 38쪽.

1682년에 세워진 효종 영릉 표석은 조선 왕릉의 표석 중 가장 최초로 건립된 것으로 의미가 크다. 이것은 총 높이 367센티미터, 폭 186센티미터로 일반적인 왕릉 표석의 높이가 3미터 내외인 것에 비해 규모가 장대하고 후대 능표에서 볼 수 없는 다양한 양식적인 요소를 갖추고 있다. 전면에는 '조선국 효종대왕 영릉(朝鮮國 孝宗大王寧陵)'이라 하여 자형이 길고 굴절이 원만한 전서이다. 후면 음기에는 영릉의 천봉 사실과 인선왕후를 부장한 사실을 기록하였다.

효종 영릉의 표석은 이후 조선 왕릉 표석의 원형이 되었다. 구조적으로 보면, 아래쪽의 2중 기단, 중앙의 비석, 그리고 위쪽의 처마로 구성된다. 하단 부분은 기단부에 해당되며 연화문이 새겨진 상하 2중 기단의 농대석(籠臺石)이다. 전면에는 전서체로 묘호와 능호를, 뒷면에는 탄생과 즉위 및 승하 등 약력을 간략하게 새겼다. 팔작지붕을 암키와와 수키와의 형상을 조각한 지붕돌인 가첨석(加檐石)은 공포(栱包)의 특징을 살리고 처마는 좌우 상향 곡선을 그리며 매끈하게 표현하였다.

한편 신도비가 세워져 있는 건원릉과 헌릉, 표석이 세워진 효종 영릉, 그리고 능주에 대한 표지가 없는 여러 왕릉에 대한 문제가 제기되었다. 숙종이 사망하자 경종은 효종의 영릉 표석을 모범으로 하여 아버지인 숙종 명릉에 표석을 건립하였으며, 할아버지인 현종 숭릉과 어머니뻘인 숙종 원비 인경왕후 익릉에도 이어서 표석을 세웠다.[178] 다만 경종 연간에 표석은 농대석이 2단에서 1단으로, 처마의 가첨석이 단순 소박해졌다. 이렇게 왕릉 표석을 세우는 전통이 이어졌다.

---

178 『경종실록』, 경종 원년 8월 20일.

6장 석물, 국왕의 체백을 지키다

숙종·인현왕후 명릉 표석(왼쪽)과 비각, 1720년

영조가 즉위하자 효종 대 이전의 왕릉 중에 능주의 표지가 없는 왕릉에 표석을 건립하는 문제가 논의되었다. 영조는 1724년 경종 의릉을 비롯하여 조선조의 왕릉에 표석을 건립하는 사업을 재위 기간 내내 간헐적으로 지속하였다. 1744년 세종 영릉, 1746년 단의왕후 혜릉, 문정왕후 태릉, 인종 효릉, 명종 강릉, 인조 장릉에 표석을 세웠다. 1754년에는 문종 현릉, 세조 광릉, 덕종 경릉, 예종 창릉, 정종 후릉, 성종 선릉, 중종 정릉 등에 표석을 세웠다. 영조는 왕릉에 표석을 세우면서 그 공사의 전말을 의궤로 기록하였다. 게다가 영조는 선조들이 태어난 탄강지나 고사가 얽힌 곳에 표석을 세워 선왕에 대한 예우와 정통성을 피력했다. 당시에 세워진 표석은 형식적으로 이전 경종 대인 1720년에 세워진 숭릉과 익릉의 것과 일치하여, 전면 글자가 커지고 자형이 네모반듯해지며 당당한 필획이 강조되었다. 가첨석의 처마가 활처럼 올라가 경쾌한 느낌을 준다.

성종·정현왕후 선릉 표석, 1754년

영조의 뒤를 이은 정조도 표석의 건립에 관심을 보였다. 1776년 3월 5일 영조가 경희궁의 집경당에서 승하하자 산릉지는 건원릉의 서쪽 산줄기, 효종의 구 영릉을 원릉으로 정하였다. 4월 16일 양주의 노원 중계 채석처를 부석소(浮石所)로 정하고 석수 117명과 야장(冶匠) 10명 및 모군(募軍) 75명을 부역하도록 하였다. 농대석은 길이 3자 3치, 전후 너비 3자 7치, 동서 너비 2자 8치, 하전석 2개는 길이 4자 7치, 너비 3자 8치, 높이 1자 5치, 가첨석은 길이 4자, 너비 3자 2치,

높이 1자 5치였다. 비석을 마정(磨正)할 때에는 석계군(石契軍) 1패 15명을 능지에 오게 하여 부역토록 하였다. 6월 18일 비각의 입주상량(立柱上樑)을 하고, 21일 비각의 기와를 덮고 단청을 했다.[179] 이러한 비석의 표면을 매끈하게 마정(磨淨)할 때에는 보토소(補土所) 모군이 덕수천(德水川)에서 옥사(玉沙)을 지고 오고, 세사(細沙)는 훈국에서 노량진으로 온 것을 말에 실어 들였다.[180] 이후 1785년 정성왕후의 홍릉에 어필로 표석을 건립하였다.

순조는 단독으로 조영한 왕비의 능 중 표석이 없었던 11대 단경왕후

179 『영조원릉산릉도감의궤』 권2, 대부석소(大浮石所).
180 『정성왕후홍릉산릉도감의궤』 권2, 대부석소.

6장 석물, 국왕의 체백을 지키다

영조 원릉 표석, 1776년   영조 원비 정성왕후 홍릉 표석,   정조 건릉 비석 도설,
1785년   『정조건릉산릉도감의궤』, 1800년

온릉, 8대 장순왕후 공릉, 9대 공혜왕후 순릉, 21대 영조비 정순왕후의 원릉 등에 표석을 조영하였다.

　이처럼 17세기 이후 건립된 왕릉의 능표석은 조선 초기의 능신도비를 대체한 능비이지만 비의 형식과 비문의 내용 및 기록 체계는 완전히 달랐다. 비액, 비제(碑題), 서(序), 명(銘), 연기(年紀) 등을 갖춘 완전한 비문을 새겼던 조선 초의 능신도비와 달리 조선 후기의 능표석은 비액에 해당하는 문구만을 전면에 대자(大字) 전서체로 종서하였으며, 뒷면에는 간략하게 세계(世系)와 제작 연기 만을 표기하는 새로운 형식이었다. 석비의 조형에 있어서도 능표석은 15세기의 위엄 있는 귀부이수 형식과는 다른 방부개석(方趺蓋石, 사각 받침돌과 지붕돌)의 절제된 양식으로 크기도 능신도비에 비해 작았다. 17세기에 새롭게 등장한 능표

사도장헌세자 현륭원 표석, 1785년　　　추존 장조 융릉 표석, 1900년

석은 조선 전기에 세운 신도비와 달리 표지의 실용을 위한 새로운 비제 (碑制)로서 왕릉이라는 특수한 성격에 맞는 새로운 능비라고 할 수 있 다. 예컨대 1785년 정조는 사도세자를 영우원에서 현륭원으로 천원하 면서 표석을 만들었는데[181] 비석의 길이는 8자 5치, 넓이는 3자 2치 6 푼, 두께는 1자 7치 5푼이었다. 전면에 전자(篆字)는 판돈녕부사 윤동섬 (尹東暹, 1710~1795)이 '조선국 사도장헌세자 현륭원(朝鮮國思悼莊獻世子顯 隆園)'이라고 썼고, 음기(陰記)는 해자(楷字)로 봉조하(奉朝賀) 조돈(趙暾, 1716~1790)이 썼으며 모두 붉은 칠로 채웠다. 가첨석은 집의 처마처럼 하고 길이는 4자 9치, 넓이는 3자 4치, 높이는 2자 5치였다. 농대석은

181 『현륭원원소도감의궤』 권2, 1785년, 표석.

길이가 5자 3치, 넓이는 3자 5치, 높이는 2자 7치였다. 박석은 2개인데, 총길이가 6자 7치, 총넓이가 4자 9치, 높이는 1자 2치였다. 비석을 만드는 재료는 남포에서 가져왔고, 가첨석과 부석은 수원 앵봉에서 가져왔다. 비석은 대농(大農)에서 만들어 가져왔고 원소를 관장한 관원들이 추후에 세웠다.

1897년 고종은 대한제국을 선포하면서 추존왕 등의 왕릉에 꾸준히 표석을 건립하였다.[182] 고종은 1900년 '황제묘호'와 '능호'를 함께 새긴 표석으로 개수하였는데, 예컨대 사도세자를 장조의황제(莊祖懿皇帝)로 추존하면서 융릉 표석을, 제22대 정조를 정조선황제(正祖宣皇帝)로 추존하면서 건릉 표석을, 제23대 순조를 순조숙황제(純祖肅皇帝)로 추존하면서 인릉 표석을 조영하였다. 1906년에는 익종(효명세자)을 문조익황제(文祖翼皇帝)로 추존하면서 수릉 표석을 조영하였다. 1908년 순종은 진종을 진종소황제(眞宗昭皇帝)로 추존하면서 영릉 표석을, 제25대 철종을 철종장황제(哲宗章皇帝)로 추존하면서 예릉 표석을 조영하였다.

1900년 고종황제에 의해 장조의황제로 추존된 사도세자의 융릉은 전체 높이가 371센티미터, 가첨석은 80센티미터, 비신은 209센티미터, 농대석은 82센티미터로 1789년 현릉원 표석과 규모가 거의 유사하다. 전면에는 추숭 황제와 황후의 존호와 능호를 새겨 '대한 장조의황제 융릉 헌경의황후 부좌(大韓莊祖懿皇帝隆陵獻敬懿皇后附左)'라고 새겨 넣었다. 음기에는 사도세자를 추숭한 시기와 경과 등을 기록해두었다. 전면과 음기는 모두 고종의 어필로 새겼다. 당시 고종황제는 융릉을 비롯하

---

182 이민식, 「조선시대 능묘비에 관한 연구」, 한성대학교 석사학위 논문, 1997.

여 정릉, 건릉, 인릉, 수릉에도 자신의 어필로 표석을 세웠다. 표석의 글씨는 자형이 길고 획이 가늘며 결구의 꺾임이 급하여 고종 글씨의 단조로운 특성을 엿볼 수 있다.

이렇듯 신도비나 표석은 대행왕의 체백이 모셔진 능침 아래 망자와 가장 가까운 곳에 세우는 것이 특징이다. 비석은 망자가 살아서 어떠한 삶을 살아왔는지에 대한 기억을 새겨 넣은 신도비와 왕릉의 주인공이 누구인지 그의 묘호와 능호를 새긴 표석을 가리킨다. 이러한 신도비나 표석은 그 중요성으로 인해 비각을 세워 보호한다. 비각은 정자각의 오른쪽에 위치하며 정면이 정자각을 향하는 방위로 배치한다. 건물의 규모는 안에 모셔진 비의 크기와 개수에 의해 정해진다. 보통의 비각들이 정면 1칸, 측면 1칸인 것을 볼 때, 전체적으로 정방형의 평면을 유지하면서 규모가 확장된 것으로 볼 수 있다. 초석은 방형이고 원형 기둥을 사용한다. 처마는 겹처마에 팔작지붕이 많으며 비각의 상부는 홍살로 되어 있어 통풍이 원활하여 비석을 습기로부터 보호할 수 있도록 축조했다. 문은 판장문(板牆門)으로, 측벽면과 후면은 화방벽으로 하여 정자각과 같이 화재로부터 비를 보호하기 용이하게 건축되었다.

2. 석망주, 혼령이 왕릉을 찾아오게 하다

석망주(石望柱)는 일명 망주석이라고도 하며 망석(望石), 전죽석(錢竹石), 망주(望柱), 망주석표(望柱石表) 등 다양하게 불린다. 이것의 기원은 중국의 화표주(華表柱)에서 찾을 수 있다.[183] 송 황제릉에는 화표(華表)라 불리는 망주석 1쌍이 능 입구에 세워져 있다. 이것은 먼 옛날에 사람들이 길 어귀에 큰 나무 기둥을 세워놓고 도로를 식별하는 표지로 이용했던 것이다. 봉건사회에 들어 통치자들은 망주석을 궁문 앞이나 능묘 앞에 세워 황실 건축의 특별한 표징의 하나로 이용하였다. 송 태종 조광의의 영희릉에는 석조물 60기가 세워져 있는데, 그중 석망주는 팔각이며 높이 5.88~5.96미터로 1쌍이다. 여기에는 구름을 나는 용과 봉황, 보상화(寶相華), 석류, 모란, 연꽃 등의 무늬가 새겨져 있다. 특히 팔각 주신에는 복련(覆蓮)을 장식하였다.

우리나라에서는 통일신라 왕릉의 신도 입구에 세워져 있었다. 능침 위 봉분 앞에 세워지기 시작한 시기는 고려 왕릉부터이며, 고려 말 공

---

183 장기인,『한국건축대계 석조』, 보성각, 2003, 297쪽.

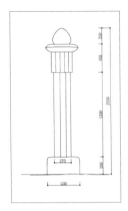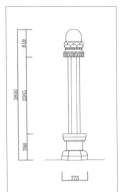

고려 태조 현릉 석망주   고려 공민왕 현정릉 석망주

민왕의 현정릉에서 형식적으로 정비된 것을 알 수 있다. 이것이 고스란
히 조선에 전해져 내내 조선 왕릉을 대표하는 석물 중 하나가 되었다.

　공민왕의 현정릉의 능침 위는 3단으로 이루어져 있는데, 봉분과 가
장 가까운 1단에 좌우에 석망주 1쌍이 배치되어 있다. 석망주는 전체
385센티미터로 멀리서도 한눈에 보일 정도로 크기가 크고 밑부분의 지
름은 77.3센티미터이다. 현정릉 석망주는 크게 상중하 세 부분으로 나
뉜다. 아랫부분은 팔각 지대석(地臺石)이며 76.6센티미터 높이로 상중
하로 나뉘어 있다. 윗부분과 아랫부분 또한 상·하단을 이루며 중간 부
분은 약간의 곡선을 이루는데 문양은 없다. 가운데 몸체 부분은 길이가
226.5센티미터이며 팔각 기둥형이고, 그 한 면에 실패처럼 생기고 가운
데에 구멍이 뚫린 귀(耳)가 배치되어 있다. 팔각 기둥은 조선 왕릉에 세
워지는 망주석에 비해 가늘고 긴 편이다. 조선 왕릉의 중기에 나타나는
세호(細虎, 다람쥐)의 초기 형태에 해당되는 도상이다. 윗부분은 원수(圓

首)와 운두(雲頭) 및 염의(簾衣)로 이뤄져 있다. 가장 윗부분의 원수는 둥그런 형태로서 이후 조선 왕릉에서는 끝이 뾰족한 연봉형으로 변화된다. 운두는 연꽃잎이 겹쳐진 앙련의 형태로 묘사되어 있다. 운두와 염의의 중간은 잘록하게 허리가 들어가게 처리하여 크기가 작고 동그란 연주(連珠)를 배치하여 장식하고 있다. 아래쪽 염의는 윗부분에는 복련을, 아래쪽에는 여의두문을 돌려 입체적이고 섬세하게 양각하고 있다. 이처럼 고려 왕릉의 망주석은 현정릉을 통해 확인할 수 있으며, 이것은 이후 이어지는 조선 시대 내내 왕릉을 비롯한 능묘의 핵심 석물로서 영향을 끼쳤다.

조선 시대에 들어 석망주에 대한 규정은 『세종실록 오례』에 수록되었다. 석망주의 총 길이는 각 7자 3치이다. 전체는 팔각이며 상중하의 세 부분으로 나뉘며, 아래쪽 받침에 해당되는 대석(臺石), 몸체에 해당된 주신(柱身), 그리고 상단(上端)으로 구분된다. 첫째, 대석의 높이는 각각 3자 6치인데, 하단의 7치는 빙 둘러 깎아 줄여 대석을 판 속에 세운다. 대석의 상단은 2자 6치이고, 상하층으로 나뉜다. 이중 상층의 아래쪽에는 앙련엽(仰蓮葉)을, 하층의 윗변에는 복련엽(覆蓮葉)을, 그 아랫변에는 운족(雲足)을 새긴다. 양자의 중간은 6치 1푼으로 잘록한 허리로 만든다. 원지름은 각각 2자 1치이며, 하층의 1자는 땅속에 들어간다. 둘째, 몸체에 해당되는 주신(柱身)은 길이 4자 3치로 만들며, 위쪽에 실패형 귀(耳)를 만들고 구멍을 판다. 조선 후기의 세호에 해당되는 형태이다. 셋째, 맨 위쪽 상단은 원수와 운두 및 염의로 구분된다. 원수는 1자,

태조 건원릉 석망주, 1408년

태조 원비 신의왕후 제릉
석망주, 1408년

운두는 1자 3치로, 아래는 염의를 새긴다.[184]

문헌 기록을 보면 고려와 조선의 석망주는 팔각이고 세 부분으로 구분되는 형태도 일치한다. 전자는 385센티미터인데, 후자는 220센티미터 정도로 조선 왕릉의 것이 조금 작은 편이다. 전자는 몸체가 지대석보다 3배 이상 길어 비례상으로도 차이가 있다. 또 원수, 운두, 염의의 크기는 크나 기둥이 가는 편이다. 그럼에도 망주석 위쪽을 장식한 수법이 유려하고 형태가 단정하여 조형적으로 우수하다.

석망주는 단릉이나 쌍릉, 그리고 합장릉, 삼연릉(三延陵) 등 모든 형식의 왕릉 양식과 상관없이 1쌍 2개가 배치되었다. 석호나 석양 등은 단릉이나 쌍릉 등 왕릉의 형식에 따라 그 수나 배치가 달라졌는데, 석망주의 배치는 이와 무관하게 배치에 변화가 전혀 없었다. 석망주의 의

---

184 『세종실록 오례』 권134, 흉례, 치장;『국조오례의』 권7, 흉례, 치장.

6장 석물, 국왕의 체백을 지키다

숙종 명릉 석망주 세호   영조 원릉 석망주 세호   추존 장조 융릉 석망주 세호

미나 상징성이 정확히 밝혀진 것은 없으나 풍수적인 의미와 곡장의 형태로 미루어보아 원래의 위치에서 움직이지 않았을 것으로 생각된다.

2대 정종의 후릉에 배치한 석망주의 크기는 전체 높이가 6자 4치이다. 그 형태는 하단부는 지대석으로 설치하며 8면에 높이가 각 2척 6촌이다. 상부와 하부는 원지름이 2자 2치 5푼으로 지대석 위에 설치한다. 중간 부분은 8면에 4자 1치이고, 원지름은 1자 1치이다. 윗부분은 상부에 1자 내지 1자 5치로 원두를 만든다. 그 밑 1자 5치의 위쪽은 앙련(仰蓮)을 새기고 그 아래는 운채(雲彩)를 새긴다. 석호부터 석망주까지는 9자 5치이고, 능상 좌우에 동서로 망주석과의 거리는 37자가 된다.[185] 한편 3대 태종 헌릉의 경우 1쌍의 석망주를 세웠는데, 석호부터 석망주까지 거리는 6자 5치로 좁아졌고, 동·서 석망주의 거리는 79자 7치로 멀

---

185 『세종실록』 세종 2년(1420) 9월 16일.

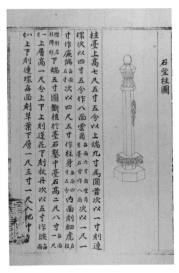

석망주 도설, 『정조건릉산릉도감의궤』,
1800년

어졌다.[186] 쌍릉 양식의 석망주는 후릉과 그 형태와 크기가 같으나, 석호와 석망주까지의 거리가 6척 5촌으로 가까워졌다. 능상 좌우, 동서 망주석까지의 거리는 79척 7촌으로 커지게 된다. 이는 앞서 논한 단릉과 쌍릉 양식의 봉분 형태와 형식에 따른 차이에서 오는 변화라 하겠다.

이후 조선 시대 내내 능침 위 봉분 앞 1단 혼유석의 좌우, 즉 곡장의 좌우 양쪽 앞부분에 석망주를 세우는 것이 능제로 굳어졌다.

영조 대에 편찬된 『국조상례보편』에 의하면 석망주의 구조는 상·중·하단의 3부분으로 나뉜다. 가장 아래쪽 받침에 해당되는 대석은 상하층으로 구분되며 높이가 2자 5치이다. 상층은 9치 2푼으로 위에는 앙련엽을 새기고 아래는 풍혈(風穴)을 새겼다. 하층은 1자 7푼이며 땅속으로 들어간다. 상하층 사이를 잘록하게 허리를 만들었다. 가운데 기둥 부분(柱身)은 여전히 팔각이며 길이는 3자 6치 8푼이다. 아래로 6치 2푼을 둥글게 깎아 대석의 가운데 뚫린 부분에 끼웠다. 몸통의 위쪽에는 다람쥐(細虎)를 새겼는데, 왼쪽 기둥의 것은 올라가는 모양이고, 오른쪽 기둥의 것은 내려오는 모양이다. 맨 위쪽은 원수와 운각 및 염

---

186 『세종실록』 세종 4년(1422) 9월 6일.

6장 석물, 국왕의 체백을 지키다

의의 세 부분으로 구성된다. 원수는 8치 6푼으로, 운각은 5치 6푼으로, 염의는 1자 2치 2푼으로 만든다.

조선 후기에 능제로 규정을 정했음에도 불구하고 1786년 정조가 사도세자의 현륭원을 만들 때의 석망주와 비교하면 몇 년 사이에 달려진 것을 알 수 있다. 원수는 1자, 운각은 1자 3치, 염의는 4자 3치로 만들어 크기가 작아졌다. 주신은 4자 3치 8면으로 약간 커지고, 대석은 2자 1치 등으로 법적 규정보다 대체로 작아졌다.

이와 같이 조선 왕릉에서 석망주는 상계의 곡장이 둘러쳐진 1단에 위치하며 능상 봉분 앞 남쪽 면의 좌우에 각각 1좌씩 세워진다. 일반적으로 민간의 무덤에서는 산소의 평탄한 지면 앞쪽 좌우에 세우는 것이 보통이다.

능침에 세워진 석물 중 가장 높이가 큰 석망주는 저승과 이승의 경계를 지킨다는 의미를 갖거나, 무덤의 이정표라는 의미도 있으며, 풍수에서는 혈이 흘러가는 것을 방지하는 주술적인 의미도 있다. 한편 석망주의 가장 단순한 형상은 남근을 상징하며 풍요와 다산을 기원하는 토속신앙이 자리 잡은 형태라 여기기도 한다.

3. 장명등, 영원히 불을 밝히다

장명등은 왕릉 앞에 배치되어 있는 석등이다. 장명등이 세워지는 곳은
대행왕의 체백이 묻힌 봉분 앞이며 체백의 혼이 떠도는 혼유석과 일직
선 앞쪽에 배치하여, 대행왕의 영원한 사후 보처에 꺼지지 않는 빛을
밝힌다는 상징성이 있다.

중국의 경우 황제릉을 비롯한 능묘 앞에 장명등을 세우는 전통이 없
고, 북송대나 같은 시기의 명·청 황제릉에도 장명등이 세워져 있지 않
다. 명·청 황제릉의 침전 앞에는 향로를 중심으로 화병 1쌍과 촛대로
구성된 다섯 가지 공양물인 석오공(石五供)이 배치되어 있는 것을 알 수
있다. 이렇게 장명등은 중국의 영향을 받지 않은 우리나라 능묘 석조물
이라는 것을 알 수 있다.

이와 관련하여 고려 왕릉에서는 장명등이 망주석, 혼유석 등과 함께
조영되어 있는데, 공민왕의 현정릉을 비롯하여 고려 말기의 것으로 여
겨지는 왕릉에서 장명등의 배치를 확인할 수 있다. 따라서 고려 왕릉의
장명등은 승려들의 사리탑 앞에 세워져 있던 불교 석등에서 영향을 받
아 왕릉 앞에 세워진 것으로 보기도 한다. 예컨대 1343년 법왕사의 장

명등, 1372년의 신륵사 보제선사 국사탑 앞의 장명등, 1392년 청룡사 보각국사탑과 장명등, 1407년 회암사 무학대사탑과 장명등이 그러하다. 이처럼 고려 말 몇몇 승탑에 사리탑과 탑비 및 장명등이 한 조로 세워져 있기 때문에, 사찰 장명등이 고려 왕릉의 장명등을 조성하는 데에도 영향을 끼쳤고, 그것이 조선 왕릉에서 장명등을 세우는 전통을 세웠다는 것이다.[187]

1) 장명등의 배치

고려 왕릉에서는 태조 현릉을 비롯한 초기의 왕릉에서도 장명등의 흔적을 찾을 수 있다. 물론 일반인이 기억하는 고려 왕릉의 장명등은 공민왕과 노국대장공주의 현정릉이다.

고려 왕릉에는 일찍부터 장명등을 배치하였다. 3~4단의 단을 구분한 고려 왕릉에서 봉분이 위치한 제1단 중앙에 혼유석이 놓이고 한 단 아래 제2단 중앙에 장명등을 설치하였다. 이렇게 사각 장명등은 조선 초기 왕릉까지 이어져 내려오는 우리나라 왕릉의 고유한 능제에 해당되는 석물이라고 할 수 있다. 특히 조선 태종은 1408년 제1대 태조 원비 신의왕후 제릉을 고려 태조 현릉이나 공민왕 현정릉과 함께 지역적으로 같은 개성에 두었다. 당시 태종에 의해 건설되었던 제릉 장명등의 팔각 형식은 몇 달 후 제1대 태조 건원릉에서도 그대로 반영되었다. 따라서 팔각 장명등은 이후 사각 장명등을 대신하여 조선 왕릉의 장명등

---

187 김민규, 「장명등 연구」, 동국대 석사학위 논문, 4쪽.

으로 변환되는 일대 전기를 마련하기도 하였다.[188]

이처럼 장명등은 고려 시대 불교 석등과 함께 고려에서 자주적으로 왕릉 석등으로 발전시켰다. 조선 시대에 들어 고려 왕릉의 능제와 형식의 영향을 받은 조선 왕릉은 여전히 왕릉 앞에 장명등을 조성하였지만, 조선 불교계에서는 승탑 앞에 석등을 거의 조영하지 않았다. 따라서 자연스럽게 조선의 장명등은 왕릉에만 국한하여 배치하는 석물이 되었다. 게다가 왕릉 석등을 '장명등'이라는 명칭으로 부르기 시작한 것은 1410년 조선 제3대 태종 대부터였다.[189] 이후 모든 조선 왕릉에는 장명등이 세워져 있어 조선 왕릉을 특징짓는 중요한 요소로 자리 잡았다.

2) 장명등의 조성

조선 왕릉에서 능침의 가장 중앙에는 제1단에 봉분과 혼유석이 놓이고 제2단의 중앙 북쪽에 가깝게 장명등이 배치된다.

조선 왕릉의 장명등은 고려말 공민왕의 현정릉 장명등의 영향을 받아 세워지기 시작하였다. 조선 왕릉에 최초로 장명등이 건립된 것은 1396년에 세운 제1대 태조 계비 신덕왕후 정릉에서부터이다. 이후 조선 왕릉 전체에 세워진 장명등은 각 시기의 평면 형태에 따라 팔각 장명등과 사각 장명등으로 나뉜다. 장명등의 형식은 고려 말 공민왕의 현정릉에 세워진 것과 같은 사각 평면형이었다가 곧이어 1408년 조선 태

---

188 장경희, 『고려왕릉』, 예맥, 2008; 장경희, 『고려왕릉(증보판)』, 예맥, 2012.

189 『태종실록』, 태종 10년 9월 22일(병술).

　　　　　　　　　　　　　　　6장 석물, 국왕의 체백을 지키다

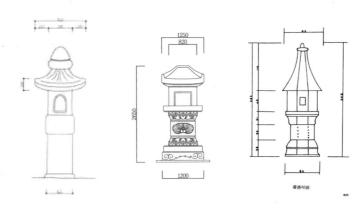

고려 태조 현릉 장명등   고려 공민왕 현정릉 장명등   조선 태조 원비 신의왕후
제릉 장명등

조 원비 신의왕후 제릉과 태조 건원릉을 만들 때에는 팔각 평면의 새로
운 양식으로 변모하였다.

이러한 조선 전기의 장명등은 세종 대에 『세종실록 오례』에서 장명
등의 구조와 크기를 정하였다. 장명등은 지대석과 대석(臺石), 격석(隔
石), 개석(蓋石), 정자석(頂子石), 5단으로 구성되어 있다. 첫째, 지대석은
하단(下端)이 1자로 땅속에 들어가게 만든다. 둘째, 대석은 4자 1치로,
위는 1자 2치의 앙련엽을 새기고, 1자 1치로 허리를 만들어 모퉁이마다
연주(連珠)를 새기며, 아래에 1자 8치로 복련(覆蓮)과 운족을 새긴다. 위
아래 지름은 각각 3자 3치이다. 셋째, 지대석, 대석 그리고 격석(隔石)은
모두 8면이며 전체 높이는 6자 9치이다. 이 중 격석은 1자 8치이며, 속
을 파고 4면에 지름 2자 5치의 창을 판다. 넷째, 개석은 8면이 운각(雲角)
이다. 상단에는 앙련엽을 새기며, 높이는 2자 5치, 위쪽 지름은 1자 1치,
아래쪽 지름은 4자 5치이다. 한복판에 구멍을 통해 파서 정자(頂子)의

하단이 들어가도록 마련한다. 다섯째, 꼭대기에 두는 정자석의 높이는 2자 5치인데, 상·하단으로 구성되어 있다. 상단은 1자 5치로 원수(圓首) 2층을 만들어, 층마다 아래에는 연주를 새긴다. 하단은 1자가량 빙 둘러 둥글게 깎아서 개석 꼭대기를 판 구멍 속에 넣는다. 원수의 깎은 곳에 4면을 오목하게 파서 밑바닥으로부터 제2층의 연주 사이에 이르며, 사방의 옆을 통해 파서 연기(烟氣)를 흩어지게 한다.[190]

이렇게 태조에 의해 1396년 태조 계비 신덕왕후의 정릉 장명등을 만들 때까지만 해도 고려 말 현정릉의 영향을 받은 사각 장명등이었다. 하지만 태종이 1408년 부모의 능인 태조 건원릉과 신덕왕후 제릉의 장명등을 만들 때에는 팔각으로 조성하였고 그러면서 세종 대에 팔각 장명등이 규정되어 이후 1422년 태종 헌릉부터 1688년 인조비 장렬왕후 휘릉까지 팔각 장명등으로 건립하였다.

그러나 숙종 말부터 영조 대에는 대부분의 장명등이 사각이었다. 특히 영조 대에 상장례가 많아 석물의 크기를 줄이고 형태도 간소화하려는 경향이 강하였는데, 이것이 장명등에도 반영된 것이다. 조선 후기에도 장명등의 기본 구조는 변화하지 않았으나 크기가 작아지는 양식적 특징을 엿볼 수 있다. 영조 때 『국조상례보편』의 규정을 보면 다음과 같다. 장명등은 4방은 3자 5치 7푼이고, 개석부터 대석까지는 모두 4면으로 만든다. 장명등은 몸체와 개석으로 구분되어 체석은 길이 6자 3치 1푼이고, 개석은 2자 5치 6푼이다. 이것을 다섯 부분으로 세분하면 첫째, 지대석은 1자 6치로 만들어 땅속에 묻는다. 둘째, 대석은 1자 5치 3

---

190 『세종실록 오례』, 치장(治葬).

6장 석물, 국왕의 체백을 지키다

고려 공민왕 현정릉,
1365~1374년

태조 계비 신덕왕후 정릉,
1396년

태조 원비 신의왕후 제릉,
1408년

태조 건원릉, 1408년

정종 후릉, 1419년

태종 헌릉, 1422년

세종 영릉, 1469년

문종 현릉, 1452년

세조 광릉, 1468년

예종 창릉, 1469년

성종 선릉, 1494년

중종 정릉, 1544년

인종 효릉, 1545년

명종 강릉, 1567년

효종 영릉, 1673년

현종 숭릉, 1659년

숙종 명릉, 1701년

경종 의릉, 1724년

6장 석물, 국왕의 체백을 지키다

영조 원릉, 1776년   추존 장조 융릉,   정조 건릉, 1800년

1789년

순조 인릉, 1834년   헌종 경릉, 1843년   철종 예릉, 1863년

푼이다. 풍혈은 5치 1푼이고, 복련엽과 운각 및 운족을 새긴다. 셋째, 격석은 1치 1푼으로 개석의 가운데를 뚫은 부분에 끼우고 그 아래 1자 7푼은 매 면마다 관통하게 뚫고 작은 화창(火窓)을 설치한다. 몸체는 1자 4치 9푼으로 만들고 연꽃을 새긴다. 넷째, 개석은 1자 2치 4푼으로 지붕 형태를 만든다. 그 아래를 뚫어 체석을 받아들인다. 다섯째, 꼭대기 정자석은 상단의 6치는 원수, 2치는 연 봉오리, 5치 2푼은 복련엽이다.[191]

191 『국조상례보편』, 도설, 장명등.

하지만 정조는 자신의 생부인 사도세자를 위해 세운 현륭원 이후 다시 팔각 장명등으로 건립하여 시대 양식이 변화한다. 1785년 사도세자 『현륭원원소도감의궤(顯隆園園所都監儀軌)』에 의하면 사도세자의 현륭원 장명등을 만들기 위해 수원 앵봉에서 돌을 채취하여 개석 3자 8치에, 체석 길이가 5자 1치인 팔각 장명등을 만들었다. 첫째, 대석은 8면이고 모퉁이마다 연주 구슬을 조각하였다. 기둥 사이와 머리 밑에는 구름을 조각하였다. 발아래는 1자 8치인데 지대석을 만들어 땅에 들어가게 하였다. 둘째, 격석은 위에는 연환(連環)과 꽃과 마름을 조각하고 각 2면에는 연꽃, 국화, 모란, 영지(靈芝)를 조각하였다. 허리에 해당되는 5치는 각 면마다 연환을 조각하였다. 셋째, 개석은 연꽃 봉오리와 연꽃 및 복련엽으로 덮고, 그 아래에 팔각의 처마를 만들었다. 가운데의 지름은 4자이고 8면인데, 각 면은 1자 5치 5푼이고, 개석으로부터 대석에 이르기까지 모두 8면으로 그 밑을 파서 체석을 덮었다. 개석 아래에는 구멍 하나를 정(正) 4면으로 통하게 뚫어 작은 창을 만들고 뚫지 않은 4면마다 소전체로 '수(壽)' 자를 부조하였다.

이처럼 장명등은 능침 위 봉분 앞에 배치되므로 세울 곳이 정해지면 능지의 경사면에 안정적으로 건립하기 위한 방안을 고안했다. 1724년 경종의 의릉을 건립할 당시 양주의 남면에 위치한 노원 중계 부석소에서 석재를 캔 다음 장명등의 크기와 규모에 따라 아래쪽으로 3자 내지 5자 정도로 깊이를 달리하여 팠다. 잡석과 흙을 섞어 단단하게 2차에 걸쳐 달구질을 한 다음 삼물회(三物灰)를 넣고 다졌다. 여기에 잡석과 전토를 넣어 다지기를 3차에 걸쳐 한 다음 돌을 깔아 마감하였다. 장명등은 받침대에 해당되는 대석을 놓고, 그 위에 몸체에 해당되는 체석을 올린 다음 지붕에 해당되는 개석을 올렸다. 체석과 개석을 결합하기 위해서는 유회를 발라 마감하였다. 유회는 석회와 들기름[法油], 휴지, 쌀죽[粥米] 등을 혼합하여 만들었다.

이처럼 다른 석조물의 요소들을 조합해 장명등을 만든 것은 앞서 살펴본 것처럼 왕릉 석조물 중에서 가장 중심에 있는 장명등을 시작으로 고려와의 차별성을 드러낸 것이라고 생각한다. 또 왕릉의 장명등을 사각으로 유지하지 않은 것은 사대부 묘의 장명등과의 차이를 드러내기 위함이었다.

3) 장명등의 상징성

조선 왕릉의 능침에 올라 정면에서 바라보면 장명등, 혼유석, 봉분이 일직선에 위치하게 된다. 무엇보다 먼저 전면의 장명등이 우리의 시선을 가린다. 장명등은 왕릉 능침의 정중앙에 세워져 대행왕의 체백이 모셔진 봉분 전체가 한눈에 들어오지 못하도록 하여 보는 이로 하여금 참람함을 막고 예를 갖추도록 하는 상징적인 역할을 한다.

그럼 이렇게 상징성이 강한 조선 시대 장명등을 실제로 사용했을까? 원래 장명등의 기능은 무엇이었을까? 이와 관련하여 장명등에 실제로 불을 밝혀 사용했던 기록을 살펴볼 수 있다. 1424년(세종 6년) 태종이 승하한 날로부터 만 2년이 지나 두 번째 기일(忌日)인 대상(大祥)에 이르렀다. 그때까지도 장명등을 밝혔던 듯 세종은 대상 이후에도 장명등에 불을 밝히고 아침저녁으로 분향하도록 하였다. 이에 영의정 유정현(柳廷顯, 1355~1426)과 좌의정 이원(李原, 1368~1429) 등이 장명등에 분향하는 것은 옛 제도가 아니라며 마땅히 그만두어야 한다고 주장하였다. 이에 변계량과 허조 등이 논의한 결과 장명등에 등을 밝히는 것은 그만두고, 대신 건원릉의 예에 따라 분향하도록 결정하고 이에 따랐다.[192] 이로 미루어 건원릉 등 조선 초기 왕릉에서는 불교식 의례인 분향을 했으며, 장명등에 불을 밝히는 것은 태종의 헌릉에서 2년간 하다가 대상이 끝난 이후 그만두었음을 알 수 있다.

그렇다면 장명등의 내부에는 실제로 등불을 밝히는 구조나 시설이 마련되어 있는지 살펴보자. 우선 『세종실록 오례』나 『국조상례보편』의 기록을 보면 장명등은 개석부터 격석까지 상하로 통하도록 뚫려 있고 정자석에도 틈이 있는 것을 기록하고 있다. 이것은 곧 격석 내에 등불을 켜면 연기가 빠져나갈 수 있는 홈을 마련해두었음을 말해준다. 이를 증명하듯 15세기에 조성된 장명등 중 1452년 문종 현릉, 1457년 덕종 경릉, 1468년 세조 광릉, 1494년 성종 선릉의 장명등에는 홈이 만들어져 있다. 그러나 『국조오례의』가 편찬된 이후 장순왕후의 공릉, 공혜왕후의 순릉, 정희왕후의 광릉 등에는 환기구가 나타나지 않는다. 영조의 『국조상례보편』이나 정조 때의 기록에도 분명히 장명등에는 등을 밝힐 때 발생하는 연기가 홈을 통해 빠져나갈 수 있도록 일종의 환기구를 설치한 것을 확인할 수 있다. 결국 장명등은 능 앞에 상징적으로 세워진 것이 아니라 왕릉에서 만 3년간 대행왕의 체백에 전(奠)을 올릴 때에는 실제로 불을 밝혀 사용했을 가능성이 크다.

장명등의 구조를 좀 더 살펴보자. 격석의 4면은 네모진 화창(火窓)

192 『세종실록』권23, 세종 6년 5월 7일(신사).

을 뚫었고, 그 외곽 가장자리는 약간 안쪽으로 턱이 만들어져 있다. 이곳에 살창(箭窓, 窓機)을 달거나 저주지(楮注紙)나 죽청지(竹靑紙)와 같은 종이를 바르면, 바람이 불어도 격석 내부의 등불이 꺼지지 않도록 하는 구조인 것을 알 수 있다. 4면으로 뚫린 화창을 통해 격석 내부를 들여다보면 아래쪽 중앙이 오목하게 움푹 파여 있다. 여기에는 잔과 잔탁으로 이뤄진 등잔을 넣었을 것이다. 이것을 증명하듯이 『영조국장도감의궤』를 비롯한 여러 건의 의궤에서 '산릉(山陵) 장명등(長明燈) 소용(所用)'이라고 기록된 '등잔'이 있고 그림까지 그려져 있다. 등잔은 매번 새로 만드는 것이 아니라 기존에 있던 것을 사용하기도 했으며, 등을 밝힌 후에는 다른 곳으로 옮겨 썼던 것으로 보인다.[193]

언제 장명등에 등불을 밝혔으며 그 이유는 무엇인지 알아보자. 앞서 언급했듯이 조선 전기에 세종은 태종의 대상일까지 장명등에 등을 밝히고 분향까지 했다. 그런데 대상이 끝나자 신하들이 장명등에 불을 밝히는 것이 옛 예법이 아니라며 그만두자고 하여 분향으로 대체하였다. 한편 조선 후기 들어 1720년 6월 8일에 승하한 숙종의 경우를 보면 승하한 지 1년째 되는 1721년 6월 7일은 숙종의 첫 번째 기신(忌辰), 곧 소상일까지 아침과 저녁에는 상식을 올렸고, 점심에는 다례를 올렸던 기록이 있다. 이렇게 226일 동안 장명등에는 매일 참기름[眞油]을 5홉씩 사용하여 하루에 3번씩 전(奠)을 올리는 동안 등을 밝혔음을 알 수 있다.[194]

---

193 김민규, 「朝鮮 王陵 長明燈 硏究」, 『美術史學硏究』 제274호, 2012. 6, 58~59쪽.
194 『숙종대왕국휼등록(肅宗大王國恤謄錄)』, 경자(庚子) 7월 12일.

조선 전기나 조선 후기에 대행왕이 승하한 지 1년째 되는 소상이나 2년째인 대상까지 하루에 세 번 장명등에는 등불을 켰다. 오전과 저녁 상식을 올릴 때와 점심에 다례를 올릴 때 장명등에 등불을 켜 능침을 밝혔다. 이 등불은 대행왕의 대상이 끝나면 마친 듯하다. 그 이유는 무엇일까? 왕릉에는 대행왕의 체백이 묻혀 있으며, 그를 떠난 혼령은 아직 영원히 거처할 곳을 찾지 못하여 혼전을 떠돌게 된다. 그러다가 1년째인 소상일과 2년째인 대상일에 대행왕의 혼령이 찾아오도록 장명등에 등불을 밝힌 것이다. 이렇게 대상까지 치른 후 대행왕의 신주는 혼전에서 종묘에 부묘되었으며, 그의 혼령은 종묘 신실 내의 영원한 집에 머물게 된다. 그때에야 비로소 체백과 혼령이 영원히 이별하는 것이고, 혼령이 체백에게 찾아오길 바라며 밝히던 장명등의 불도 껐다. 대행왕의 혼령이 영원히 종묘에 안치되듯이, 체백 또한 그때부터 영원히 지하의 현궁에 머물면서 사후 생활을 영위하게 되었다.

4. 혼유석, 국왕의 혼이 뛰놀게 하다

조선 시대 왕릉을 비롯한 능묘에는 봉분 바로 앞에 석상(石床)이 배치
된다. 이렇게 왕릉 앞에 석상을 두는 전통은 통일신라에서도 발견되어
그 연원이 오래되었다. 그런데 왕릉의 석상은 흔히 혼유석(魂遊石)이라
부르고, 민간의 것은 석안(石案)이라고도 부른다. 그러면서 왕릉의 석상
은 넓은 면석 밑에 받침인 족석(足石)이 받치게 하여 민간의 것과 구분
된다.

　조선은 유교적 질서를 중요하게 여겨, 망자를 모신 능묘의 석물조차
신분적 차서에 따라 형태와 크기를 구분하여 법제화하였다. 왕과 왕비
의 왕릉을 비롯하여 세자와 세자빈의 원, 그리고 대군 이하 왕실과 관
련된 인물들의 분묘에 설치된 석물의 종별 수량 및 규격 등을 철저하게
규제하였다. 이 때문에 대군 이하 모든 이들의 분묘에는 품계에 따라
석물의 수와 규격, 석상 및 석인상의 크기 등이 규정되어 있었다. 1474
년『국조오례의』에 규정된 석물의 규모는 다음과 같다.

조선 시대 능묘의 석상과 석인의 규모

구분	석상		석인 길이
	길이	너비	
국왕	9자 9치 6푼	6자 4치	8자 3치
대군	7자	4자	6자
1~2품	6자 5치	3자 7치 5푼	5자 5치
3~6품	6자	3자 5치	5자
7품 이하	5자 5치	3자	4자 5치

이를 보면 전례서에 규정된 국왕의 왕릉이나 왕비의 왕후릉에 설치하는 석상은 9자 9치 6푼에 너비는 6자 4치로 문무석인의 8자 3치보다 규모가 컸다. 실제 제작된 석상은 의례서의 기록보다 커 보통 길이가 9~11척이며, 너비는 6~7척, 두께는 1척 4촌~2척이었다. 후대의 석상은 그 크기가 신축적으로 변화하였는데, 대체로 크기가 커지는 경향이었다. 왕릉의 석상을 대군 이하의 무덤에 설치하는 석상과 비교하면, 후자가 길이 7자, 너비 4자로 정해져 있어 전자가 1.5배 이상 크고 넓다. 석상은 신도비나 표석 등을 제외하고 왕릉의 능침 석물 중 가장 부피가 큰 것이다.

조선 후기가 되면 석상의 크기는 줄어 영조 대 『국조상례보편』에 의하면 길이는 8자 5치 6푼이고 너비는 5자 8치였다. 석상 밑은 4~5개의 족석으로 받쳤는데 그 지름과 너비는 각각 2자이고 높이는 1자 6치이다.

민간의 무덤에서는 석상 정면 중앙에 향로석을 설치하였다. 향로석의 크기는 윗면이 1자×1자 2치 정도이며, 아래쪽은 운족(雲足)을 새긴

6장 석물, 국왕의 체백을 지키다

탁자 모양의 대석이다. 높이는 석상의 윗면에서 5치 내지 8치 아래로 낮게 설치한다.

1) 혼유석의 조성

앞서 밝혔듯 우리나라에서 왕릉의 봉분 앞에 석상을 두는 전통은 통일 신라 시대에서 비롯되었다. 이때의 석상은 네모진 정방형의 하부 받침 돌 위에 직육면체형 상돌을 올리는 형식으로 되어 있다. 이러한 형식의 석상은 고려 태조 현릉에서도 발견된다. 특히 현릉 석상 받침돌 정면에 는 입에 끈을 문 새(含綬鳥) 한 쌍을 새겨 넣어 통일신라부터 유행한 문 양이 전승되어온 것을 확인할 수 있다. 이후 고려 왕릉은 봉분 앞 제1단 에 석상을 세우는 능제가 확립되었다.

그렇다면 조선 왕릉의 혼유석처럼 두툼하고 넓은 상면(床面) 아래에 북 모양으로 생긴 받침형 고석(鼓石)을 족석으로 사용하고 바닥에 지대 석을 깐 것은 언제부터였을까? 이러한 혼유석 형식의 석상은 고려 말

고려 태조 현릉 석상

고려 공민왕 현정릉 석상

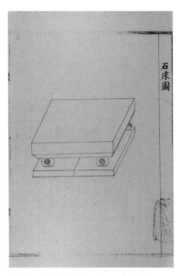

석상 도설, 『정조건릉산릉도감의궤』, 1800년

기 고려 왕릉에서 발견되는 것이며, 현재 조선 왕릉의 원형대로 제 모습을 갖추고 있는 것은 공민왕의 현정릉이 대표적이다.

고려 공민왕과 노국대장공주의 봉분 앞에는 각각 한 개씩의 혼유석이 배치되어 있다. 이것들은 각각 가로 336센티미터로 넓고, 높이 45센티미터로 두툼한 상면으로 되어 있다. 6개의 고석이 떠받치고 있으며 북의 지름은 59.3센티미터이다. 고석의 4면에는 문고리를 문 도깨비형 나어두문(羅魚頭文)을 새겼다. 족석 하부의 지대석은 12.5센티미터 두께에 3매의 판석이 341센티미터 길이로 깔려 있다.

이처럼 공민왕 현정릉에서 비롯한 조선 왕릉 고석의 사방 4면에는 문고리를 물고 있는 도깨비 형상의 나어두문을 양각한다. 이 또한 실제 북의 형상을 닮아 있다. 곧 북의 4면에는 그것을 걸거나 들기 위해 금속제 철물로 손잡이를 다는데, 이때 손잡이인 문고리를 도깨비가 물고 있는 형상이다. 도깨비는 눈썹이 굴곡을 이루며 하나로 연결되어 있고 눈은 동그랗게 튀어나왔다. 코는 양옆으로 벌어져 넓적하고 크며, 입은 문고리 형태인데 그 사이로 이빨이 드러나고, 머리카락은 동글동글하게 말려 있다.

조선 왕릉의 석상은 구조적으로 세 부분으로 구분되어, 맨 윗부분은

　　　　　　　　　　　　　6장 석물, 국왕의 체백을 지키다

태조 건원릉의 혼유석　　　　　　정종 후릉의 혼유석

넓고 두툼한 상면(床面)이, 그 아래는 둥근 받침돌인 족석이 떠받치고, 그 아래 땅에 지대석을 까는 것이다. 이러한 석상을 속칭 혼유석이라고 부른다. 『세종실록 오례』에는 크기에 대해 규정되어 있다. 상면의 길이 는 9자 9치(약 3미터), 너비는 6자 4치(250센티미터), 두께는 1자 5치(45센 티미터)이다. 공민왕의 현정릉보다 크기는 1자 정도 좁지만 두께는 거의 흡사하다.

　조선 왕릉의 혼유석을 살펴보면 500여 년의 세월이 흐른 조선 초기 의 것도 상면의 일부가 매끈하고, 19세기 말 추존 문조의 수릉의 경우 100년이 지난 지금도 그 표면이 거울처럼 매끈하다. 사포가 없었던 조 선 시대에 상돌의 표면은 어떻게 그렇게 거울처럼 반들거리게 만들었 을까? 석상은 왕릉 능침 석물 중 가장 규모가 커 능상으로 올려 오다가 많은 사람이 다치기 십상이었다. 5개월 여의 국상 기간 동안 비석과 혼 유석의 표면을 매끈하게 가는 것이 가장 어려운 일이었다. 수백 명을 동원하여 처음에는 굵은 모래로 갈다가 점차 가늘고 고운 정옥사(錠玉 沙), 그리고 강한 숫돌, 마지막에 부드러운 숫돌로 갈아내었다.

영조 원릉의 혼유석   정조 건릉의 혼유석

　다음으로 족석은 4개로 사방의 모퉁이에 각각 1개씩 두는데, 높이는 1자 5치(45센티미터)이고 지름은 2자 5푼(65센티미터)이다. 시기에 따라 고석의 수는 달라진다. 앞에서 살펴본 바처럼 고려 공민왕 현정릉에서는 고석을 6개를 사용했다. 그런데 조선 태조 건원릉과 태종 헌릉의 고석은 5개였다. 그러다가 『세종실록 오례』와 『국조오례의』에서는 4개로 변화되었으며 원지름 또한 3자에서 2자 5치로 줄어들었다.

　고석은 배가 불룩하고 상하는 좁아 전체적으로 둥근 공처럼 되어 있으나 위아래가 잘린 형태이다. 일반적으로 북은 목재를 잘라 배가 부른 둥근 몸체를 만들고 납작한 상하에 가죽을 뒤집어씌우고, 가죽을 목재에 부착시키기 위해 테두리를 빙 둘러 철제 광두정(廣頭釘) 못을 박아 넣는다. 고석의 형태는 이것을 시각화하여 음각선으로 구획을 마련하고 일정한 간격으로 박은 광두정이 마치 연주문처럼 보이는 것이다.

　족석의 하부 바닥은 지대석이다. 공민왕의 현정릉에서는 3매의 판석을 깔았는데, 태종에 의해 조성된 조선 초기 건원릉에는 1매의 전석을 깔았다. 그러다가 판석을 전석으로 쓰는 것이 민폐를 끼치고 능침으

6장 석물, 국왕의 체백을 지키다

| 헌종 경릉의 혼유석 | 철종 예릉의 혼유석 |

로 올리다가 깔려 죽는 사람들이 많아져 태종이 두 조각으로 나누도록
해 태종 헌릉부터는 좌우 2매의 판석을 나란히 깔아서 마감하였다. 조
선 시대 내내 이것이 전통으로 이어졌다.

조선 왕릉에서 혼유석의 석재를 채취하고 그것을 능지로 옮겨 와서
세우는 과정을 경종 의릉의 혼유석을 통해 살펴보자. 경종은 1724년 8
월 25일 승하한 후 산릉지는 중랑포에 정하였다. 석물은 후릉을 전범으
로 삼은 숙종의 명릉이 전범이 되었다. 명릉의 석물을 자로 잰 뒤 부석
소는 양주 남면의 노원 중계로 정해져,[195] 이곳에서 혼유석의 석재를 채
취하였다. 아래에 까는 사방석(四方石)은 1724년 10월 9일 떠내어 26일
부터 3일간 운반해 능소로 가져왔고, 혼유석 상석은 10월 15일에 석재
를 떠내어 29일부터 2일간 운반하여 능소로 가져왔다. 당시 혼유석은
워낙 커서 이것을 운반하는 데 동원된 승군이 1,300명이었으며, 사방석
에는 1,700명이 동원되었다. 능소에 가져온 혼유석의 표면을 반질거리

---

195 장경희, 「조선후기 산릉도감의 장인 연구」, 165쪽.

게 마정하는 것은 많은 시간과 인력이 동원되는 일이었다. 마정을 시작한 날은 11월 13일이었는데, 필역한 것은 12월 14일이어서 꼬박 한 달이 걸렸다. 기간별로 동원한 인력도 달랐다. 11월 13일부터 11월 24일까지 11일간 남한산성의 승군 100명이 동원되었다. 11월 25일부터 12월 3일까지 8일간은 석계군 26명이 좌우 단과 모서리 등을 갈아냈다. 이후 3일간은 조성소의 모군 10명이 강한 숫돌로 갈았고, 다시 2일간 삼물소의 모군 10명이 부드러운 숫돌로 갈아내는 작업을 계속하여 한 달간 146명의 인원이 동원되어 여러 단계를 거쳐 표면을 갈아냈다.

완성한 사방석은 길이 13자, 너비 5자 5치였고, 혼유석은 길이 8자 4치, 너비 5자 6치 4푼, 두께 1자 5치 2푼이었다. 하전석 2개는 길이 5자 6치 4푼, 너비 4자 4푼, 두께 1자 5치였다. 고석은 4개로 높이 1자 2치 5푼, 4면의 너비는 1자 7치 5푼이었다. 이것들을 당시 제작한 문무석인과 비교해보면 석인이 길이 6자 5치, 너비 2자 2치 5푼이었으므로 석인보다 1.5배 정도 크고 무거웠음을 알 수 있다. 크레인이나 기계가 없던 조선 시대에 이것을 능 위로 끌어 올리는 것은 모두 사람의 힘으로 해야 했다. 당시 동원된 인원은 남한산성의 승군 100명과 북한산성의 승군 30명, 그리고 당시 각소에 남아 있던 장인이었다. 이렇게 영조의 원릉을 조성할 당시 혼유석을 능 위로 끌어 올리기 위해 동원한 인원은 각소의 모군과 담꾼을 포함하여 총 1,500명이었다. 그들은 길고 큰 줄 4근을 사용하였다. 크기가 작은 석물을 올리는 데는 썰매 등의 기계도 사용하였으나 혼유석의 경우에는 전적으로 사람의 힘으로 끌어 올렸

6장 석물, 국왕의 체백을 지키다

다.[196]

이렇게 많은 백성들이 동원되어 대행왕이나 왕비의 체백이 모셔진 곳에 찾아온 대행왕의 혼령이 머무는 혼유석을 만들었고, 봉분 앞자리에 설치되었다. 나어두 문양은 시기에 따라 약간씩 변화하는데, 특히 18세기 영·정조 시대의 것이 조각적으로 아름답다. 영조 원릉이나 추존 장조의 융릉 및 정조의 건릉에서는 입체적이며 화려하고 정교하나, 19세기 추존 문조의 수릉은 문양에 여백이 많고 듬성듬성하며 평면적인 느낌이 강하다.

2) 혼유석의 역할과 상징

백성들의 무덤에 배치된 석상의 역할은 묘주의 제삿날이나 사시사철마다 묘제(墓祭)를 거행할 때 제수를 담은 제기를 올려놓고 제사를 올리는 제상의 기능을 하였다. 그러나 왕릉에서 대행왕이나 왕비에게 제향을 드리는 공간은 정자각이었다. 그렇다면 왕릉 능상의 석상은 무덤의 석상과 달리 실질적인 용도가 없는 것이다. 왕릉의 석상은 흔히 혼유석이라고 불리는데, 왕릉의 능침 앞 중앙에 놓여 종묘에 부묘되기 전 혼령이 머물던 곳이었으며, 신주가 종묘에 부묘된 이후에는 축문을 읽어 이곳으로 불려온 혼령이 노닐면서 제물을 흠향하는 자리로 설정된 석물이다.

주지하다시피 혼유석은 봉분 앞에 설치된다. 그 봉분은 능주의 재궁

---

196 『영조원릉산릉도감의궤』 권2, 대부석소. 1776년.

태조 건원릉

단종 장릉

을 모신 현궁 위에 높이 쌓아 만든 것이다. 곧 혼유석은 능주의 체백을
모신 재궁 수에 따라 달라진다. 예를 들어 능주의 재궁이 1좌이면 봉분
도 하나인 단릉, 재궁이 2좌이며 봉분도 두 개인 쌍릉, 재궁이 2좌이나
하나의 봉분으로 만든 합장릉이 있는데, 봉분 아래 재궁이 1좌이면 혼
유석도 1기, 재궁이 2좌이면 혼유석도 2기를 설치했다.

다시 말하면 단릉은 대행왕이나 왕비의 체백이 하나여서 그들의 혼
이 노니는 혼유석 또한 한 개가 배치되었다. 예컨대 1408년에 조성된
태조 이성계의 건원릉은 단릉 양식으로 봉분의 남측에 태조의 혼령이
노닐 수 있는 혼유석 1기가 배치되어 있다.

쌍릉에는 대행왕과 왕비의 체백이 모두 둘이어서 그들의 혼령을 위
한 혼유석 또한 2기를 설치한 것이다. 이것은 쌍릉을 처음 조영한 고려
말 공민왕과 노국대장공주의 현정릉에서 비롯한다. 그 영향을 받은 조
선 초기 제2대 정종과 정안왕후의 후릉에는 혼유석이 봉분마다 1기씩

세종 영릉

한 쌍이 설치되어 있다. 3대 태종과 원경왕후가 모셔진 헌릉도 쌍릉으로 조영되어 있기 때문에, 각각의 혼령을 위해 2기의 혼유석이 봉분 앞에 별도로 배치되어 있다.

그렇다면 대행왕과 왕비가 합장된 합장릉은 어떠했을까? 비록 대행왕과 왕비가 합장되어 봉분이 하나이니 혼유석도 하나일까? 부부는 일심동체라 하지만 각자의 체백마다 각자의 혼령은 별도이다. 몸이 기억하는 혼이 별개여서 봉분 아래 현궁도 별도의 칸막이를 하고 별개의 재궁 안에 체백을 따로 모셨다. 이들 체백을 찾아오는 혼령은 두 분이어서 그들이 머무는 혼유석 또한 마찬가지라 여겨 합장릉의 경우에도 혼유석은 2개를 설치하였다. 영릉의 경우 세종과 소헌왕후가 묻혀 있으나 합장릉이어서 봉분은 하나이지만 혼유석은 두 분의 혼령이 노닐 수 있도록 2기가 마련되어 있다. 조선 후기 들어 처음으로 합장릉 형태로 조성한 16대 인조와 인열왕후의 장릉 또한 혼유석 2기를 배치한 것에

성종 선릉

정종·정안왕후 후릉

서도 알 수 있다.

따라서 봉분이 하나이면서 혼유석이 하나이면 재궁이 있는 능주가 하나밖에 없는 단릉이고, 비록 봉분이 하나이지만 혼유석이 둘이면 재궁이 둘이고 능주가 둘인 합장릉인 것이다. 세종과 소헌왕후의 영릉, 인조와 인열왕후의 장릉은 둘 다 원래의 왕릉 위치에서 천장하면서 합장릉으로 조성했던 공통점이 있다. 천릉하여 대행왕과 왕비를 합장하여 단릉처럼 조성했음에도 불구하고 현궁 아래 재궁의 수에 맞춰 혼유석은 2기를 배치했다.

그러나 세도정치가 극성을 부리면서 19세기에 합장릉으로 조성한 왕릉은 혼유석의 수가 이전 시기의 것과 달라지기 시작한다. 이들 합장릉은 모두 조선 전기의 합장릉처럼 먼저 승하하여 왕릉이나 왕후릉을 단릉으로 조영하였다가 나중에 승하한 분을 모실 때쯤 현재의 능으로 천장하여 새롭게 조영한 것이다. 이때부터 능침 아래 현궁에 대행왕과

6장 석물, 국왕의 체백을 지키다

태종·원경왕후 헌릉   명종 강릉

왕비의 재궁이 있음에도 불구하고 단릉처럼 혼유석을 하나만 만든 곳
을 발견할 수 있다.

당시의 합장릉들은 처음에는 단릉으로 조영하였다가 20~30년 정도
시간이 지나 정치적 의도가 개입하여 천릉하면서 합장릉으로 조영된
것이다. 전자는 안동 김씨에 의한 세도정치가 극심하던 시기였고, 후자
는 한말이나 나라를 빼앗긴 시대였다. 이러한 때에 왕릉을 조영하는 데
국왕이 제 목소리를 낼 수 없었을 것이고 그에 따라 권위는 위축되고
왕실의 예법은 제한을 받았을 것이다. 당시는 이전에 다른 왕릉을 천장
하고 남은 곳에 왕릉을 조영하여 그곳에 남아 있던 석물을 재활용하던
시기였다.

이와 관련하여 순조의 인릉에 석물을 조영하던 상황을 살펴보자.
1834년 순조의 사후, 능지는 조선 초기 세종의 구 영릉이 모셔져 있던
태종 헌릉 옆자리를 선정하였다. 며칠 후 능지 아래에 파묻어두었던 세

단릉인 태조 건원릉

쌍릉인 현종 숭릉

종 영릉과 희릉의 석물이 대거 발굴되었다. 당시 나이 어린 헌종을 대신하여 할머니인 순조비 순원왕후 안동 김씨가 수렴청정을 할 때였는데, 석물을 조영하느라 힘들 백성들의 수고로움과 국가의 재정을 절약한다는 명분을 내세워 석물을 재활용하기로 결정하였다. 현재 순조 인릉 앞에 서 있는 문무석인이나 양호마석(羊虎馬石) 등은 이전 세종 영릉이나 장경왕후 희릉을 천릉하면서 파묻었던 것을 꺼내어 표면만 약간 다듬어서 재활용한 것이다.[197]

이러한 정치적 시대적 상황에서 현재의 왕릉으로 천장하면서 왕릉 속 현궁에 모셔진 체백을 위한 혼유석은 1기씩만 마련되었다. 참람하

197 왕릉 석물의 재활용은 장경희, 「조선 후기 산릉도감의 장인 연구」, 『역사민속학』 ; 전나나, 김민규의 앞 논문 참고.

세종과 소헌왕후의 합장릉인 영릉

게도 두 분이 자기 자신만의 혼유석을 갖지 못한 채 떠돌게 된 것이다. 국가가 망해가는 시점에 돌아가신 국왕이나 왕비의 체백이나 혼령조차 제대로 돌볼 여유가 없었던 상황을 보여준다.

예컨대 추존 장조(사도세자)와 헌경왕후(혜빈 홍씨)가 합장된 융릉, 제22대 정조와 효의왕후의 건릉이 그러하다. 고종 대에 추존 문조(효명세자)와 신정왕후의 수릉, 제26대 고종 황제와 명성황후의 홍릉, 제27대 순종 황제와 순명황후 및 순정황후의 유릉은 모두 혼유석이 1기씩이다.

이들 합장릉은 대행왕(세자)이나 왕비(황태자비)의 사후 처음 안장될 때에는 단릉이었으나 20~30년이 지나 천장하면서 그들의 신분이 세자나 왕비 혹은 황태자빈에서 추존 왕이나 추존 황후가 되어 변화한 능이다. 사도세자의 현릉원은 정조가 즉위한 후 억울하게 죽은 생부를 위해 조영하였으나 순조 때 현재의 자리로 천장하면서 혜빈 홍씨와 사후 합장하였다가 고종 때 황제로 추존되어 융릉이 된 곳이다. 1800년 정조

삼연릉인 헌종 경릉

승하 후에 건릉을 조영하였다가 이후 순조 때 효의왕후 사후 천장하여 현재의 자리로 옮겨 합장되었다.

순조의 장남 효명세자가 1820년 요절하여 수경원(綏慶園)을 조영하였으나 그의 아들인 헌종이 즉위하면서 익종으로 추존되어 수릉으로 추봉되었고, 이후 고종 재위 시 현재의 자리로 천장하였다가 신정왕후의 사후 합장되었다. 고종비 명성비는 1895년 을미사변으로 일제에 의해 죽임을 당해 국장이 3년간 미뤄지다가 1897년 고종이 대한제국을 선포한 후 황후의 예로 청량리 홍릉에 안장되었다가 1900년 금곡 홍릉으로 천장을 준비하여 1919년 고종의 사후 함께 합장되었다.

이처럼 왕릉의 지하 궁전에 국왕의 재궁이 하나이면 봉분이 하나인 단릉으로, 여기에는 능주의 혼이 노닐 혼유석도 하나였다. 고려 공민왕의 현정릉 이후 조선 초기 정종과 정안왕후의 후릉이나 태종과 원경왕후의 헌릉의 경우는 지하 궁전에 재궁이 둘이면서 봉분도 둘인 쌍릉 형

추존 장조 융릉

식으로 조성하였고, 여기에는 국왕과 왕후의 혼이 각각 노닐 혼유석이
2기였다. 이것은 세종과 소헌왕후의 경우처럼 지하 궁전에 재궁은 둘
이지만 봉분은 하나인 합장릉의 경우에도 혼유석은 2기였던 것에서도
알 수 있다. 그러나 외척들의 세도정치로 인해 왕권이 약화되었던 19세
기에는 국왕 사후에 조성한 단릉에 추후 왕후를 함께 합장하여 봉분을
하나로 하면서 혼유석 또한 1기만 배치하였다. 결국 혼유석은 국왕의
혼령이 노니는 곳을 상징하지만, 왕권이 약화되면서 국왕과 왕후의 혼
령이 함께 사용하는 참람한 일이 벌어지게 된 것이다.

5. 석양과 석호, 국왕 곁을 지키다

무덤의 봉분 주위에 배치한 동물상〔石獸〕는 망자의 시신을 지키는 신수 (神獸)의 역할을 한다. 이것은 왕릉에서도 마찬가지이다. 다만 시기에 따라 주위에 배치하는 석수의 종류나 수는 변화하였다. 우리나라의 경우 통일신라 왕릉을 보면 당나라 황제릉의 영향을 받아 능침 앞이나 주위에 석사자를 배치하였다. 이후 고려 초기에도 석사자를 세웠다. 그러다 고려 중기 이후 석사자 대신 석호로 바뀌었다.

조선 왕릉의 석수상은 양과 호랑이, 그리고 말이다. 이것들은 상상 속의 동물이 아니라 자연계에 실제 존재하는 동물이고 사후세계의 주요 조력자로 여겼다. 자연계에 실제 존재하는 동물이면서 동시에 신령스러운 대상으로 본 것이다. 이렇게 무덤 앞에 동물상을 세운 이유는 다음의 문헌에서 찾아볼 수 있다. 『주례』를 보면 "무덤의 광중(壙中)에는 죽은 사람의 간(肝)과 뇌(腦)를 즐겨 먹는 망상(魍像)이 있는데 사람은 도저히 당해낼 수가 없어서 무덤 옆에 방상(方相)을 세워 못 파먹도록 금한다. 망상은 호랑이와 잣나무를 겁내기 때문에 무덤가에 잣나무를 심고, 묘도(墓道)에 호랑이 석상(石像)을 세운다."라고 하여 그 영향을 받았을 가능성도 있다.

중국의 경우 무덤 앞 동물상의 종류가 매우 많았다. 통일신라 왕릉에 영향을 끼친 중국 당나라 황제릉의 석수상은 다종다양하다. 그러나 고려 왕릉과 비교되는 송 황제릉의 석수는 조금 줄어드는 경향을 보였다. 송 태종 영희릉에 60기의 석물이 세워져 있는데, 그중 석수는 코끼리 1쌍, 서금 1쌍, 각단(角端) 1쌍, 말 2쌍과 길들이는 사람 8인, 석호 2쌍, 석양 2쌍, 포사(跑獅) 1쌍이 배치되어 있다. 황제를 자처한 고려에서는 왕릉 앞 석물을 세울 때 중국 황제릉과 달리 고려만의 독자성을 발휘하여 석호와 함께 석양을 봉분 주위에 배치하였다.

조선 왕릉은 고려 왕릉의 영향을 받았는데, 특히 고려 공민왕의 현정릉과 마찬가지로 석호와 석양을 봉분 주위에 배치하였다. 이를 통해 수호상으로서의 벽사적 의미가 강조되었다.[198]

그런데 조선 왕릉에는 고려 왕릉에 없던 석마가 배치되어 있는 것이 특징이다. 석마는 조선 초기 태조 건원릉(1408년), 정종 후릉(1420년), 태종 헌릉(1422년) 등을 조성할 당시에는 제작하지 않았다. 그러다가 1441년(세조 23년) 문종비로서 세종의 세자빈이었던 현덕빈의 무덤을 조성할 때 처음으로 등장하였다.[199] 이때 석마는 명의 제도를 수용하여 능상의 중계와 하계에 마주하여 배치하도록 하였다. 이것들은 석인상 뒤에 배치하고 문석인상과 무석인상이 타는 군대 의장용으로 의미를 부여하

---

198 정해득, 「조선시대 경기지역 묘제석물 연구」, 『조선시대사학보』 51, 조선시대사학 회, 2009. 12, 57쪽.

199 『세종실록』 권93, 세종 23년(1441) 8월 8일(임신).

석마도(왼쪽), 석호도(가운데), 석양도, 『정조건릉산릉도감의궤』, 1800년

여,[200] 조선 시대 내내 왕릉 석수상으로 조영하였다.

이처럼 조선 왕릉의 석수상은 고려 왕릉에서 유래된 석양과 석호를 비롯하여 석마까지 배치되었다. 그중 석양과 석호는 능주의 위엄을 드러내고 호위하는 역할이 있어 여기서는 이것들만 다루기로 한다.[201]

1) 석호의 배치

왕릉에는 단순한 봉분과는 대조적으로 다양한 석조물을 배치하는 상설 제도를 통해서 죽은 자를 추념하였다. 조선 왕릉의 석호는 공민왕 현정

200 이정선, 「조선 전기 왕릉제도의 성립과 石人, 石獸 양식 연구」, 『美術史論壇』 29, 한국미술연구소, 2009, 178~179쪽.

201 김은선, 「조선 왕릉 석수상 연구」, 『미술사학연구』 283·284, 한국미술사학회, 2014.

릉에 영향을 받아 제1대 태조 건원릉 이후 조선 왕릉 전체에 세워졌다.

조선 왕릉에서 능상은 상계, 중계, 하계로 구분되며, 석수는 상계의 곡장 안에 배치했다. 단릉인 경우 석양과 석호는 상계에 남쪽부터 석양→석호→석양→석호 순으로 번갈아 배치했는데, 쌍릉인 경우 봉분을 중심으로 좌우대칭으로 총 8마리를 배치했다. 이들의 시선은 봉분을 등지고 모두 바깥쪽을 향하면서 바깥을 수호하고 있다. 이는 죽은 왕과 가깝게 배치하여 재앙을 막는 벽사의 역할을 강조한 배치라고 해석된다.

조선 건원릉(1408년)은 석양, 석호, 석마가 있는 북송의 황제릉과 유사해 보이지만 북송 황제릉과 차이가 심하여 비교하기 어렵다. 이에 근래 명대의 석물 규정을 근거로 들어 조선 초기 국왕의 위계가 책봉을 받은 친왕(親王)과 흡사한 지위이고, 관료제적 위계로는 1~2품관의 위계라고 여겨 외국의 제왕(諸王)처럼 조영한 것처럼 보기도 한다. 하지만 조선은 내제외왕(內帝外王)을 주장한 고려처럼 묘호와 능호를 사용하였고, 중국의 제도를 그대로 따르지 않고 선택적으로 따랐다. 이에 조선에서 석호와 석양 등을 능묘 석수로 한 것은 고려 이래 왕릉의 전통을 이어가려는 경향을 반영한 것으로 본다.

조선 왕릉의 석호는 고려 왕릉과 마찬가지로 엉덩이는 바닥에 앉고 앞다리를 꼿꼿이 세우고 있는 준상(蹲像)이다. 정면을 바라보고 웅크린 형태는 조선 전기부터 후기까지 동일하다.

무덤 앞에 세운 석호는 전한 기원전 117년경 곽거병(郭去病) 묘 앞의 호랑이에서 연원한다. 그러나 우리나라 무덤의 석호는 통일신라 왕릉 앞 석사자상에서 비롯했는데, 고려 전기까지 석사자를 두었다. 앞다리

6장 석물, 국왕의 체백을 지키다

고려 공민왕 현정릉의 석호 　　　　　　　 태조 건원릉의 석호

태종 헌릉의 석호 　　　　　　　　 현종 숭릉의 석호

를 세우고 엉덩이를 대고 앉은 사자 형태였다가 시간이 흐르면서 점차 호랑이로 대체되었다. 이렇게 앞다리를 세우고 꿇어앉은 자세의 호랑이는 고려의 영향을 받았다고 보이는 중국 금 황제릉에서 나타난다. 게다가 이런 형상의 석호는 왕릉이나 황제릉의 봉분 주위를 빙 둘러 배치되고 있어 우리나라만의 독특한 도상임을 알 수 있다.

　조선 왕릉의 석호상은 벽사와 진묘(鎭墓)를 의미한다. 악귀를 물리치는 진묘수(鎭墓獸)로서의 역할이고, 무덤을 수호하는 용맹한 신수의 의미로 확대되었다.

그것은 같은 시대 중국 황제릉 앞 석호의 자세와 비교하면 더욱 분명해진다. 북송이나 원, 명대의 무덤에 배치된 석호는 어느 것이나 다리를 구부리고 엎드린 형상이고, 아울러 이것들은 능주의 시신을 모신 봉분을 수호하는 것이 아니라 무덤 밖 신도에 일렬로 죽 늘어서 있어서 상징하는 개념과 역할이 다른 것을 알 수 있다. 한편 『산릉도감의궤』의 찬궁(攢宮)이나 현궁에 그린 〈사수도(四獸圖)〉 중에 백호가 그려져 있지만 석호상과 달리 현실적인 호랑이의 형상을 차용하여 회화적으로 그린 것으로 양식적 관련이 적다.[202]

2) 석양의 배치

조선 왕릉의 석양은 고려 공민왕 현정릉의 영향을 받았다.[203] 고려 왕릉의 석양상은 앞을 보고 네 다리로 서 봉분 주위에 배치되어 있다. 이러한 고려 왕릉의 석양상은 조선 제1대 태조 건원릉과 신의왕후 제릉을 비롯한 조선 왕릉 전체에 공통된다. 다만 조선 왕릉의 석양상은 크게 두 종류로 분류된다. 첫째, 석양의 다리 사이가 뚫려 있어 네 발로 서 있는 경우이다. 둘째, 다리 사이에 있는 면석(面石)을 그대로 두고 그곳에 초화문(草花紋)을 새긴 경우가 그것이다. 따라서 조선 왕릉의 석양상은 고려 왕릉 이래 우리나라 왕릉만의 고유한 양식이라 할 수 있다.

이러한 석양상은 같은 시대 중국의 황제릉에서는 발견할 수 없다.

202 윤진영, 「조선왕조 산릉도감의 四獸圖」, 『仁祖長陵山陵都監儀軌』, 한국학중앙연구원 장서각, 2007, 485~486쪽.

203 장경희, 『고려 왕릉』, 116~129쪽.

| 숙종 명릉의 석호 | 경종 의릉의 석호 |

| 고려 공민왕 현정릉의 석양 | 태조 건원릉의 석양 |

중국 북송의 황제릉을 비롯하여 원대나 명대 분묘 석각에 배치된 석양
상은 모두 무릎을 꿇은 궤상(跪像)이다. 게다가 중국 석양상이 모두 능
묘 앞 신도에 일렬로 배치되어 있는 것에서도 고려 왕릉이나 조선 왕릉
과 차이를 보인다.

　중국에서 석양은 1세기의 후한 시대 화상석(畫像石)에서 발견되는데
장의(葬儀) 미술의 주요한 소재였다. 그것은 양(羊)이라는 동물이 제사
의식 때 제물로 바치는 '희생 동물'을 상징하여 하늘과 땅이 교통하도
록 돕는 동물이라는 뜻이 있어서이다. 중국의 한자에서 '양(羊, yáng)'은

태종 헌릉의 석양   세종 영릉의 석양

현종 숭릉의 석양   숙종 명릉의 석양

상서로움을 뜻하는 길상(吉祥)의 중국어 고어 발음인 '상(祥, xiáng)'과 발음이 유사하여 상서로운 뜻도 가지고 있다. 이렇게 석양은 효와 길상을 의미한다. 무덤 내부에 배치된 석양은 하늘과 소통하는 제물로서 희생을 뜻하기도 한다. 또 다른 뜻은 석양이 묘주의 영혼을 하늘로 승천시킨다는 의미도 있다. 게다가 석양은 악귀를 물리치는 신수(神獸)를 상징하기도 한다. 이러한 여러 의미를 지닌 석양이 결국 무덤 앞의 석수로 발전하였다고 보는 것이다.

그런데 석양의 형식을 보면, 중국 송나라나 명나라 황제릉 앞에 앉

| 경종 의릉의 석양 | 정조 건릉의 석양 |

은 석양은 예외 없이 무릎을 꿇은 궤형(跪形)으로 조각된 것이 특징이다. 그러나 공민왕 현정릉을 비롯한 고려 왕릉이나 조선 왕릉 앞의 석양은 대부분 네 다리로 선 입상의 형태이다. 초기에는 네 다리로 서 있는 형상이었다가 점차 네 다리 사이에 난초를 새겨넣는 형식으로 제작되었다. 이렇게 독특한 자세와 봉분 주위를 지키는 배치가 중국과 형식적으로나 양식적으로 달라, 왕릉의 석양에서 또한 우리나라만의 고유한 특징을 엿볼 수 있다.

6. 문무석인, 죽어서도 국왕의 명을 받들다

석인상은 왕릉 앞에 배치되어 있는 문무 관원상이다. 석인상이 세워져 있는 곳은 능상 대행왕의 체백이 놓인 봉분 앞이다. 이렇게 능 위에 올라가 단을 구분하고, 문무석인상을 세운 것은 고려 왕릉 이래 우리나라만의 고유한 특징이다.

반면 중국 황제릉의 석인상은 종류가 다종다양하고, 봉분 아래 신도에 일렬로 배치되어 있다. 우선 북송 황제릉 앞에는 60기의 석물이 있는데, 그중 인물상은 여럿이다. 말을 길들이는 사람 4쌍, 외국 사신(客使) 3쌍, 무사 2쌍, 문신 2쌍, 진릉(鎭陵) 장군 1쌍, 남신문 안쪽에 궁인(宮人) 1쌍, 그리고 능대 앞에 내시 1쌍을 배치하여 총 28명이다. 그런데 금 황제릉은 소박하게 문무석인상이 각각 1쌍씩인데, 그것을 신도 앞에 일렬로 배치하였다.

명 황제릉의 경우 석인상은 전대인 송 황제릉의 것보다 종별과 수가 줄어든다. 명 제1대 태조 효릉에는 'ㄴ' 자로 꺾인 신도 끝부분에 일렬로 석인상을 세웠으며, 그 종류는 문관상 1쌍과 무관상 1쌍 및 훈신상 1쌍 등 3쌍 6기가 위치하고 있다. 명 제3대 태종 장릉에는 입구 쪽의 석패루와 대흥문 및 대비루(大碑樓)를 지나 1킬로미터에 달하는 일직선의 신도 좌우 끝부분에 무관상 2쌍, 문관상 2쌍, 그리고 훈신상 2쌍씩 총 6쌍 12명이 세워져 있다.

중국에 비해 조선 왕릉의 석인상은 고려 왕릉의 토대 위에 복두공복(幞頭公服)을 입은 문석인상과 갑주(甲冑)를 갖춰 입은 무석인상을 능침 앞에 단을 나누어 배치한다. 문무석인상은 국왕의 체백이 살아 있을 당시를 기억하는 모습대로 세워, 사후에도 영원히 그를 모셔 명령을 받들고 호위하는 것을 상징하고 있다. 이로 미루어 조선 왕릉의 석인상은 우리의 풍토에 맞게 독자적으로 발전시킨 형식이었음을 알 수 있다.

1) 석인상의 배치

우리나라 왕릉에 석인상을 세우는 전통은 통일신라에서 비롯한다. 하지만 능상 위 국왕의 체백이 모셔진 봉분 바로 앞에 석인상을 세우는 형식은 고려 왕릉에서 찾을 수 있다. 고려는 제1대 태조 현릉을 비롯한 초기 왕릉부터 능상 위에 석인상을 세웠다. 그런데 태조 현릉을 비롯한 고려 초기 왕릉에 세운 석인상은 진현관(進賢冠)이나 양관(梁冠)을 쓰고 조복을 입고 홀을 든 문석인상이었다. 그러나 무인란 이후 고려 왕릉 앞에 선 석인상들은 불자(拂子)와 비슷한 비스듬한 의물을 들고 서 있는 내시상을 세웠으며, 복두에 공복을 입은 문석인상을 세운 것은 고려 말기 몽고와 항전하던 강화도의 고종 홍릉부터이다. 이후 공민왕과 노국대장공주의 체백을 영원히 모신 현정릉에서 비로소 능상 봉분 앞에 문무석인상을 세우는 형식이 완비되었다. 문석인상은 교각복두(交脚幞

고려 공민왕 현정릉의 문석인(왼쪽)과 무석인

태조 건원릉의 문석인(왼쪽)과 무석인

정종 후릉의 문석인(왼쪽)과 무석인

태종 헌릉의 문석인(왼쪽)과 무석인

頭)를 쓰고 단령의 공복을 입었으며, 무석인상은 투구부터 신발까지 완벽하게 갑주를 착용하였다. 게다가 이들 석인상은 젊은이와 나이 든 형상 두 가지로 묘사되었다.

　고려 왕릉 중 현정릉은 공민왕이 묻힌 현릉과 노국대장공주가 묻힌

　6장 석물, 국왕의 체백을 지키다

세종 영릉의 문석인(왼쪽)과 무석인

문종 현릉의 문석인(왼쪽)과 무석인

세조 광릉의 문석인(왼쪽)과 무석인

예종 창릉의 문석인(왼쪽)과 무석인

정릉으로 구성된 쌍릉이다. 중국의 황제릉이나 한국의 왕릉 중 이 쌍릉 형식은 능제 사상 최초의 사례로 역사적 가치가 크다.

고려 왕릉 중 국왕과 왕비를 합장하여 하나로 조영한 경우 문석인 상과 무석인상을 배치한 것을 기록으로 확인할 수 있다. 다만 현존하는

성종 선릉의 문석인(왼쪽)과 무석인

중종 정릉의 문석인(왼쪽)과 무석인

명종 강릉의 문석인(왼쪽)과 무석인

인조 장릉의 문석인(왼쪽)과 무석인

고려 왕릉의 석인상 중에서는 문석인상과 무석인상을 구별해내기가 쉽지 않다. 그 이유는 석인상의 조각이 뛰어나지 않아 세월이 흘러 표면이 마모되면서 양자의 차이를 발견하기 어려운 데다가, 고려의 무석인은 중국 황제릉의 무석인처럼 갑주 차림이 아니라 조복을 입은 채 무기

6장 석물, 국왕의 체백을 지키다

효종 영릉의 문석인(왼쪽)과 무석인

경종 의릉의 문석인(왼쪽)과 무석인

『현룽원원소도감의궤』의 문석인도(왼쪽)와 무석인도

영조 원릉의 문석인(왼쪽)과 무석인

　를 들었을 가능성도 있기 때문이다. 이렇듯 현정릉 앞에 문무석인상을 배치한 것도 고려 왕릉의 능제상 획기적인 변혁이다.

　　현정릉의 석인상은 각각 2쌍씩 4기인데, 마주 본 석인상의 얼굴은 젊은 모습과 나이 든 모습으로 묘사되어 있다. 이것을 북송 황제릉의

추존 장조 융릉의 문석인(왼쪽)과 무석인

정조 건릉의 문석인(왼쪽)과 무석인

순조 인릉의 문석인(왼쪽)과 무석인

헌종 경릉의 문석인(왼쪽)과 무석인

석인상과 비교해보기로 하자. 북송 황제의 시신이 있는 하궁 위에 봉분을 세우고 그로부터 가장 가까운 곳에는 내시 1쌍이 마주 서 있고, 그다음으로 궁인 1쌍이 서 있다. 능대를 중심으로 남에서 북을 향해 난 남쪽 신문(神門) 밖 좌우에 완벽하게 갑주 차림을 한 진릉장군 1쌍이 세워져

6장 석물, 국왕의 체백을 지키다

철종 예릉의 문석인(왼쪽)과 무석인

추존 문조 수릉의 문석인(왼쪽)과 무석인

고종황제 홍릉의 문석인(왼쪽)과 무석인

순종황제 유릉의 문석인(왼쪽)과 무석인

있으며, 100미터 정도 되는 기다란 신도에 문무관원을 비롯하여 석수, 화표(華表) 등 다종다양한 석조각이 배치된다. 이로 미루어볼 때 송 황제에게 제사를 올리는 침전 안쪽 능침 앞에는 생전의 황제를 가장 가까이에서 모신 내시나 궁인을 세웠고, 침전 밖에는 진릉장군을 세운 것을 알 수 있다. 반면 현정릉의 인물상들은 홀을 들었건 칼을 들었건 젊은 이와 나이 든 사람의 모습으로 표현하고 있다. 이로 미루어 현정릉 앞에 문관복이나 무관복 차림을 한 수염이 나지 않은 젊은이들은 중국 황제릉의 능대 안쪽에 세웠던 내시나 궁인에 해당하는 이들로 보아야 하지 않을까 한다.

다만 고려 왕릉의 석인상 제도는 양식적으로는 중국 북송 황제릉보다는 금 황제릉과 유사하였다. 고려 말 공민왕 현정릉은 시대적으로 볼 때 남송대 재상이었던 사절(史節)을 비롯한 사씨의 가족 무덤이나 원대 1품관인 장응서(張應瑞)의 무덤과 친연성이 높았다. 더욱이 이들 무덤 앞에 세웠던 조각상들이 젊고 나이 든 문무석인을 배치하였던 것 또한 마찬가지여서 이것들이 고려에 유입되어 현정릉은 고려 왕릉의 전통 위에 선진 원대 조각 기술이 새롭게 적용되었을 것으로 여겨진다.

어쨌든 고려 현정릉의 문무석인상은 조선 초기 왕릉 양식에 많은 영향을 끼쳤다. 우선 쌍릉 형식의 왕릉이 조영되었다. 현정릉에서 처음 시도한 쌍릉 형식은 이전 어디에서도 볼 수 없던 획기적인 것이어서 많은 이에게 큰 충격을 주었다. 조선이 건국된 후 왕비가 먼저 승하한 경우 국왕의 수릉(壽陵)을 쌍릉 형식으로 조성한 것이다. 예컨대 조선 제2대 정종의 후릉은 1412년(태종 12년) 6월 25일 정안왕후가 먼저 승하하자 개성시 해풍군 백마산의 동쪽 기슭에 후릉을 조성하고 안장하였다. 그로부터 7년 뒤 정종이 1419년(세종 1년) 9월 26일에 승하하여 이듬해 1420년(세종 2년) 1월 3일 후릉에 안장하였다. 쌍릉 형식으로 조성하고 문무석인상을 봉분 아래 중계와 하계에 각각 세우는 석물 제도는 현정릉을 계승하였지만 그 크기는 현정릉보다 3분의 2 정도로 작아졌고 양식적으로는 조선 초기 제릉과 건원릉의 영향을 받았다.

쌍릉 형식은 3대 태종의 헌릉까지 이어졌다. 태종비 원경왕후가 1420년(세종 2년) 승하하자 태종의 수릉으로서 조성하였고 2년 뒤 1422년(세종 4년)에 태종이 승하하자 이곳에 안장하였다. 헌릉은 현정릉이나 후릉과 마찬가지로 쌍릉 형식이고, 봉분 앞 중계와 하계에 문석인과 무석인상 1쌍을 마주 세웠다. 세종은 2대 정종과 3대 태종의 장례를 치른 후 국가의 상장례를 확립하여 『세종실록 오례』를 편찬할 때 수록하였으며,[204] 이를 토대로 『국조오례의』에도 수록하였다.[205]

이처럼 조선 왕릉에 석인상을 세우는 전통은 통일신라에서 비롯되었지만, 문무석인상을 중계와 하계에 세우는 것은 고려 말 공민왕 대에 원형을 두고 있다. 아울러 공민왕은 왕비인 노국대장공주의 능을 조성하면서 자신의 수릉을 쌍릉으로 조영하였고, 이 쌍릉 형식은 조선 초기까지 영향을 미쳤다.

2) 문무석인상의 배치

조선 왕릉에서 석인상의 크기에 대해서는 세종 대에 이미 제도와 규정으로 문헌에 실려 있다. 1419년(세종 1년) 제2대 정종의 국장 때부터이며, 1422년(세종 4년) 헌릉에 제3대 태종비 원경왕후를 안장할 때도 이미 규정되어 있었다. 고려 왕릉에서는 석인상에 대해 문석인이나 무석

---

204 『세종실록 오례』 권134, 흉례. 치장.

205 『국조오례의』 권7, 흉례.

인이라는 표현이 보이지 않는다. 조선 초 세종 대 후릉이나 헌릉을 조성할 당시까지는 석인상이라 하면서 관대(冠帶)와 의갑(衣甲)을 입었다는 정도로만 정의되어 있었다. 이것은 곧 세종 초까지 석인상을 문무관원으로 인지하지 않았음을 의미하는 것이다. 그러다가 1446년(세종 28년) 세종비 소헌왕후가 승하하여 영릉에 안장하면서 세종의 수릉을 조성할 때부터 문관 석인과 무관 석인으로 불렀다. 이로 미루어 조선 초 세종 말에 이르러서야 비로소 문무석인으로 개념화되는 것을 알 수 있다.[206] 문관 석인은 관을 쓰고 허리에 띠를 둘렀으며, 무관 석인은 갑주를 입은 모습으로 좌우에 각 1인씩 마주 보게 배치하였다. 이러한 문무석인상에 대한 규정은 『세종실록 오례』와 『국조오례의』에 수록되었다.

전례서에는 조선 왕릉에 문관 석인과 무관 석인을 배치하도록 규정되어 있으나 실제 왕릉에 세운 문무석인상은 시대에 따라 크기와 형태에서 양식적 차이를 보인다.

조선 왕릉 석인상의 크기 규정

구분	기록	길이	너비	두께	대석
문석인	제2대 정종 후릉	7자 5치	3자	2자 5치	지하 4자
	제3대 태종 헌릉	11자 5치	3자	2자 5치	지하 4자
	『세종실록 오례』/『국조오례의』	8자 3치	3자	2자 2치	3자 4치 ; 지상 6치 / 운족 아래 2자 3치
무석인	제2대 정종 후릉	7자 5치	3자	2자 5치	지하 4자
	제3대 태종 헌릉	11자 5치	3자	2자 5치	지하 4자
	『세종실록 오례』/『국조오례의』	9자	3자	2자 5치	문석(3자 4치 ; 지상 6치 / 운족 아래 2자 3차

206 『세종실록』 권113, 세종 28년 7월 19일(을유).

6장 석물, 국왕의 체백을 지키다

조선 왕릉 문석인의 복두 뒷모습

| 태조 건원릉 | 태종 헌릉 | 세조 광릉 | 성종 선릉 |

| 선조 목릉 | 경종 의릉 | 영조 원릉 | 헌종 경릉 |

조선 왕릉 문석인의 금관 앞뒤 모습

추존 장조 융릉   정조 건릉   추존 문조 수릉

예를 들어 문석인상의 경우 홀을 쥔 두 손이 드러난 경우도 있으나 소매 속에 감춰져 있기도 하고, 얼굴이 크고 넓적한데 목을 움츠린 경우도 있다. 머리 위에 쓴 복두의 경우 처음에는 X자형이었다가 아래로

태조 건원릉 　　 세조 광릉 　　 성종 선릉 　　 중종 정릉

인조 장릉 　　 효종 영릉 　　 숙종 명릉 　　 추존 장조 융릉

경종 의릉 　　 헌종 경릉

내려갔다가 V자형에서 U자형으로 변화되는 모습을 엿볼 수 있다.

　무석인상의 경우 머리에 쓴 투구의 형태가 변화하거나, 갑옷의 형식이나 문양 등 세부 표현이 달라지기도 한다.

3) 석인상의 조성

조선 왕릉에서 석인상을 만드는 과정은 다른 석물들의 경우와 유사하다. 산릉도감을 설치하고 석재를 떠내는 부석소(浮石所)를 선택하여 석재(石材)를 떠내고, 이것을 산릉으로 옮겨 와, 화원들이 출초(出草)하고 조각을 한 다음 표면을 연마하고 능상에 올려 배치하는 단계를 거쳤다.

국왕이나 왕비가 승하하면 제일 먼저 능지를 선정하고, 결정된 능지에 따라 석인상을 비롯한 석물의 재료가 되는 석재를 채취할 부석소를 결정한다. 부석소는 능지와 가깝고 석재가 풍부한 곳으로 정하였다. 의궤에 기록된 부석소는 북한산과 노원, 강화가 가장 많았다. 북한산의 경우 조계동, 중흥동과 고양 및 우이동이 대표적이다. 그 밖에 수원, 파주, 금천, 제천, 양근 등에서도 채취하였다.

북한산 조계에 부석소를 둔 곳은 인조 장릉, 효종 영릉, 장렬왕후 휘릉, 정순왕후 사릉, 효현왕후 경릉 등이었다. 중흥에는 정성왕후 홍릉, 인원왕후 명릉, 단경왕후 온릉의 부석소를 두었다. 고양의 사기막동에는 인경왕후 익릉과 인현왕후 명릉의 부석소를, 우이동에서는 명성황후 홍릉의 부석소를 두었다. 이로 미루어 북한산에는 주로 서오릉과 서삼릉처럼 서쪽 지역에 위치한 왕릉에서 사용할 석재를 채취한 것을 알 수 있다. 노원에서는 현종 숭릉, 단의왕후 혜릉, 노원 중계에서는 경종 의릉, 선의왕후 의릉, 영조 원릉 등 동구릉의 석재를 주로 채취하였다. 강화도의 매음도에서는 인조의 장릉을 천릉할 때의 석재를 채취하였다. 그 밖에 파주 분수원지에서는 진종 영릉, 제천에서는 단종 장릉, 양근에서는 효종 영릉 천장지의 석재를 떠냈다. 1776년 영조의 원릉은 노원 중계의 대부석소에 석수 119명, 야장 10명, 모군 75명이 부역하였다.

부석소에서 떠낸 석재를 산릉까지 옮기는 일은 수석소(輸石所)에서 담당하였다. 산릉에서 사용할 석재들은 부피가 크고 무거워 많은 인력을 동원했고, 소가 끄는 썰매를 이용하거나, 배에 실어 운반하기도 하였다. 줄을 만드는 특수한 장인(造乺匠)과 수레를 운반하는 장인(車匠)을 서울과 해주 및 원주에서 동원하고 수레(썰매)를 징발하기도 하였다. 배로 운반할 경우 이것을 다루는 장인(船匠)은 서울과 원주와 풍덕 및 여주에서 동원하였다. 이들 장인 외에 지상에서의 운반은 승군을 동원하였는데, 1724년 경종 의릉을 조성할 때 9월 20일 승군 2,000명을 한 달간 부역하도록 조처하였다. 석수들이 떠낸 석재를 운반하는 데 경기도 승군 30명, 황해도 승군 100명, 충청도 승군 250명이 동원되어 10월 8일부터 11월 9일까지 한 달간 부역하였다. 경상도 승군 720명, 전라도 승군 700명은 10월 19일부터 11월 14일까지 부역하였다. 하지만 승군만으로도 어려워 각 군영에서 수레를 징발하였으나 이로써도 감당하기 어려워 멜꾼(擔軍)을 추가로 고용해야 했다.

산릉에 석재가 도착하면 화원들이 초본으로 출초를 하였다. 조선 왕릉의 석인상들은 전례를 따라 이전 왕릉의 것을 견양으로 삼아 크기 등을 정하였다. 그런 다음 석물을 조각하는데, 1776년 영조 원릉의 문무석인은 세정(細釘)으로 무늬를 새기며 조각하였다. 섭장 30명이 다듬었던 것으로 여겨진다. 석인상을 능상으로 올릴 때에는 썰매 1부, 소썰매 2부, 여러 장색(匠色)의 여러 장인들이 힘을 합하여 대·중·소 끈을 사용하여 끌어 올렸는데, 가끔은 문석인상을 눕혀서 올리기도 하였다. 능상에 석인상을 세울 때에는 바닥을 3자 내지 5자 정도 깊이로 파고, 1차달구질을 한 다음 삼물회를 넣고 다졌다. 그 위에 돌을 깐 뒤 삼물회로 마감하여 땅을 평평하게 만든 다음 기계를 이용하여 세웠다.[207]

이렇게 능을 수호하는 문석인상과 무석인상은 1쌍씩 마주하여 세웠다. 초기 건원릉의 석인상의 경우 얼굴과 어깨의 위치, 팔의 자세 등과 허리의 굴곡 등에서 고려 말의 현정릉 석인상의 자연스러운 인체 구도와 비례를 따랐다. 또 건원릉의 석인상은 현정릉의 장대한 형태와는 달리 왜소화되었지만 그 형태와 비례는 남아 있으며, 이러한 비례는 조선 초기에 기본적으로 적용된 반면, 이후의 석인상은 점차 추상적으로 왜곡되어 원통형에 가까운 형태로 변했다.

16세기에 들어서 조선 왕릉의 석인상은 형식적으로 변모한다. 이전 시기의 석인상들이 고려 왕릉의 것들에 비해 자연스러운 비례는 완전히 사라지고 더욱 도식화되어 블록을 쌓은 듯이 사각기둥과 같은 형태가 보인다. 전체적으로 사각기둥과 같이 평판적인 형태를 하고 있으면서도 한편으로는 둔중한 괴량감을 보여준다. 이러한 사각기둥 형태의 구도 안에서 신체 표현을 하다 보니 어깨가 좁게 움츠러들고 무인상의 경우 어깨에서 팔꿈치에 이르는 팔이 가늘게 왜곡된 형태로 변하고 있다.[208] 이러한 석인상을 통해 조선 왕릉 석인상의 전형을 찾을 수 있다. 문무석인상의 형태가 단순화되면서 크고 장중한 특징을 엿볼 수 있다.

조선 후기로 가면서 사각기둥의 형태는 사라지고 더욱 가늘고 길게

---

207 김은선, 「조선후기 왕릉 석인조각 연구」, 『미술사학연구』 Vol. 249, 한국미술사학회, 2006. 3, 132쪽; 전나나, 「조선왕릉 석인상 연구」, 『동악미술사학』 Vol.12, 동악미술사학회, 2011, 65~102쪽

208 이경순, 「조선전기 능묘석인상 연구」, 동국대 석사학위 논문, 1996. 195쪽.

제작하였으며 인체 구도와 비례를 따른 석인이 나타난다. 17세기 중엽 문무석인상은 전대의 단순화된 틀이 고착화하면서 세부적으로는 사실성을 많이 도입하려고 노력한다. 18세기에 들어서면 사실적인 등신대의 크기로 문무석인상의 크기가 변화하여 안면에서는 초상화에서 보는 것 같은 사실성이 드러난다. 복식의 세부 묘사가 두드러지고 세밀해지면서 실제의 복식을 적극적으로 차용하는 실재성이 돋보이는 경향을 보인다. 다만 이후 18세기 후반부터 왕릉 석인상이 단순화되면서 실물을 과도하게 도입하여 석물의 틀이 무너지고 그로테스크한 인상을 주기도 한다.

4) 석인상의 재활용

조선 왕릉의 석물은 반드시 새로 만들어 세우는 것이 아니었다. 조선시대에는 여러 이유로 인해 천릉을 했던 왕릉이 여러 곳이 있다. 그러면서 기존 왕릉에 세웠다가 천릉하면서 땅에 파묻었던 것을 꺼내어 표면을 다듬고 재활용하여 세우기도 했다. 대표적인 예가 1446년에 조영한 제4대 세종의 영릉이다. 원래 세종과 소헌왕후의 영릉은 제3대 태종과 원경왕후의 헌릉 옆에 조영하였으나, 1461년 능지가 좋지 않다고 하여 천봉을 결정하고 현재의 여주 영릉으로 천릉하였다. 인조와 인열왕후의 장릉은 1635년 조영하였으나 능 안에 뱀이 들어가는 등 문제가 많아 1731년 파주 장릉으로 천릉하였다.

　　조선 후기에 들어 왕릉 석물 중 재사용된 것은 1674년 현종 숭릉, 1823년 수빈 휘경원, 1856년 순조 인릉, 1864년 철종 예릉에서 찾아볼

현종 숭릉의 문무석인, 1659년(1674년 재활용). 1659년 효
종 사후 조성한 원래의 영릉(寧陵)에 있던 문무석인을 재활
용했다.

순조 인릉의 문무석인, 1446년(1856년 재활용). 1446년 소
헌왕후 사후 세종이 조성한 원래의 영릉(英陵)에 있던 문무
석인을 재활용한 사례이다.

수 있다.

　1674년 8월 18일 현종이 승하하여 9월 14일 능지를 건원릉 서쪽 효

철종 예릉의 문무석인, 1545년(1863년 재활용). 1544년 중종 사후 1545년에 조성한 원래의 정릉(靖陵)에 있던 문무석인을 재활용했다.

종의 구 영릉 자리로 결정하였다. 그런데 이곳은 원래 효종 영릉 자리였는데 1659년 효종 승하 후 조성되었다가 1673년 여주의 세종 영릉 옆으로 천장하면서 석물을 모두 매장하였는데, 현종 숭릉을 조영할 때 영릉의 석물이 노출되었다.[209] 당시 효종비 인선왕후가 1674년 2월 24일 승하하여 6월 11일 영릉을 조성한 지 두 달밖에 안 되어 다시 현종의 숭릉을 만들어야 했으므로 왕실 재정과 백성의 수고를 절감하고자 재활용하기에 이른 것이다.

　19세기에 들어서서 조선 왕릉은 기존 석물을 재사용하는 빈도가 늘어난다. 1822년 순조 사친인 수빈 박씨의 휘경원을 조성할 때 원지를 양주 배봉산으로 정하였다. 이곳은 1762년 사도세자의 수은묘(영우원)가

209 『현종숭릉산릉도감의궤』, 1674년 9월 15일, 계사(啓辭).

조성되었던 곳이다. 이곳에 수빈의 휘경원을 조영할 때 수은묘의 석물이 드러나 이것을 그대로 휘경원에 배치하였다.

1856년 파주에 있던 순조의 인릉을 천봉하였으며 능지는 태종 헌릉의 서쪽으로 정하였다. 이곳은 원래 세종의 구 영릉이 있다가 여주로 천장되었고, 장경왕후의 구 희릉도 여기에 있다가 서삼릉으로 천장되어 갔다. 여기에 인릉을 조성할 때 구 영릉 석물과 구 희릉 석물이 노출되어 이것들을 선별하고 다듬어 인릉에 배치하였다.

1863년 철종이 승하하자 고양 장경왕후 희릉 서쪽에 예릉의 능지를 잡았는데, 이곳은 1545년 중종의 구 정릉으로 선정하였던 곳이다. 그런데 예릉의 능지는 구 정릉과 순조의 구 인릉이 있던 곳이어서 여러 석물이 노출되었다. 이에 석물을 재활용하여 예릉에 배치하였다.

이렇게 조선 후기에 왕릉의 석물을 재활용한 것은 왕릉 조성이 겹쳐 재정적 어려움을 극복하기 위해서였다. 19세기 들어서는 국가적으로 재정적인 어려움이 많아 왕릉의 석물을 재활용한다고 하였지만, 안동 김씨의 세도정치가 있었던 시기여서 왕권이 위축된 결과였음을 웅변으로 증명하는 것이라 할 수 있다.

이 책 『국장과 왕릉』에서는 국왕이 죽는 순간부터 시작해 국장을 치르고 왕릉에 묻히기까지 국왕의 육신에 대한 상징 코드를 시각적이고 촉각적인 유물에서 찾아, 국왕의 사후 육신에 대한 상징을 밝히고자 하였다.

조선 왕실에서 국왕의 죽음을 '승하(昇遐)'라고 부르듯이 국왕과 관련한 용어들은 일상 용어와는 달리 쓴다. 국왕의 몸은 시신이라고 부르지 않고, 영혼과 대비시켜 '체백(體魄)'이라 부르며, 주검이 놓인 관곽을 '재궁(梓宮)'이라 한다. 또한 궁궐 내 주검을 다루는 곳을 빈전(殯殿), 그의 시신을 모신 무덤을 '왕릉(王陵)', 시신이 묻힌 곳을 지하 궁전(玄宮)이라 차별화하여 불렀다. 이렇게 왕의 사후에 그와 관련되는 모든 절차마다 그것을 이르는 데에 독특한 명칭을 사용하였다는 자체가 국왕의 죽음을 국왕다운 것으로 만들었다.

조선 국왕의 사후에 국장의 제반 절차나 왕릉의 조영 과정에서 사용되는 물품은 500년의 기간 동안 변화가 거의 없는 항상성을 보였다. 국장을 진행하면서 국왕의 몸은 궁궐에서 왕릉의 지하 궁전으로 공간적으로 이동하였지만 죽어서도 국왕은 권위와 위엄을 유지하도록 각종

의장·의물을 갖추었다. 인산일에 국왕의 시신이 궁궐을 떠날 때 생시에 그를 호위하던 의장과 함께 그의 시신을 호위할 의물이 함께 궁궐을 떠났다. 그의 몸이 왕릉의 지하 궁전에 묻힐 때 그의 시신을 위호했던 의장은 불살라 다른 이들이 사용하지 못하게 하였다.

지하 궁전에는 복완이나 제기와 무기, 악기 등의 명기(明器)를 함께 묻어 사후 영원토록 국왕으로서 대접받게 하였고, 왕릉 위에는 문무석인이나 석양·석호 등이 둘러싸게 하고 표석을 세워 국왕의 권위와 위엄을 지킬 수 있게 하였다.

이렇게 국왕의 사후 그의 육신에 대한 국장의 의례 절차나 왕릉의 조성 과정에서 궁궐이나 왕릉에서 국왕에게 베풀어진 각종 물품을 시각적인 상징 코드로 삼아 국왕의 사후 육신에 대한 상징적인 의미를 살펴보았다.

1장에서는 국장과 왕릉의 역사적 변천을 살펴보았다. 우리나라에서 국가가 세워지고 국왕의 존재를 확인할 수 있는 시기는 고대부터이다. 삼국시대 당시 국장 제도는 확인하기 어렵지만 국왕의 무덤은 일반 백성과 비교하여 산처럼 큰 기념비적인 형태로 조성된 것이 특징이다. 특히 당의 문물제도에 영향을 받은 통일신라 시대에는 왕릉에 병풍석과 난간석 및 문무석인상과 석수상을 세우는 전통이 수립되어 조선에 전해졌다.

한편 고려는 황제국을 자처하였기에 국왕의 사후 묘호와 능호를 올렸는데, 이는 고려 태조 현릉 등에서 확인된다. 고려에서는 왕릉과 왕후릉을 동등하게 대우하여 왕비의 사후 휘호와 능호를 올린 점이 독특하다. 다만 국장 제도에 있어서는 중국 황제의 예를 따랐기 때문에 문헌에는 그 과정과 절차를 기록하지 않아 고려 국왕은 황제로 예우했음을 알 수 있다. 그런데 고려 태조는 유언을 통해 국장을 검소하게 치르고 왕릉도 간소하게 조성하도록 하여, 한 달여의 짧은 기간 동안 국장을 치렀고 이 기간에 왕릉을 조영하였다. 그 결과, 고려 왕릉의 형식이나 구조 및 석물의 종별 수량 등에 있어 같은 시대 중국 송 황제릉과 비교할 때 규모가 작고 수량도 많지 않았다. 그러나 고려 왕릉은 통일신라 왕릉의 토대 위에 봉분을 병풍석과 난간석으로 돌리고, 그 주위를 석호와 석양을 배치하여 봉분을 수호하도록 하였다. 그리고 통일신라와 다르게 모든 석물을 능침 위로 올려 문무석인과 혼유석, 장명등 및 망주석 등을 배치하였고, 그와 함께 제향을 드릴 정자각을 세워 중국 황제릉과 다른 우리나라 왕릉만의 독자적인 형식으로 발전시켰다. 이러한 고려 왕릉의 형식은 고스란히 조선 왕릉에 영향을 끼쳤다.

이것은 조선 초기에 태조 이성계의 4대 조부모를 추존하여 왕릉과 왕후릉을 조성한 것에서 알 수 있다. 고려 시대에는 고려 태조 왕건의 부친인 용건을 세조로 추존해 왕릉을 조성하고, 조모를 추증하여 온혜릉을 조성하였다. 중국 송대에는 태조 조광윤의 4대 조부를 황제로 추존하였지만, 추존 황제릉은 부친인 선조의 영안릉만 영건한 것과 비교된다. 하지만 조선은 태조 이성계의 4대 조부의 묘호와 능호를 올려 추존하였고, 4대 조모의 위호와 능호를 올려 왕후로 추존하고 4대 조부모를 위해 8릉을 조성하였다. 중국 송나라나 명나라에서는 황제의 경우 묘호와 능호가 별도로 있지만, 황후의 경우 황제릉에 배장하여 '후릉(后陵)'이라고 불렀을 뿐이다.

주로 함흥 등지에 소재한 북도 8릉의 석물 또한 조선 왕릉과 마찬가지로 봉분에 병풍석과 난간석을 둘렀고 그 주위에 석양과 석호를 배치하였다. 봉분 앞에는 혼유석과 장명등을, 좌우에는 석망주를 배치하였다. 상·중·하단으로 단을 나누어 중단에는 문석인과 석마를, 하단에는 무석인과 석마를 배치하였다. 이러한 조선 초기 왕릉의 구조와 형식은 이후 조선 왕릉에 계속 이어져 내려와 국왕의 존재와 권위를 나타내는 시각적 상징으로 작용하였다.

2장은 조선 국왕의 사후 5일간 국왕의 육신에 베풀어지는 초상(初喪)에 대한 내용이다. 국왕의 사후에는 육신을 궁궐 내 침전에 모셨다. 국왕의 몸에서 분리된 혼을 부르기 위해 내시가 임금이 생시에 입었던 옷을 가지고 지붕 위에 올라가 왕에게 돌아오라고 외쳤다. 그리고 국왕의 코에 솜을 대어 숨이 멈춘 것을 보고 나서야 국왕의 죽음을 비로소 확인하였다. 국왕의 시신을 깨끗하게 씻긴 다음, 수의(壽衣) 아홉 벌을 국왕의 몸에 입히고, 또 열아홉 벌의 옷을 입혔다. 국왕의 시신이 강직되기 전에 위아래 치아를 벌려 설치(楔齒)를 끼워놓았고, 국왕이 저승길에서도 굶지 않고 계속 음식을 먹을 수 있도록 입안에 밥과 구슬을 넣었다〔飯含〕. 국왕이 생시에 입었던 아흔 벌의 옷으로 시신을 덮거나 묶거나 빈자리를 채웠다. 더운 계절에는 혹여 국왕의 시신이 부패할 수도 있어 관곽에 얼음을 채우기도 하였다. 이처럼 국왕의 사후 그의 몸에 대고 싸고 매고 묶고 감싸고 입에 넣는 물품 등을 통해, 비록 국왕이 죽었으나 차마 죽었다고 인정하지 않는 인정(仁情)을 상징하였던 것이다.

3장에서는 국왕의 시신을 5개월간 모시고 매일 재궁을 덧칠하고 생시처럼 음식을 드리는 빈전에서의 절차를 알아보았다. 국왕이 평시에 정사를 도모하던 궁궐 내의 편전에 빈전을 설치하였고, 국왕의 시신을 넣은 관(梓宮)에 덧칠을 하였다. 국왕의 재궁은 새로 국왕이 즉위하자마자 장생전에서 새로 만들고 해마다 덧칠하여 오래오래 장수하기를 바라는 수기(壽器)의 하나로 삼았다. 국왕의 사후에는 이미 제작해두었던 재궁 세 개 중 하나를 선택하여 그의 몸을 안치하는 내재궁으로 삼았다. 빈전 내에 찬궁을 설치하고 그 안에 내재궁을 두어 이틀에 한 번씩 30회, 두 달간 덧칠하였다. 외재궁의 경우 장생전에서 내재궁과 교대로 칠을 하였다. 이렇게 수십 번 거듭 칠하면 마치 벽돌처럼 단단해졌다[治梓]. 옻칠은 방충·방부·방습에 탁월한 도료여서 벽돌같이 단단해지면 내부에 안치한 국왕의 시신은 훼손되지 않고 온전하게 보존될 수 있었다. 이처럼 국왕의 몸이 담긴 내재궁과 외재궁을 격일로 교대로 두 달간 칠하면서 국왕의 시신이 부패하거나 훼손되지 않도록 하여 국왕의 영생을 상징하였다고 할 수 있다.

이렇게 대행왕의 재궁에 덧칠할 때에는 새로 즉위한 국왕이 동참하여 이곳에서 재상 이하 신하들과 정사를 보면서 반역을 처단하는 등 왕위 계승의 정통성을 확인받았다. 그뿐 아니라 대행왕이 머문 빈전에는 시신이 담긴 재궁과 함께 혼이 담긴 신백도 함께 두어 매일 해가 뜨면 영침에서 영좌로 모셨다가, 해가 지면 다시 영침으로 모셨으며 그때마다 조석으로 평시와 마찬가지로 음식을 올렸다. 이와 같이 빈전에는 대행왕의 혼과 백이 아직 분리되지 않은 채 궁궐에 머물러 있다는 것을 상징하였다.

4장에서는 사후 5개월간 빈전에 머물렀던 왕의 시신을 왕릉이 있는 산으로 모시고 가는 인산(因山)에 대해 알아보았다. 이제야 비로소 국왕은 나고 자라 평생 살아왔던 궁궐을 떠나 백성들에게 마지막 인사를 고하고 영원히 자신의 몸을 눕히기 위해 먼 길을 떠나게 된다. 비록 국왕의 시신이지만 그는 국왕이었기 때문에 국왕답게 먼 길을 갈 수 있도록 한 치의 오차도 없이 가장 화려하고 권위 있는 왕실 행사로서 준비하였고 그것을 〈발인반차도〉로 기록해두었다.

국왕의 몸을 담은 재궁을 실은 큰 가마(大輿)는 왕릉까지 수십 리를 가야 했기에 수백 명이 4교대로 메고 갔다. 국왕의 가마 앞에는 평상시 국왕의 행차에 동원되었던 각종 기치와 의물 수십 종의 길의장이 좌우에 늘어서 국왕 행차의 위엄을 보여주었다. 그 뒤를 따라 국왕이 살아서 받았던 각종 책보와 죽어서 받았던 시책과 시보 등 국왕의 업적을 증명할 상징물을 실은 가마(彩輿)들이 함께했다. 국왕의 장례를 이끄는 방상씨 2쌍과 죽안마와 죽산마 각각 2쌍을 비롯한 각종 흉의장을 좌우에 벌려 세웠다. 그리고 만장을 세우고 보불(黼黻)을 그린 삽선으로 대여를 가렸다. 이러한 흉의장은 왕릉에 도착하여 재궁이 지하 궁전에 안치된 다음에는 불에 태워 국왕의 시신과 영원히 함께하는 장엄함을 상징하였다. 이처럼 발인에서는 무엇보다도 국왕의 시신을 실은 대여가 아무 탈 없이 궁궐에서 왕릉까지 무사히 가길 바라는 염원이 담겨 있다.

5장에서는 국왕의 사후 그의 몸이 영원히 묻힐 왕릉의 지하 궁전에 대하여 살펴보았다. 국왕이 죽으면 제일 먼저 저명한 풍수가를 동원하여 무덤 자리를 찾았으며, 풍수에 따라 명당이 정해지면 국왕이 영원히 누울 지하 궁전을 마련하는 일에 정성을 다하였다. 빈전에서 재궁을 덧칠하며 시신을 간수하듯이, 왕릉에서는 시신이 영원히 있을 현궁의 조영이 중요하였다. 이승에서 국왕이 누렸던 것과 마찬가지로 죽은 뒤 저승에서도 국왕으로서 권위와 품위를 지킬 수 있도록 지하 궁전을 꾸민다는 관념이 오랫동안 지속되었다. 그리하여 평시에 입었던 의복을 만들었고, 국왕이 평소 읽었던 서책을 들였다. 또한 사후 세계에서도 여전히 국왕으로서 제향을 받을 수 있도록 제기를 만들었고, 음악을 향유하도록 악기를 만들었으며, 국왕의 권위를 지킬 무기를 만들었다. 이것들은 크기가 작은 명기(明器)로 만들었지만, 이렇게 갖춰놓음으로써 지하 궁전에서 국왕이 국왕으로서의 권위를 누릴 수 있다고 여겼다.

이제 그곳에 국왕의 시신이 담긴 관을 넣고 나서는 석회와 가는 모래 및 황토를 섞은 삼물(三物)로 다졌는데, 이렇게 하면 지하 궁전이 단단하게 굳어져 벌레 등이 침투하지 못하게 된다. 여기에 숯가루를 덮고 흙다짐을 한 다음, 지대석과 병풍석을 둘렀으며, 봉긋하게 솟아오른 위쪽으로 여러 차례 흙다짐을 거듭한 다음 그 위에 잔디(莎草)를 덮어 마감하였다.

이처럼 왕릉의 지하에 만든 궁전의 재궁을 삼물로 단단하게 마감해주어 국왕의 몸을 삿된 귀신이나 벌레로부터 안전하게 영원히 지켜주고자 했다.

6장은 왕릉에 설치한 각종 석조 조형물에 대한 내용이다. 왕릉에 묻힌 국왕의 존재는 조선 초기에는 신도비를 세워 그의 생애나 업적을 표시하였다. 그러나 실록에 이미 그 내용이 기록되어 있어 굳이 신도비를 세울 이유가 없다 하여 곧 세우지 말도록 하였다. 건국 후 300여 년이 지나 왕릉의 수가 많아지면서 그 주인공에 대해 명확히 할 필요가 생겨 효종 영릉부터 다시 농대석과 처마석으로 구성된 표석이 세워지기 시작하였다. 이처럼 신도비나 표석은 왕릉의 주인으로서 국왕의 존재를 알리기 위해 세웠다.

조선 왕릉은 산도 아니고 들도 아닌 산줄기 아래 지하 현궁을 만들고 그 위로 봉긋하게 솟아오른 봉분을 조성하였다. 봉분 아래 지하 현궁 속 국왕의 시신을 보호할 병풍석과 난간석을 세웠고, 삿된 것으로부터 시신을 지키기 위해 석호랑이를 두고, 희생으로서 석양(石羊)을 배치하였다. 중국의 황제릉은 석수(石獸)의 종류와 수량이 많은 편이다. 같은 석양의 경우에도 중국 것은 무릎을 꿇은 모양인 데 비해 조선 왕릉에서는 서 있거나 그 사이에 난초를 새기는 등 표현 형식이 달라 조선 왕릉만의 독자성이 확인된다.

발인을 하면서 왕릉에 모셔온 시신은 지하 궁전에 안치하였지만, 3년상 동안 국왕의 혼령은 종묘에 완전히 부묘되기 전 상태였다. 그 때문에 아직 구천을 떠돌던 국왕의 혼령이 왕릉에 있는 자신의 체백을 찾아올 때 길을 잃지 않도록 소상 때까지 장명등에 불을 밝혔다. 이렇게 찾아온 국왕의 영혼이 쉬고 뛰어놀 수 있도록 혼유석을 배치하기도 하였다. 아울러 멀리서도 지하 궁전이 있다는 것을 알게 하기 위해 석망주를 좌우에 세웠다.

국왕의 혼령과 체백이 머무는 그곳에 국왕을 모시는 신하가 없을 수 없다. 살아서 국왕에게 충성을 다하였듯이 국왕이 죽어서도 신하들의 호위를 받도록 문무 관원을 배치하였다. 더욱이 조선 왕릉에서는 고려 왕릉과 달리 신하들의 뒤쪽에 석마를 세워 신하들이 능주의 부름을 받았을 때 빨리 다가갈 수 있게 한다는 뜻을 담았다.

이러한 여러 물품이나 조형물은 죽은 국왕이 살아생전의 국왕과 다름없이 국왕으로서의 권위와 위엄을 유지하게 만드는 시각적인 장치였다. 국장의 절차와 왕릉의 조성 과정에는 각 단계마다 국왕과 백성을 차별화하고 국왕을 국왕답게 하려는 상징적 의미가 담겨 있다. 생전의 국왕이 누리던 것을 죽어서도 누리길 바라는, 국왕 시대의 문화 역량이 응집되어 있음을 알 수 있다.

| 참고 문헌 |

〈보고서 / 도록〉
국립고궁박물관,『조선왕릉, 왕실의 영혼을 담다』, 2016.
국립문화재연구소,『국역 국조상례보편』, 2008.
국립문화재연구소,『역사의 숲, 조선왕릉』, 눌와, 2007.
국립문화재연구소,『조선왕릉 종합학술조사보고서 I~IX』, 2009~2015.
국립문화재연구소,『조선왕릉 석물조각사 I』, 2016.
국립문화재연구소,『조선왕릉 석물조각사 II』, 2017.
문화재관리국,『건원릉 병풍석 해체 보수 공사보고서』, 1998.

〈단행본〉
김인철,『고려무덤 발굴보고』, 백산자료원, 2003.
신병주,『조선왕실의 왕릉조성』, 세창출판사, 2017.
이근직,『신라왕릉연구』, 학연문화사, 2012.
이현진,『왕의 죽음, 정조의 국장』, 글항아리, 2015.
임민혁,『왕의 이름, 묘호』, 문학동네, 2010.
장경희,『고려왕릉』, 예맥, 2008.
장경희,『의궤 속 조선의 장인 1, 2』, 솔과학, 2013.
정해득,『조선 왕릉제도 연구』, 신구문화사, 2013.

〈학술 논문〉
김구진,「舊英陵 神道碑와 石物에 대하여」,『歷史敎育』18, 역사교육학회, 1975.
김민규,「조선 왕릉 장명등 연구」,『미술사학연구』274, 한국미술사학회, 2012.
김은선,「朝鮮後期 王陵 石人彫刻 硏究」,『美術史學硏究』249호 한국미술사학회, 2006.
김은선,「17세기 인·숙종기의 왕릉 조각」,『강좌미술사』31호, 한국미술사연구소, 2008.
김은선,「조선 왕릉 石獸 연구」,『미술사학연구』283·284, 한국미술사학회, 2014.
김지연,「조선왕릉 십이지신상의 도상 원류와 전개 과정」,『문화재』42권 4호, 국립문화재연구소, 2009.

송지원, 「국왕 영조의 국장절차와 『국조상례보편』」, 『조선시대사학보』 51, 조선시대사학회, 2009.

송진욱, 「조선왕실(朝鮮王室)의 명기(明器) 기록」, 『사학지』 53집, 단국사학회, 2016.

신재근, 「조선 왕릉 고석의 나어두 문양 고찰」, 『전통문화논총』 14권, 전통문화대학교 한국전통문화연구소, 2014.

염경화, 「조선왕릉의 망주석과 세호」, 『생활문화연구』 25호, 국립민속박물관, 2009.

이덕형, 「조선왕릉 조영형식의 변천과 왕릉 입지 고찰」, 『소통과 인문학』 15집, 한성대학교 인문과학연구원, 2012.

이민식, 「조선시대 陵墓碑의 종류에 대한 一考察」, 『畿甸考古』 창간호, 기전문화재연구원, 2001

이정선, 「조선 전기 왕릉제도의 성립과 石人·石獸 양식 연구」, 『미술사논단』 29호, 한국미술연구소, 2009.

이현진, 「정조 초 영조의 國葬 절차와 의미」, 『태동고전연구』 27, 翰林大學校 泰東古典硏究所, 2011

이호관, 「한국 石碑 양식의 변천」, 『국학연구』 1, 한국국학진흥원, 2002.

임영애, 「개성 공민왕릉 석인상 연구」, 『강좌미술사』 17호, 한국미술사연구소, 2001.

장경희, 「조선후기 凶禮 도감의 장인 연구」, 『미술사논단』 8, 한국미술연구소, 1999.

장경희, 「고종황제의 금곡 홍릉 연구」, 『사총』 64집, 고려대학교 역사연구소, 2000.

장경희, 「朝鮮後期 王室의 玉工藝匠人 硏究 : 17·18世紀 玉匠과 刻手를 중심으로」, 『미술사연구』 25, 미술사연구회, 2002.

장경희, 「조선후기 王室工藝匠人 硏究의 成果와 課題」, 『한국인물사연구』 3, 한국인물사연구소, 2005.

장경희, 「고종대 철인왕후와 명성황후의 국장의물 연구」, 『미술사의 정립과 확산』 2권, 사회평론, 2006.

장경희, 「고종황제 금곡 홍릉의 석조각 연구」, 『시각문화의 전통과 해석』, 예경, 2007.

장경희, 「조선후기 山陵都監의 匠人 연구」, 『역사민속학』 25호, 한국역사민속학회, 2007.

장경희, 「조선 태조비 神懿王后 齊陵 연구」, 『미술사학연구』 263호, 한국미술사학회, 2009.

장경희, 「純宗妃 純明孝皇后의 생애와 裕陵 연구」, 『한국인물사연구』 12집, 한국인물사연구소, 2009.

장경희, 「조선 왕릉과 종묘의 연구 성과와 향후 과제」, 『미술사학』 33호, 한국미술사교육학회, 2017.

장경희, 「조선 태조 이성계의 4대조 '북도팔릉' 연구」, 『동방학』 33집, 한서대학교 동양고전연구소, 2017.

장경희, 「19세기 장생전의 황장목 수급실태 연구-『長生殿黃腸謄錄』의 분석을 통하여-」, 『역사민속학』 제58호, 역사민속학회, 2021. 6.

전나나, 「조선왕릉 석인상 연구」, 『동악미술사학』 12호, 동악미술사학회, 2011.

황정연, 「조선시대 능비의 건립과 어필비의 등장」, 『문화재』 42권 4호, 국립문화재연구소, 2009.

〈학위 논문〉

김민규, 「조선 왕릉 장명등 연구」, 동국대학교 석사학위 논문, 2009.

김상협, 「조선 왕릉 석실 및 능상구조의 변천에 관한 연구」, 명지대학교 박사학위 논문, 2008.

김은선, 「朝鮮後期 陵墓 石人像 硏究 : 17~18세기를 중심으로」, 동국대학교 석사학위 논문, 2002.

김은선, 「朝鮮後期 王陵 石人像 硏究」, 동국대학교 박사학위 논문, 2017.

김충현, 「효종 영릉의 조성과 능제의 변화」, 한국학중앙연구원 석사학위 논문, 2012.

석창진, 「朝鮮初期 國喪儀禮의 정비와 그 의미」, 고려대학교 석사학위 논문, 2015.

이윤재, 「王陵과 士大夫 墓의 望柱石 硏究」, 서경대학교 석사학위 논문, 2017.

이정선, 「조선 전기 왕릉 石人石獸 연구」, 이화여자대학교 석사학위 논문, 2008.

전나나, 「朝鮮王陵 石人像 硏究」, 동국대학교 석사학위 논문, 2009.

조연미, 「朝鮮時代 神道碑 硏究」, 숙명여자대학교 석사학위 논문, 2000.

〈참고 사이트〉

국립고궁박물관 https://www.gogung.go.kr

국립민속박물관 https://www.nfm.go.kr/

국립중앙박물관 http://www.museum.go.kr

규장각 한국학연구원 https://kyudb.snu.ac.kr/

문화재청 https://cha.go.kr

한국고전번역원 http://www.itkc.or.kr

한국전통지식포탈 https://www.koreantk.com

한국학중앙연구원 장서각 https://www.aks.ac.kr/